Fernsehwelten

Thorsten Quandt
Jürgen Wilke
Christine Heimprecht
Thilo von Pape

Fernsehwelten

Auslandsnachrichten im deutschen Fernsehen

Thorsten Quandt
Münster
Deutschland

Christine Heimprecht
Mainz
Deutschland

Jürgen Wilke
Mainz
Deutschland

Thilo von Pape
Stuttgart
Deutschland

ISBN 978-3-531-18771-6 ISBN 978-3-531-18772-3 (eBook)
DOI 10.1007/978-3-531-18772-3

Die Deutsche Nationalbibliothek verzeichnet diese Publikation in der Deutschen Nationalbibliografie; detaillierte bibliografische Daten sind im Internet über http://dnb.d-nb.de abrufbar.

Springer VS
© Springer Fachmedien Wiesbaden 2014
Das Werk einschließlich aller seiner Teile ist urheberrechtlich geschützt. Jede Verwertung, die nicht ausdrücklich vom Urheberrechtsgesetz zugelassen ist, bedarf der vorherigen Zustimmung des Verlags. Das gilt insbesondere für Vervielfältigungen, Bearbeitungen, Übersetzungen, Mikroverfilmungen und die Einspeicherung und Verarbeitung in elektronischen Systemen.

Die Wiedergabe von Gebrauchsnamen, Handelsnamen, Warenbezeichnungen usw. in diesem Werk berechtigt auch ohne besondere Kennzeichnung nicht zu der Annahme, dass solche Namen im Sinne der Warenzeichen- und Markenschutz-Gesetzgebung als frei zu betrachten wären und daher von jedermann benutzt werden dürften.

Lektorat: Barbara Emig-Roller, Monika Mülhausen

Gedruckt auf säurefreiem und chlorfrei gebleichtem Papier

Springer VS ist eine Marke von Springer DE. Springer DE ist Teil der Fachverlagsgruppe Springer Science+Business Media
www.springer-vs.de

Inhaltsverzeichnis

1 Einleitung: Ausgangsfragen und Anlage der Untersuchung 1

2 Die Nachrichtensendungen im deutschen Fernsehen 7

3 Die Inhalte 13
   3.1 Dauer der Nachrichtensendungen und Anzahl der Beiträge 13
   3.2 Definition, Anzahl und Arten von (Auslands-)Nachrichten 13
   3.3 Inhalte von Auslandsnachrichten 17
       3.3.1 Themen 17
       3.3.2 Konflikt 21
       3.3.3 Gewalt 26
       3.3.4 Akteure 36
       3.3.5 Nachrichtengeografie und Domestikation 48
       3.3.6 Kontext der Ereignisse: Zeitrahmen und Tragweite 54
   3.4 Präsentation von Auslandsnachrichten 57
       3.4.1 Nachrichtensprecher, „Anchormen" und Reporter......... 59
       3.4.2 Visuelles Material und Bildquellen 61
       3.4.3 Statische Illustrationsformen 64
       3.4.4 Dynamische Illustrationsformen: Indizien der Boulevardisierung? 69
   3.5 Die deutschen Nachrichtensendungen im internationalen Vergleich 73

4 Das Publikum 81
   4.1 Eine publikumsorientierte Perspektive auf Auslandsnachrichten ... 81
   4.2 Methode 83
   4.3 Befunde für die gesamte Stichprobe 84

		4.3.1	Medien-, Fernseh- und Nachrichtennutzung.	84

        4.3.1   Medien-, Fernseh- und Nachrichtennutzung.   84
        4.3.2   Interesse an Auslandsnachrichten   88
        4.3.3   Interesse an Ländern   91
        4.3.4   Nutzungsmotive und Einstellungen zu
                   Auslandsnachrichten   95
   4.4   Gruppenvergleiche   97
        4.4.1   Einfluss des Lebensalters auf die Nutzung von
                   Auslandsnachrichten   98
        4.4.2   Einfluss des Geschlechts auf die Nutzung von
                   Auslandsnachrichten   100
        4.4.3   Einfluss von Bildung und Einkommen auf die
                   Nutzung von Auslandsnachrichten   101
        4.4.4   Einflussfaktoren auf die Nutzung von
                   Auslandsnachrichten im Vergleich   104
   4.5   Nutzer und Nutzung von Auslandsnachrichten – ein
          Zwischenfazit   107

5   Die Journalisten   109
   5.1   Die sieben Dimensionen journalistischer Kultur   110
   5.2   Differenzierung nach Handlungs- und Wahrnehmungsebenen   112
   5.3   Methode   113
   5.4   Ergebnisse: Journalistische Kulturen
          im internationalen Vergleich   115
        5.4.1   Typologie journalistischer Kulturen   115
        5.4.2   Ergebnisse auf institutioneller Ebene   120
        5.4.3   Ergebnisse auf individueller Ebene   122
   5.5   Ergebnisse: Journalistische Kultur bei
          Tagesschau und RTL Aktuell   122
   5.6   Einschätzung von Nachrichteninhalten und Zuschauerinteressen . . .   129

6   Status Quo und Zukunft der Auslandsberichterstattung   139

Literatur   149

Einleitung: Ausgangsfragen und Anlage der Untersuchung 1

Die Fernsehberichterstattung ist ein zentraler Forschungsgegenstand der Kommunikationswissenschaft. Obwohl in den letzten Jahren neue Formen der Nachrichtenvermittlung, insbesondere über das Internet, stärker in den Fokus der Forschung getreten sind, bleibt das Fernsehen für große Teile der Bevölkerung immer noch eine Art ‚Leitmedium', das in hohem Maße prägend für die Weltwahrnehmung des Einzelnen ist. Kommunikationswissenschaftliche Untersuchungen haben diese Wirkung auf die Vorstellungswelten der Nutzer vielfach beschrieben, wenngleich die jeweils zugebilligte Bedeutung unterschiedlich eingeschätzt wird: Angenommen wurden u. a. themenbeeinflussende und -steuernde Effekte, aber auch eine weitgehende ‚Kultivierung' (verzerrter) Weltbilder und die Herausbildung von Interpretationrahmen für die weitere Einordnung von Informationen.

Nirgendwo ist dieser Einfluss auf die Weltwahrnehmung deutlicher als im Bereich der Auslandsberichterstattung. Denn hier verfügt der Einzelne selten über Primärerfahrungen und Erlebensmöglichkeiten, da sich die Berichterstattungsgegenstände weit außerhalb der Reichweite des Einzelnen bewegen. Letztlich basiert ein großer Teil dessen, was über andere Länder und Kulturen bekannt ist, auf medienvermittelten Informationen; und hier spielt das Fernsehen die zentrale Rolle, da es im Wortsinne eindrückliche ‚Welt-Bilder' vermittelt.

Die Erforschung von Auslandsnachrichten kann dabei auf eine lange Tradition in der Kommunikationswissenschaft zurückblicken – allerdings nicht allein aufgrund sachimmanenter Erwägungen. Vielmehr hat es dafür auch politische Gründe gegeben (zur Forschungsgeschichte vgl. Wilke 2008b). Gerade nach dem zweiten Weltkrieg herrschte die Überzeugung, dass von der internationalen Berichterstattung viel für die Verständigung in der Welt abhänge. Ein Vergleich der Auslandsberichterstattung in verschiedenen Ländern ermöglicht in diesem Sinne auch einen Blick auf Selbst- und Fremdbeschreibungen, die Grundlage der ‚Völkerverständigung' – in Form medial vermittelter Interpretationsschemata – sind.

Zunächst wurden Auslandsnachrichten primär anhand von Zeitungen untersucht. Das hat selbstverständlich damit zu tun, dass die Zeitung das älteste Massenmedium ist und lange Zeit die zentrale Informationsquelle für tagesaktuelle Nachrichten war. Von Bedeutung ist aber wohl auch eine gewisse „Forschungseignung" von Printnachrichten gewesen, da sich gedrucktes Material für Inhaltsanalysen besonders gut eignet. Zwischenzeitlich wurden die Forschungen aber auf das Fernsehen und das Radio, neuerdings auch auf das Internet ausgedehnt. Dies führt freilich auch zu Schwierigkeiten: Die zunehmende Auflösung klar national bestimmter ‚Ausstrahlungsgebiete' (beispielsweise bei internetbasierten Streaming-Angeboten) stellt die Forschung vor neue Herausforderungen – und insbesondere vor die Frage, inwieweit hier noch von ‚nationalen' und ‚internationalen' Räumen gesprochen werden kann oder andere Differenzierungen (wie z. B. Kulturen) herangezogen werden müssen. Dies beschäftigte die Kommunikationswissenschaft in den letzten Jahren, und gerade im Bereich der ‚Auslands'-Berichterstattung wird dieses Thema wohl zunehmend an Bedeutung gewinnen.

Die frühen Untersuchungen zu Auslandsnachrichten verfolgten eher deskriptive und medienkritische Zielsetzungen. Zur Leittheorie wurde seit den 1960er Jahren dann die Nachrichtenwerttheorie (vgl. Galtung und Ruge 1965; Harcup und O'Neill 2001). Kern dieser Theorie war die Annahme von Nachrichtenfaktoren, die den Nachrichtenwert von Ereignissen indizieren. In den nachfolgenden Untersuchungen ist die Geltung dieser Nachrichtenfaktoren einzeln, aber auch in Mehrzahl überprüft worden. Standardkategorien der Inhaltsanalysen waren Themen, Akteure und Ereignisorte, die die so genannte „Nachrichtengeografie" prägen. Wurden aus der Nachrichtenwerttheorie Hypothesen zur Selektion von Nachrichten durch die Journalisten generiert, so hat man deren Wirkung häufig unter den Begriff der „Imagebildung" gefasst (vgl. Wilke 1989).

Journalistische bzw. redaktionelle Entscheidungsprozesse bezüglich der Auswahl und die entsprechenden Inhalte von Auslandsnachrichten standen auch im Fokus einer ganzen Reihe Studien jüngeren Datums (z. B. Chang und Lee 1992; Westerstahl und Johansson 1994). Dabei wurden auch mehrfach internationale Vergleiche gezogen: Eine komparative Studie in 44 Ländern hat die Berichterstattung einer Nacht parallel analysiert (vgl. Wu 2004), im europäischen Rahmen hat sich Heinderyckx (1993) intensiv mit Auslandsnachrichten auseinandergesetzt. Die möglicherweise bekannteste Vergleichsuntersuchung ist die von der UNESCO initiierte „Foreign Images"-Studie. Forscher aus insgesamt 29 Ländern beteiligten sich an diesem Projekt (vgl. Sreberny-Mohammadi et al. 1984). In den 1990ern wurde diese Studie nochmals in 38 Ländern repliziert (vgl. Wu 2000). Vergleichsdaten für Deutschland liegen zudem mit der Studie von Schmidt und Wilke (1998) vor.

Die Ergebnisse all dieser Studien deuten in eine ähnliche Richtung: Verschiedene gesellschaftliche Wertvorstellungen, Nachrichtenfaktoren und journalistische Präferenzen sowie die angenommenen Publikumsinteressen beeinflussen die Auswahl und Darstellung von Auslandsnachrichten nachhaltig. Insofern kann man hier einem naiven Realismus auch empirisch eine Absage erteilen: Mitnichten wird die Welt so dargestellt ‚wie sie ist'; vielmehr ist die medienvermittelte Realität eine Konstruktion, die das Ergebnis eines komplexen Prozesses zwischen Akteuren außerhalb und innerhalb der Redaktionen ist.

Dass die Inhalte von Auslandsnachrichten kein ‚Abbild' der Welt darstellen, wurde durch eine Reihe von empirischen und theoretischen Arbeiten belegt, die sich mit den thematischen Schwerpunkten der Berichterstattung befassen. Für Nachrichten insgesamt konnte vielfach belegt werden, dass diese sich insbesondere mit sozialen Konflikten auseinandersetzen.

Doch nicht nur mit den Auswahlkriterien der Gatekeeper und den Inhalten selbst hat sich die kommunikationswissenschaftliche Erforschung von Auslandsnachrichten auseinandergesetzt: Auch dem Publikum und dessen Erwartungen hat sich die Forschung gewidmet. Grundlegend zeigt eine Reihe von Studien, dass das Interesse der Zuschauer an Auslandsnachrichten geringer ist als an Inlandsnachrichten (vgl. Sande 1971; Sparkes und Winter 1980; Tai und Chang 2002), was sich durch Relevanzkriterien bzw. den Nachrichtenfaktor ‚Nähe' plausibilisieren lässt. Allerdings konnten verschiedene Studien belegen, dass trotz der geringeren Bedeutung Auslandsnachrichten durchaus Einfluss auf die Publikumsagenda haben (vgl. Hargrove und Stempel 2002; Wanta und Hu 1993), ebenso wie auf Einstellungen und Meinungen zu anderen Ländern (vgl. Perry 1990; Semetko et al. 1992). Einen Erklärungsansatz hierfür haben Kim, Wyatt und Katz geliefert (1999): Sie nehmen an, dass Nachrichtenmedien als eine Art Stimulans bei Face-to-Face-Gesprächen über politische Themen dienen können – sie liefern also Aufhänger und Anreize für Unterhaltungen. Allerdings gibt es auch Ergebnisse, die in eine entgegen gesetzte Richtung deuten: Denn mehrfach wurde auch belegt, dass Fernsehnachrichten, und hier insbesondere jene zu Auslandsthemen, für Zuschauer nur schwer nachvollziehbar und mitunter unverständlich sind. Erklärt wurden solche Verständnisschwierigkeiten mit einem begrenzten Vorwissen, der Art und Kürze der Darstellung und der Verschiedenartigkeit der Inhalte (vgl. Cohen 1998). Gerade Auslandsnachrichten sind problematischer für Zuschauer, da es hier eben – wie oben beschrieben – nur wenige Verknüpfungspunkte zu bestehenden Wissensvorräten des Einzelnen gibt; solche Rezeptionsschwierigkeiten wurden bereits mehrfach untersucht (vgl. Philo 2004).

Neben den genannten Analysen zu einzelnen Teilelementen im Kommunikationsprozess (Kommunikatoren, Inhalte, Rezipienten) finden sich in der Literatur auch diverse Arbeiten, die die Rahmenbedingungen und Gesamtentwicklung von Auslandsnachrichten im Auge haben. Letzthin stand dabei vor allem der Einfluss einer wachsenden Globalisierung auf die Organisationen des Nachrichtenwesens im Blickpunkt (vgl. Chalaby 2005): Mit der Globalisierung der Märkte bzw. einer Deregulierung nationaler Märkte, der Einführung neuer Kommunikationstechnologien und der Verkürzung der Transport- und Informationswege ist einerseits die Entwicklung weltweit agierender Medienmultis ermöglicht worden, andererseits rücken Länder und Kulturen in gewisser Weise enger zusammen. Wachsende politische und ökonomische Interdependenzen sind zu konstatieren, wenngleich auch Anzeichen dafür bestehen, dass manche sprach- und kulturraumspezifischen Unterschiede zwischen Ländern weiterhin bestehen (vgl. Cohen 2002). Klar ist aber: In solch einer Gemengelage nimmt die Relevanz von Auslandsnachrichten zu.

Vor dem hier skizzierten Hintergrund und angesichts der in jüngerer Zeit eingetretenen Veränderungen in der Welt im Allgemeinen und bei den Medien im Besonderen, haben sich Kommunikationsforscher aus 17 Ländern zusammengetan, um gemeinsam die Fernsehberichterstattung, insbesondere die Auslandsnachrichten vergleichend zu untersuchen (Cohen 2013). Das Forschungsprojekt wurde angeregt und geleitet von Akiba A. Cohen (Universität Tel Aviv). Nach einer zunächst noch größeren Zahl von potentiellen Teilnehmern beteiligten sich schließlich Kollegen aus folgenden Ländern: Ägypten, Belgien, Chile, China, Deutschland, Hong Kong, Italien, Israel, Japan, Kanada, Polen, Portugal, Schweiz, Singapur, Taiwan, USA. Die Auswahl dieser Länder kam eher induktiv zustande, nicht zuletzt aufgrund persönlicher Verbindungen in den internationalen Forschungsnetzwerken. Dennoch erfüllt die Liste der Beteiligten weitgehend den Wunsch, Länder aus verschiedenen Teilen der Welt, solche von unterschiedlicher Größe und mit unterschiedlichen politischen Systemen im Vergleich zu betrachten. Theoretisch entsprach dies weitgehend dem Prinzip eines „most different systems design" (vgl. Przeworski und Teune 1970).

Das Projekt umfasste drei Teile: Der erste Teil des Projekts (für Deutschland bearbeitet von Wilke/Heimprecht) bestand in jedem Land aus einer Inhaltsanalyse der Hauptnachrichtensendungen der zwei reichweitenstärksten Fernsehstationen, nach Möglichkeit (und soweit vorhanden) einer öffentlich-rechtlichen und einer privat-kommerziellen. Diese Inhaltsanalyse erstreckte sich auf vier Wochen im Frühjahr 2008 und sollte eine möglichst „normale" Periode abdecken (20.1.-26.1., 10.2.-16.2., 2.3.-8.3., 23.3.-29.3.2008). Für die Analyse wurde ein umfangreiches Codebuch entwickelt, das vor allem Themen, Akteure, Ereignisorte sowie Quellen und formale Präsentationsformen erfasste. Insgesamt wurden in allen Ländern zusammen genommen 17.501 Beiträge codiert, davon 5.614 Auslandsnachrichten.

Der zweite Teil des Projekts (für Deutschland bearbeitet von Quandt/von Pape) war auf die Fernsehzuschauer ausgerichtet. Mittels repräsentativer Befragungen sollte u. a. Folgendes ermittelt werden: In welchem Umfang werden Fernsehnachrichtensendungen und insbesondere Auslandsnachrichten genutzt? Welche Nachrichtensendungen werden gesehen? An welchen Ländern sind die Zuschauer vor allem interessiert und über welche erfahren sie nach eigener Aussage am meisten, über welche ihrer Ansicht nach zu viel und über welche zu wenig? Die Befragungen konnten in 13 der 17 Länder durchgeführt werden. Insgesamt wurden 10.347 Personen befragt.

Im dritten Teil des Projekts (Analyse durch von Pape/Quandt unter Mitarbeit von Theresa Steffens, Interviewdurchführung organisiert von allen Projektpartnern) wandte sich das Forschungsinteresse den Fernsehjournalisten zu, die für die untersuchten Sendungen verantwortlich sind und sie produzieren. Dabei ging es jedoch nicht darum, den Produktionsprozess umfassend zu rekonstruieren, wozu im Grunde eine teilnehmende Beobachtung vonnöten gewesen wäre. Vielmehr sollten die „Macher" erst befragt werden, nachdem die Ergebnisse der Inhaltsanalyse und der Befragung vorlagen. Ziel war es, Informationen zu den Rahmenbedingungen der Nachrichtenproduktion und zu den zugrunde liegenden Selektionskriterien zu erhalten. Darüber hinaus wurden die Journalisten mit zentralen Untersuchungsergebnissen konfrontiert (aus der Inhaltsanalyse u. a. der Anteil der Auslandsnachrichten und die Repräsentanz der wichtigsten Länder, aus der Befragung die Interessen der Zuschauer an einzelnen Ländern). Besitzen die Journalisten hierzu realistische Einschätzungen oder bestehen Diskrepanzen? Die Journalisteninterviews wurden in 12 Ländern durchgeführt, und zwar jeweils mit einer bis fünf Personen.

Gefördert durch die Deutsche Forschungsgemeinschaft (DFG) konnten die Verfasser des vorliegenden Buches den deutschen Teil des internationalen Projekts übernehmen. Der erste Teil wurde im Wesentlichen an der Universität Mainz durchgeführt, der zweite an der Universität Hohenheim. Der dritte Teil wurde von beiden Standorten aus gemeinsam umgesetzt. Im Rahmen der Inhaltsanalyse wurden die *Tagesschau* und *RTL Aktuell* untersucht. Insgesamt wurden 742 Fernsehbeiträge codiert, davon 341 Auslandsnachrichten. An einem Sample wurde wie üblich die Reliabilität der fünf Codierer überprüft. Mit Mittelwerten von 0,89 nach Holsti und 0,84 nach Cohen's Kappa fiel die Übereinstimmung der Codierung bei der deutschen Inhaltsanalyse sehr gut aus. Die Bevölkerungsbefragung wurde im Auftrag der Verfasser vom Befragungsinstitut forsa (Berlin) im Dezember 2009 durchgeführt. Für den dritten Teil wurden zwischen August und September 2010 bei der *Tagesschau* zwei, bei *RTL Aktuell* drei Fernsehjournalisten in Intensivinterviews befragt.

Nach mehreren Konferenzpräsentationen und einzelnen vorweg erschienenen Teilveröffentlichungen (Wilke et al. 2012) wurden die Ergebnisse des internationalen Forschungsprojekts in einer gemeinsamen Buchpublikation (vgl. Cohen 2013) bekannt gemacht. Darüber hinaus will das vorliegende Buch, gesondert und umfänglicher als es in dem Gemeinschaftswerk möglich ist, den deutschen Teil der Untersuchung präsentieren. Hinzu kommt, dass für diese Präsentation außer *Tagesschau* und *RTL Aktuell* zusätzlich die Hauptfernsehnachrichtensendungen der beiden anderen großen Sender in Deutschland, nämlich des ZDF (*heute*) und von Sat.1 (*Sat.1 Nachrichten*[1]) einbezogen wurden. Dadurch erhöht sich die Fallzahl auf 1.404 Beiträge, darunter 620 Auslandsnachrichten. Auf diese Weise soll ein umfassenderes Bild von der Auslandsberichterstattung in den deutschen Fernsehnachrichten entstehen. Dies war umso nahe liegender, als auch in der Bevölkerungsumfrage die Nutzung der Nachrichtensendungen aller vier Sender ermittelt wurde.

Der Aufbau des Buches folgt den drei Schritten des Forschungsprojekts. Nach der Beschreibung des Untersuchungsgegenstands werden in den Kapitel 3 die Ergebnisse der quantitativen Inhaltsanalyse geschildert. Neben der deutschlandbezogenen Darstellung werden auch Ergebnisse im internationalen Vergleich betrachtet. Danach werden in Kapitel 4 die Ergebnisse der Bevölkerungsbefragung vorgestellt und analysiert. Und hieran schließt sich in Kapitel 5 die Auswertung des dritten Projektteils, der Journalisteninterviews, an. Diese wurden zwar nur mit Redakteuren von *Tagesschau* und *RTL Aktuell* durchgeführt, sollen aber ebenfalls im internationalen Kontext betrachtet werden. In einem abschließenden Kapitel 6 werden nochmals alle Ergebnisse in der Zusammenschau diskutiert.

Das Projekt selbst wäre nicht ohne die Zusammenarbeit vieler internationaler Projektpartner möglich gewesen, die hier nicht alle genannt werden können (vgl. ausführlicher Cohen 2013). Für die Arbeiten an dem hier vorliegenden Band gilt unser besonderer Dank Dr. Jens Vogelgesang, Dr. Michael Scharkow, Max Reichert, Lena Stork und Theresa Steffens für vielfältige Unterstützung bei Analyse- und Satzarbeiten. Ferner bedanken wir uns bei unseren wissenschaftlichen Hilfskräften Julia Kröll, Angela Nienierza, Christian Schäfer, Daniela Stelzmann, Eva Thöne und Philipp Weichselbaum für ihre hervorragende Arbeit bei der Inhaltsanalyse.

---

[1] Wir verwenden in unserer Darstellung den heutigen Namen *Sat.1 Nachrichten*, der im Untersuchungszeitraum erst neu eingeführt wurde und den früheren Namen *Sat.1 News* ablöste.

Die Nachrichtensendungen im deutschen Fernsehen 2

Nachrichten gehörten von Beginn an zu den festen Programmbestandteilen des (deutschen) Fernsehens. Das audio-visuelle Medium folgte damit dem Vorbild des Radios, von dem es auch andere Formen übernahm bzw. auf seine medialen Eigenschaften hin adaptierte. Als am ersten Weihnachtsfeiertag 1952 der Nordwestdeutsche Rundfunk (NWDR) von Hamburg aus ein Fernsehversuchsprogramm auszustrahlen begann, startete am Tag darauf auch die *Tagesschau*, wenngleich nur unter Verwendung von Filmmaterial der Kino-Wochenschau (vgl. Straßner 1982; Röhl 1992; Ludes 1994; Matzen und Radler 2009). Und als knapp zwei Jahre später, am 1. November 1954, die in der Arbeitsgemeinschaft der öffentlich-rechtlichen Rundfunkanstalten der Bundesrepublik Deutschland (ARD) vereinigten Sender auf Dauer ihr gemeinsames Fernsehprogramm begannen, hatte sich die *Tagesschau* in dieser Form gewissermaßen schon fest etabliert.

Die Sendung erhielt ihren Sendeplatz um 20.00 Uhr und wurde geradezu zu einer Institution des deutschen Fernsehens. Bis heute hat sie diesen Sendeplatz (und die Dauer von 15 min) bewahrt. Im Laufe der Jahrzehnte erlebte die *Tagesschau* zwar einige Veränderungen, die vor allem durch den Wandel der Fernsehtechnik bedingt waren und eine erforderlich werdende Modernisierung des Designs nach sich zogen. Dennoch gilt die Sendung in ihrer Erscheinungsform immer noch als „konservativ", denn sie hat an bestimmten Darstellungsmodi weitgehend festgehalten. Im Laufe der Jahre traten aber zusätzliche „Ausgaben" während des Tages sowie eine „Spätausgabe" hinzu. Letztere wurde am 2. Januar 1978 durch die *Tagesthemen*-Sendung ersetzt.

Am 1. April 1963 nahm nach einer längeren Vorlaufzeit, die durch den rundfunkpolitischen Streit zwischen der Bundesregierung und den Bundesländern bedingt gewesen war, das Zweite Deutsche Fernsehen seine Sendungen auf. Auch das ZDF verfügte von Beginn an mit *heute* über eine eigene Nachrichtensendung. Wie die neue Fernsehanstalt überhaupt, musste sich auch die *heute*-Sendung erst gegen die etablierte Konkurrenz durchsetzen (vgl. Ludes 1994, 24 ff.). Auf diesem Weg wechselten wiederholt Sendezeitpunkt und Sendedauer: von anfänglich 19.30 Uhr auf 19.45 Uhr (von 1969 bis 1973). Seit 1973 hat *heute* einen festen Sendeplatz um 19.00 Uhr. Zudem versuchte man sich im ZDF in der Präsentation von der *Tagesschau* abzusetzen. Das Format wurde mehrfach verändert, schon 1965 und zuletzt am 17. Juli 2009 mit der Inbetriebnahme eines eigens für die Sendung neu gebauten Studios.

Mit dem 1. Januar 1984 begann in der Bundesrepublik Deutschland die Etablierung des dualen Rundfunksystems. Bis dahin hatte aus primär technischen und finanziellen Gründen ein öffentlich-rechtliches Monopol bestanden. Dessen Ende war jedoch gekommen, als durch Kabel und Satellit neue Übertragungswege zur Verfügung standen und die Limitierung der terrestrischen Frequenzen außer Kraft setzten. Die Möglichkeit zu einem Strukturwandel des Rundfunks bereitete auch die zuvor restriktive Rechtsprechung des Bundesverfassungsgerichts. Dieses zog Konsequenzen aus den technischen Veränderungen. Infolgedessen traten seit 1984 auch private Programmanbieter auf, deren Zahl sich in mehreren Wellen erhöhte (vgl. Wilke 2009). Zu den ersten von ihnen gehörten RTL (ursprünglich RTLplus) und Sat.1, die schon 1984 Lizenzen erhielten und als Vollanbieter die Hauptkonkurrenten von ARD und ZDF wurden. Weil die privaten Sender zu ihrer Finanzierung ganz auf Werbung angewiesen sind und hohe Einschaltquoten erzielen müssen, haben sie neue, möglichst publikumsattraktive Sendeformate zu entwickeln gesucht, wovon übrigens die öffentlich-rechtlichen Programme keineswegs unberührt blieben. So kam es zu einer viel diskutierten, von den einen behaupteten, von den anderen bestrittenen, Konvergenz der Fernsehsysteme.

Jedenfalls führten die großen Vollprogramme auch Nachrichtensendungen ein: *RTL 7 vor 7* (um 18.53) und *RTL-Spiel/RTL Aktuell/Bilder des Tages* (um 19.35 Uhr). Die in dem Verbund Aktuelles Presse-Fernsehen (APF) zusammengeschlossenen Zeitungsverleger veranstalteten die tägliche Nachrichtensendung *APF-Blick* (18.30 Uhr). Aus APF ging Sat.1 hervor, dessen Nachrichtensendung fortan *Sat.1 Blick* hieß. Mehrfach wechselte später der Name der Sendung (*Sat.1 Newsmagazin, Guten Abend Deutschland, Sat.1-News, Sat.1 Nachrichten*). Die Nachrichtensendungen der beiden Privatsender hatten es schwer, Zuschauer von der *Tagesschau* oder von *heute* auf sich zu ziehen. Noch 1992 sahen im Durchschnitt 8,4 Mio. Zuschauer die *Tagesschau* (Marktanteil: 41%), 6,9 Mio. *heute* (Marktanteil: 42%), aber nur 1,8 Mio. *RTL Aktuell* (Marktanteil: 12%) und 1,2 Mio. *Sat.1 News* (Marktanteil: 8%) (vgl. Bartel 1997). Die seitdem bis zum Zeitpunkt unserer Untersuchung eingetretene Entwicklung dokumentiert Abb. 2.1.

Die *Tagesschau* konnte ihre Reichweite über zwei Jahrzehnte hinweg mit gewissen Schwankungen halten und hatte 2009 im Jahresdurchschnitt noch ebenso viele Zuschauer wie 1992. Deutlich abgenommen hat hingegen die Reichweite von *heute*.

2 Die Nachrichtensendungen im deutschen Fernsehen

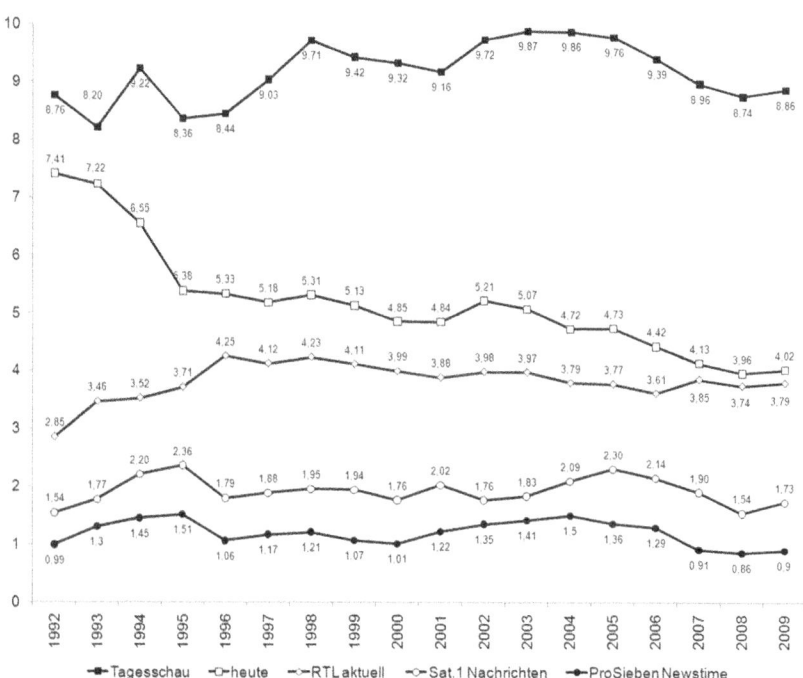

Abb. 2.1 Durchschnittliche Reichweiten der Fernsehnachrichten in Deutschland (Zuschauer in Mio.). (Quelle: © AGF/GfK, TV-Scope, bis 2000 Fernsehpanel (D), ab 2001 Fernsehpanel (D + EU))

Die Reichweite der ZDF-Sendung sank von im Jahresdurchschnitt 7,42 Mio. Zuschauern (1992) auf 4,02 Mio. (2009). Mit der allgemeinen Reichweite des Senders RTL in den neunziger Jahren stieg auch die Reichweite seiner Nachrichtensendung an und erreichte 1986 mit 4,25 Mio. einen Höhepunkt. Danach blieben die Einschaltquoten relativ stabil bzw. nahmen wieder ab, wenn auch nur mäßig. Immerhin beansprucht man bei *RTL Aktuell*, die *heute*-Sendung bei den 14- bis 49jährigen, also bei der für den Sender eigentlich werberelevanten Zielgruppe, überholt zu haben. Auch Sat.1 konnte in den neunziger Jahren mehr Reichweite erzielen, blieb aber immer hinter RTL zurück. Das trifft gerade auch auf die Hauptnachrichtensendung des Anbieters zu, die zwischen 2,36 Mio. (1985) und 1,54 Mio. (2008) schwankte. Generell war die Zuschauerschaft der Fernsehnachrichtensendungen in Deutschland rückläufig. Schalteten 1992 noch 21,55 Mio. Zuschauer eine der zuvor genannten Sendungen ein, so waren es 2009 nur noch 19,25 Mio. Dieser „Schwund" hat offensichtlich das ZDF am stärksten getroffen. Im Jahr 2011 übertraf *RTL Aktuell* im Jahresdurchschnitt sogar zum ersten Mal die Reichweite der *heute*-Sendung (3,91 vs. 3,72 Mio. Zuschauer, Marktanteile: 18,4 % vs. 16,4 %). Außer Betracht bleibt hier, dass auch der ursprünglich selbstständige Sender ProSieben (wie auch seinerzeit Tele 5) eine eigene Nachrichtensendung besitzt (bzw. besaß). Sie war jedoch immer diejenige mit der geringsten Zuschauerzahl von den fünf Sendern. Nicht weiter berücksichtigt wird hier auch, dass sich der Wettbewerb im Nachrichtenfernsehen durch das Hinzutreten von Spartenkanälen – ntv und N24 – veränderte. Während ntv (zu RTL gehörig) bereits 1992 startete, schuf sich die ProSiebenSat.1 Media AG mit N24 im Jahr 2000 einen eigenen Nachrichtenkanal. Neben diesem produziert das Unternehmen auch die Nachrichtensendungen für die zur Senderfamilie gehörigen Programme Sat.1, ProSieben und Kabel 1. Das ist auch noch der Fall, nachdem N24 im Juni 2010 verkauft wurde. Seitdem befindet sich die Sendung im Besitz der N24 Media GmbH (zu den Veränderungen der deutschen Nachrichtenkanäle vgl. Reinemann und Fawzi 2010).

Bei den öffentlich-rechtlichen Fernsehsendern gehören die Nachrichtensendungen zum Programmauftrag, der Information (und dazu Unterhaltung und Bildung) umfasst. In diesem Sektor beanspruchen die Sender daher auch eine besondere Kompetenz. Weniger zwingend erscheint dies bei den privaten Anbietern, von denen auch nicht alle solche Sendungen im Programm haben. Andererseits haben Vollprogramme mit der Lizenz auch Verpflichtungen übernommen, die z. B. in der Formel des „Grundstandards" ihren Ausdruck finden, den das Bundesverfassungsgericht in seinem vierten Rundfunkurteil von 1986 geprägt hat.

Dass sich dergleichen nicht von selbst versteht, hat die Direktorenkonferenz der Landesmedienanstalten, die für die Lizenzierung der privaten Anbieter zuständig sind, zum Anlass genommen für ein im März 2010 veröffentlichtes Positionspapier „Nachrichtensendungen im privaten Rundfunk". Alarmiert zeigte sich die DLM, weil Programmanalysen teilweise eine Halbierung der Sendezeiten für herkömmliche Nachrichten in den privaten Programmen belegten (vgl. ALM-Jahrbuch 2008, S. 65 f). Zudem wurde eine Entpolitisierung der Nachrichten beklagt. Gegen diesen Trend machte die DLM mit ihrem Papier Front, auch deshalb weil jüngere Zuschauer Fernsehnachrichtensendungen inzwischen hauptsächlich im privaten Fernsehen nutzen (DLM 2010, S. 2):

> Sowohl die Rechtsprechung des Bundesverfassungsgerichts als auch der Rundfunkstaatsvertrag legen […] je auf ihre Weise fest, dass es nicht in das Belieben privater Vollprogrammveranstalter gestellt ist, Nachrichtensendungen, die den ‚harten Kern' von Informationsprogrammen bilden, entweder anzubieten, oder einfach auf sie zu verzichten, oder in wirtschaftlich schwierigen Zeiten die Budgets teilweise sogar über die Einnahmeausfälle hinaus zu kürzen. Vielmehr gilt: Informationen über das aktu-

elle Zeitgeschehen und seine Hintergründe sind ein Wesensmerkmal von Rundfunk, zumal von Vollprogrammen, das nicht zur freien Disposition steht.

Die Direktorenkonferenz bekundete ihre Absicht, die „Rechtslage in Form einer Selbstverpflichtung der Veranstalter" (ebd. 4) zu konkretisieren. Dies könne durch eine nach § 333 i. V. m. § 25 RSTV mögliche Richtlinie geschehen. Dabei handle es sich um eine Ausgestaltung der Rahmenbedingungen, die nicht in die Inhalte eingreife.

Mit ihrer Kritik und der angekündigten Regulierung kam die DLM bei den privaten Anbietern allerdings nicht gut an. Bei RTL sah man sich damit auch gar nicht gemeint, zumal bei *RTL Aktuell* die Überzeugung herrscht, dass eine Nachrichtensendung zur „Marke" des eigenen Senders dazu gehört. Auch Thomas Ebeling, der Vorstandsvorsitzende der ProSiebenSat.1. Media AG, erklärte, noch bevor er N24 verkaufte, dass es „[n]atürlich ... auch künftig Nachrichten bei Sat. 1, Pro Sieben und Kabel 1 geben" (SZ vom 27.11.2009) werde. Allerdings bekannte er auch: „Nachrichten sind für uns als Gruppe in jedem Fall ein Zuschussgeschäft. ... Nachrichten sind vielleicht für das Image bei Politikern wichtig, aber nicht unbedingt bei allen Zuschauern." (ebd.) Und der Verband der privaten Rundfunk- und Telekommunikationsanbieter verwahrte sich gegen die „Drohszenarien" und sah sich in die „medienpolitische Steinzeit" der 1980er Jahre zurückversetzt (FAZ vom 3.3.2010).

Die Inhalte

3

3.1 Dauer der Nachrichtensendungen und Anzahl der Beiträge

Untersucht werden in der vorliegenden Inhaltsanalyse die Hauptnachrichtensendungen der vier großen deutschen Fernsehanbieter. Diese Sendungen haben fast die gleiche Länge. Der Nachrichtenteil i.e. Sinne ist etwas kürzer als die Dauer der Sendung laut Programm: *RTL Aktuell* ist mit 17 min die längste, *Sat.1 Nachrichten* mit 12 min die kürzeste, *heute* (16 min) und *Tagesschau* (14 min) liegen dazwischen (vgl. Tab. 3.1).

Mit der Dauer der Sendungen ist eine zeitlich enge Grenze gesetzt, auch für die Anzahl der Nachrichtenbeiträge. Im Durchschnitt brachte *RTL Aktuell* im Untersuchungszeitraum mit 16 die meisten Beiträge pro Sendung, *Sat.1 Nachrichten* mit 10 die wenigsten. Gleich ist in fast allen Sendungen die durchschnittliche Länge der einzelnen Nachrichtenbeiträge, lediglich bei der *Tagesschau* sind sie um vier Sekunden kürzer. Rein äußerlich ist das Format der Fernsehnachrichtensendungen in Deutschland somit sehr ähnlich und weicht in dieser Hinsicht von denjenigen in anderen Ländern deutlich ab (vgl. Kap. 3.5).

3.2 Definition, Anzahl und Arten von (Auslands-) Nachrichten

Zu Beginn einer Untersuchung über Auslandsnachrichten muss eine Klärung stehen, was man unter diesem Gegenstand überhaupt verstehen will. Das „Lexikon Kommunikations- und Medienwissenschaft" (Bentele et al. 2006) weist zwar Einträge zu Auslandspresse und Auslandsrundfunk auf, nicht aber zu unserem Begriff. Anders das Nachschlagewerk „Medien von A-Z" (Hans-Bredow-Institut 2006). Darin findet sich ein eigenes Stichwort „Auslandsberichterstattung". Diese umfasse

Tab. 3.1 Dauer der Nachrichtensendungen und Beiträge

	Länge der Sendung laut Programm	Durchschnittliche Dauer der Nachrichten pro Sendung	Durchschnittliche Länge eines Beitrags	Durchschnittliche Anzahl an Beiträgen pro Sendung
	In Minuten	In Minuten	In Sekunden	
Tagesschau	15	14	68	12
Heute	20	16	72	13
RTL Aktuell	18	17	72	15
Sat.1 Nachrichten	15	12	72	10

Basis: ARD ($n=335$), ZDF ($n=378$), RTL ($n=407$), Sat.1 ($n=284$) und Gesamt ($n=1404$)

„im engeren Sinne […] Nachrichten über das Ausland in den Nachrichtensendungen im Fernsehen, im Politikteil der Zeitungen, in Nachrichtentickern von Online-Portalen usw." (ebd., 38) Darüber hinausgehend heißt es: „Im weiteren Sinne gehören zur Auslandsberichterstattung aber auch Informationsangebote über Ereignisse und Verhältnisse im Ausland, die kultureller, ökonomischer oder auch touristischer Art sein können" (ebd.). Zwei Arten der Auslandsberichterstattung werden hier gewissermaßen inhaltlich getrennt. Was mit „Ausland" gemeint ist, wird aber als bekannt unterstellt. Zumindest wird dieses Begriffselement nicht näher definiert.

Im englischsprachigen Bereich spricht man bei unserem Gegenstand in der Regel von „foreign news". Dieser Begriff ist in einer Vielzahl von Studien verwendet worden, wurde aber ebenfalls unterschiedlich abgegrenzt. Hester beispielsweise verstand darunter „news reported from outside the United States" (1978, S. 88). Zuvor hatte Almaney bereits zwischen drei Ereignisbereichen unterschieden: 1. „national affairs" (Ereignisse innerhalb der Grenzen der USA); 2. „international affairs" (die USA und andere Länder sind in das Geschehen involviert); 3. „foreign affairs" (die USA spielen keine Rolle). Ähnlich verfuhren Gonzenbach, Arant und Stevenson (1992) mit ihrer Unterscheidung von „domestic news" (nur die USA beteiligt), „international" (die USA und ein Land oder mehrere andere Länder sind einbezogen) und „foreign" (kein Bezug zu den USA).

Für den Zweck der vorliegenden Studie, die Teil eines internationalen Projekts war, wurde jedoch eine andere Klassifikation verwendet, und zwar diejenige, die zuerst von Elliot und Golding (1974) eingeführt und in der „Foreign Images"-Studie von 1979 (vgl. Sreberny-Mohammadi et al., 1985) sowie in ihrer Nachfolgestudie von 1995 (vgl. Schmidt und Wilke 1998; Wu 2000) aufgegriffen wurde. Dabei werden die Nachrichten, die anhand formaler Merkmale identifiziert und abgegrenzt werden, anhand der Ereignisorte in vier Arten klassifiziert:

3.2 Definition, Anzahl und Arten von (Auslands-) Nachrichten

1. Inlandsnachrichten: Ereignis findet in dem Heimatland des Mediums statt, ohne dass ein anderes Land beteiligt ist oder ein solches erwähnt wird.
2. Inlandsnachrichten mit ausländischer Beteiligung: Ereignis findet in dem Land der Berichterstattung statt, wobei andere Länder beteiligt sind und dies erwähnt wird.
3. Auslandsnachricht mit inländischer Beteiligung: Ereignis findet in einem anderen Land statt, mit Beteiligung des Landes der Berichterstattung.
4. Auslandsnachricht: Ereignis findet im Ausland statt, ohne dass das Land des Mediums der Berichterstattung irgendwie beteiligt ist.

Entsprechend dieser Einordnung können wir von „reinen Inlandsnachrichten" (1), „reinen Auslandsnachrichten" (4) und zwei „hybriden" Formen von Inlands-/Auslandsnachrichten (2, 3) sprechen, von Inlandsnachrichten mit ausländischer Beteiligung und von Auslandsnachrichten mit deutscher Beteiligung.

Insgesamt brachten die vier Fernsehnachrichtensendungen im Laufe der vier untersuchten Wochen im Frühjahr 2008 1.404 Nachrichten. In der *Tagesschau* waren es 335 (=24%), bei *heute* 378 (=27%), bei *RTL Aktuell* 407 (=29%) und bei *Sat.1 Nachrichten* 284 (=20%). Inlandsnachrichten (also in den Formen 1 und 2) gab es 784 (=56%), Auslandsnachrichten (also in den Formen 3 und 4) gab es 620. Davon brachten die *Tagesschau* 154 (=25%), *heute* 171 (=28%), *RTL Aktuell* 187 (=30%) und *Sat.1 Nachrichten* 108 (=17%).

Betrachtet man die vier Arten von Nachrichten gesondert, so zeigt sich folgendes Bild (vgl. Abb. 3.1).

Zunächst fällt auf: Die „reinen" Inlands- und Auslandsnachrichten kommen häufiger vor als die Hybridformen. In allen vier deutschen Fernsehnachrichtensendungen gibt es ein Übergewicht von Inlandsnachrichten. Das ist nicht überraschend, muss es ihnen doch zunächst darum gehen, die Zuschauer über Ereignisse und Vorgänge im eigenen Land zu informieren. Überraschender ist andererseits eher der hohe Anteil von Auslandsnachrichten. Dabei gleichen sich *Tagesschau* und *heute* sehr stark: Beide Sendungen weisen 54% Auslandsnachrichten auf, davon allein 36% in „reiner" Form. Nicht viel anders ist es bei *RTL Aktuell*, wo lediglich die Inlandsnachrichten mit ausländischer Beteiligung etwas häufiger sind. Deutlicher weichen davon die *Sat.1 Nachrichten* ab. Sie bieten den höchsten Anteil von Inlandsnachrichten, insgesamt 62 Prozent, davon 42% in reiner Form. Zum anderen bietet diese Sendung mit 21% den geringsten Anteil „reiner" Auslandsnachrichten.

Berechnet man den Anteil der Nachrichtenformen nicht an der Anzahl, sondern an der Länge der Beiträge, so mindert sich vor allem der Anteil der „reinen" Auslandsnachrichten, und zwar um zwei Prozent bei *heute*, vier Prozent bei *Tagesschau* und den *Sat.1 Nachrichten* und um sechs Prozent bei *RTL Aktuell* (vgl. Tab. 3.2). Bei

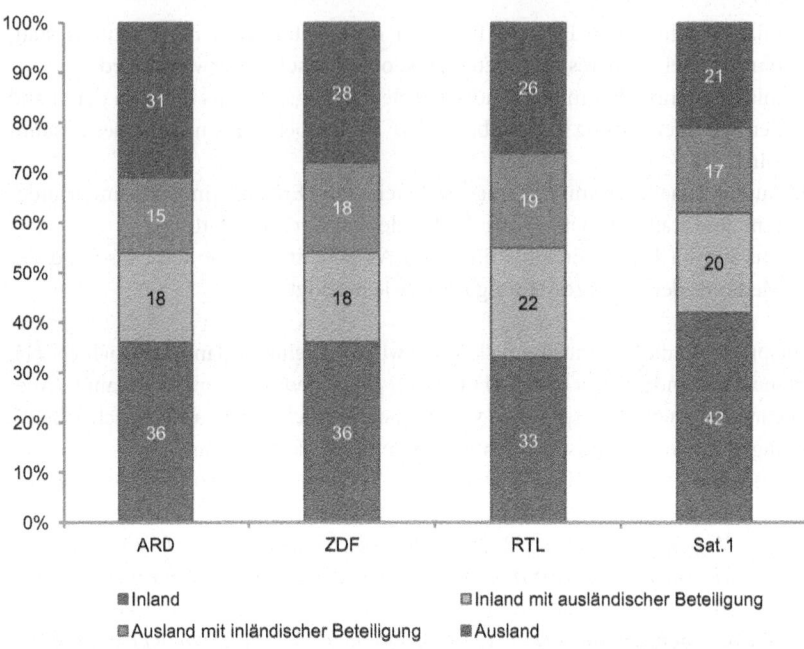

Abb. 3.1 Anteile von Inlands- und Auslandsnachrichten in den vier deutschen Fernsehnachrichtensendungen. (Basis: ARD ($n=335$), ZDF ($n=378$), RTL ($n=407$), Sat.1 ($n=284$) und Gesamt ($n=1404$))

Tab. 3.2 Zeitlicher Anteil der Nachrichtenarten an der Berichterstattung der Sender (%)

Nachrichtenart	Tagesschau	heute	RTL Aktuell	Sat.1 Nachrichten
	$n=335$	$n=378$	$n=407$	$n=284$
Inlandsnachricht	37	33	36	43
Inlandsnachricht mit ausländischer Beteiligung	21	24	23	23
Auslandsnachricht mit inländischer Beteiligung	15	19	19	18
Auslandsnachricht	27	24	22	17
Gesamt	100	100	100	100

den „reinen Inlandsnachrichten" gibt es keine Verschiebung. Doch außer bei *heute* wächst der Anteil der Inlandsnachrichten mit ausländischer Beteiligung. Das ZDF widmet hingegen mehr Zeit Auslandsnachrichten mit deutscher Beteiligung. Den hybriden Auslandsnachrichten wird folglich wegen dieser Beteiligung zweier (oder mehrerer) Länder ein größerer Zeitanteil eingeräumt als den reinen Inlands- und Auslandsnachrichten.

3.3 Inhalte von Auslandsnachrichten

3.3.1 Themen

Untersuchungen von Fernsehnachrichten interessieren sich in der Regel vor allem für deren Inhalte. Im Vordergrund stehen dabei die Themen (und Ereignisse), über die berichtet wird. Damit soll systematisch ermittelt werden, was die Bevölkerung aus den Medien über die Welt erfährt (und was nicht). In zahlreichen Studien seit den 1970er Jahren sind inhaltliche Analysen von Fernsehnachrichtensendungen in der Bundesrepublik angestellt worden. Allerdings wurden dabei sehr verschiedene Kategorien von Themen zugrunde gelegt.

Manche Studien beschränkten sich auf die Erfassung von Ressorts oder großen Sachgebieten (vgl. Schulz 1976). Andere haben spezifischere Themenprofile untersucht. Der seit 2005 jedes Jahr von den öffentlich-rechtlichen Rundfunkanstalten in Auftrag gegebene InfoMonitor basiert auf zehn Hauptthemenkategorien (Politik, Wirtschaft, Gesellschaft/Justiz, Wissenschaft/Kultur etc.) mit ca. 65 Unterthemen (vgl. Krüger 2006–2011). Die parallel dazu laufende Programmforschung der Arbeitsgemeinschaft der Landesmedienanstalten (ALM) unterscheidet zwischen kontroversen Themen, nichtpolitischen Sachthemen, Human-Touch-Themen, Lebensweltthemen, Sport und Servicethemen (die ersteren vier jeweils mit zwei Unterthemen). Auf den damit erhobenen Daten basieren auch weiterführende Studien (vgl. Maier 2003; Maurer 2005).

Zumeist haben diese Untersuchungen aber nur deutsche Fernsehnachrichten insgesamt untersucht und nicht Inlandsnachrichten und Auslandsnachrichten getrennt ausgewiesen. Eine Ausnahme bildet die Studie von Kamps (1999), der mit einer eigenen Systematik von 26 Themen die Nachrichten deutscher Fernsehsender mit denen von CNN, NBC und ITN verglichen hat. Jedoch konzentrierte sich der Autor nur auf die Politikberichterstattung.

Für unsere Analyse deutscher Auslandsnachrichten haben wir die Themengliederung verwendet, die in dem zugrunde liegenden Projekt für den internationalen Vergleich von 17 Ländern entwickelt wurde. Dabei konnten maximal drei Themen pro Beitrag verschlüsselt werden. Um wie viele es sich bei jeder Nachricht handelt,

Tab. 3.3 Themenkonzentration in Fernsehnachrichten (absolut)

Thema	Tagesschau		heute		RTL Aktuell		Sat.1 Nachrichten		Summe	
	n=335		n=378		n=407		n=284		n=1404	
	I	A	I	A	I	A	I	A	I	A
Erstes Thema	181	154	207	171	220	187	176	108	784	620
Zweites Thema	87	61	87	56	100	72	83	52	357	241
Drittes Thema	67	44	74	59	57	52	64	39	262	194
Summe	335	259	368	286	377	311	323	199	1403	1055

I Inlandsnachricht, *A* Auslandsnachricht

Tab. 3.4 Themenkonzentration in Fernsehnachrichten (%)

Thema	Tagesschau		heute		RTL Aktuell		Sat.1 Nachrichten		Durchschnitt	
	n=335		n=378		n=407		n=284		n=1404	
	I	A	I	A	I	A	I	A	I	A
Erstes Thema	54	46	55	45	54	46	62	38	56	44
Zweites Thema	59	41	61	39	58	42	61	39	60	40
Drittes Thema	60	40	56	44	52	48	62	38	58	43

I Inlandsnachricht, *A* Auslandsnachricht

bezeichnen wir als Themenkonzentration. Zunächst stellen wir die Themenkonzentration in den vier Nachrichtensendungen dar, und zwar zum Vergleich für Inlands- und Auslandsnachrichten (vgl. Tab. 3.3 und 3.4).

Selbstverständlich hatte jede der 1.404 Fernsehnachrichten ein erstes Thema, und das gilt sowohl für die 784 Inlands- als auch für die 620 Auslandsnachrichten. 598 Nachrichten (=43 %) hatten noch ein zweites Thema, 456 ein drittes (=32 %). Von den Inlandsnachrichten wiesen 357 ein zweites Thema, 262 ein drittes Thema auf. Bei den Auslandsnachrichten war das in 241 bzw. 194 Nachrichten der Fall. Folglich besaßen die Auslandsnachrichten in etwas geringerem Maße als die Inlandsnachrichten ein zweites (40 %: 60 %) und ein drittes Thema (43 %: 57 %), oder mit anderen Worten: die Inlandsnachrichten sind thematisch etwas komplexer als die Auslandsnachrichten. Die höchste Zahl von Nachrichten mit einem zweiten Thema fand sich in den Auslandsnachrichten bei *RTL Aktuell* (72), die geringste bei Sat.1 (52). Die niedrigste Zahl hatte der gleiche Sender auch bei Nachrichten mit einem dritten Thema (39). Am geringsten war die durchschnittliche Differenz in der Themenkonzentration bei *RTL Aktuell* (=9 %) und bei der *heute*-Sendung

3.3 Inhalte von Auslandsnachrichten

Tab. 3.5 Erstes Thema in den Auslandsnachrichten nach Sendern (%)

Thema	Tagesschau	heute	RTL Aktuell	Sat.1 Nachrichten	Durchschnitt
	n = 154	n = 171	n = 187	n = 108	n = 620
Sport	18	20	26	19	21
Innenpolitik	19	24	11	13	17
Internationale Politik	28	19	8	12	17
Innere Ordnung	10	10	21	16	14
Wissenschaft und Technologie	7	3	4	5	5
Unfälle und Katastrophen	–	2	9	10	5
Wirtschaft, Handel und Arbeit	7	6	2	4	5
Human Interest	1	1	6	7	4
Militär und Verteidigung	3	2	3	2	3
Kultur	1	5	1	4	3
Religion	3	2	1	2	2
Energie und Umwelt	1	3	2	2	2
Gesundheit, Wohlfahrt und Sozialwesen	–	2	3	2	2
Kommunikation	1	1	2	2	2
Verkehrswesen	1	2	1	2	2
Andere Themen	2	–	1	1	1
Gesamt	100	104	103	103	105

Basis: Auslandsnachrichten und Auslandsnachrichten mit inländischer Beteiligung. Abweichungen vom Gesamtwert 100 % entstehen durch Rundungen.
Signifikanztest: $p \leq 0{,}001$, Cramer's $V = 0{,}257$

(= 11 %), am größten bei den *Sat.1 Nachrichten* (= 23 %). Die Themenkonzentration ist offenbar abhängig von der Länge der Sendung bzw. der einzelnen Beiträge.

Im nächsten Schritt betrachten wir die Themen im Einzelnen, und zwar zunächst das erste Thema, bei dem es sich jeweils um das Hauptthema handelt (vgl. Tab. 3.5).

Auch wenn man die Einzelthemen der Auslandsnachrichten aufgliedert, ist eine Konzentration festzustellen. Vier Themengebiete machen bei drei Sendern allein drei Viertel (ARD, ZDF) bis vier Fünftel (RTL) der Auslandsnachrichten aus. Lediglich bei Sat.1 sind es drei Fünftel, so dass hier eine stärkere Streuung vorliegt. Bei den Privatsendern stehen der Sport und die Innere Ordnung im Vordergrund der Auslandsnachrichten (47 % bzw. 35 %), bei den öffentlich-rechtlichen hingegen politische Themen. Unter Innere Ordnung fallen Bürgerkrieg, gewaltsame oder friedliche Demonstrationen, Terrorismus, Verbrechen, Korruption und Strafverfolgung durch Polizei und Gerichte. Während die *Tagesschau* den Schwerpunkt auf die internationale Politik legt, also die internationalen Beziehungen und Konflikte, das Handeln internationaler Organisationen, aber auch zwischenstaatliche Kriege, bringt das ZDF mehr zur jeweiligen Innenpolitik anderer Länder, d. h. zum Handeln der dortigen nationalen politischen Akteure und Institutionen. Diese beiden Themenbereiche sind bei RTL bzw. Sat.1 in geringem Maße vorhanden (zusammen 19 % bzw. 21 %). *RTL Aktuell* und *Sat.1 Nachrichten* bringen aus dem Ausland auch deutlich mehr Unfall- und Katastrophenmeldungen sowie mehr Human Interest als die öffentlich-rechtlichen. Human Interest umfasst das Leben von Berühmtheiten und Stars, Tiergeschichten, Kuriositäten, Bestleistungen etc. Fasst man die Themen Innere Ordnung, Unfälle und Katastrophen sowie Human Interest zusammen, so entfallen darauf in der *Tagesschau* 11 % und in *heute* 13 % der Nachrichten, in *RTL Aktuell* aber 36 % und in den *Sat.1 Nachrichten* 33 Prozent. Unsere Untersuchung bestätigt damit ähnliche Befunde, die anderswo schon für die Gesamtberichterstattung der vier Sendungen gemacht wurden.

Für andere als die bisher genannten Themengebiete hatten die vier deutschen Fernsehnachrichten zumindest im Untersuchungszeitraum wenig oder so gut wie keinen Platz. Nachrichten aus Wirtschaft, Handel und Arbeit waren in den öffentlich-rechtlichen Sendern doppelt so häufig anzutreffen (7 % bzw. 6 %) wie bei den privaten (2 % bzw. 4 %). Von geringer Bedeutung sind auch kulturelle Nachrichten aus dem Ausland (Literatur, Kunst, Musik). Hier hatten das ZDF mit 5 % und Sat.1 mit 4 % noch am meisten zu bieten. Beim Thema Wissenschaft und Technologie ist die *Tagesschau* auf Platz 1 vor den *Sat.1 Nachrichten*, *RTL Aktuell* und *heute*.

Bei drei der vier Sender (ARD, ZDF, RTL) bildete die Innere Ordnung am häufigsten das zweite Thema einer Nachricht, bei Sat.1 war es die Internationale Politik. Innere Ordnung war sowohl in *Tagesschau, heute* als auch in *RTL Aktuell* das häufigste zweite Thema. Der Unterschied zwischen öffentlich-rechtlichen und privat-kommerziellen Nachrichten schlägt sich auch darin nieder, dass bei den ersteren Militär und Verteidigung als zweites und drittes Thema größere Bedeutung haben als bei den letzteren. Will man die Bedeutung der Themengebiete noch einmal zusammenfassen, so kann man einen Rangplatz aus der Summe der jeweiligen Prozentwerte beim ersten, zweiten und dritten Thema der Nachrichtenbeiträge berechnen (vgl. Tab. 3.6).

Während bei der *Tagesschau* in den Auslandsnachrichten die Außenpolitik auf dem ersten und die Innenpolitik (anderer Länder) auf dem zweiten Platz stehen, ist es in der *heute*-Sendung genau umgekehrt. Dagegen präferieren die Nachrichten der privaten Sender die Innere Ordnung, gefolgt von Sport (*RTL Aktuell*) und Außenpolitik (*Sat.1 Nachrichten*). Ferner bestätigt sich auch hier die Differenz beider Systeme bei Human Interest und Unfällen und Katastrophen. Bei der themati-

3.3 Inhalte von Auslandsnachrichten

Tab. 3.6 Rangplätze nach den summierten Anteilen bei drei Themen der Beiträge in den Auslandsnachrichten

	Tagesschau	heute	RTL Aktuell	Sat.1 Nachchten	Durchschnitt
	n=154	n=171	n=187	n=108	n=620
Innere Ordnung	3	4	1	1	2
Innenpolitik	2	1	3	3	2
Außenpolitik	1	2	7	2	3
Sport	4	3	2	3	3
Wirtschaft, Handel, Arbeit	6	5	8	6	6
Militär und Verteidigung	5	6	5	9	6
Wissenschaft und Technik	7	10	6	7	8
Human Interest	15	13	4	5	9
Umwelt und Energie	9	7	8	10	9
Gesundheit, Wohlfahrt und Sozialwesen	10	11	8	8	9
Religion	8	10	11	12	10
Unfälle und Katastrophen	16	12	5	4	9
Verkehrswesen	12	9	9	9	10
Kommunikation	11	10	12	8	10
Kultur	13	8	13	8	11
Soziale Beziehungen	14	13	11	13	13
Wetter	16	14	14	13	14
Wohnverhältnisse	15	15	14	14	15
Bildung	17	16	14	15	16
Sonstige Themen	9	13	14	11	12

Basis: Auslandsnachrichten, bis zu drei Themen konnten kodiert werden.

schen Mehrfachverschlüsselung tritt zudem deutlicher die Bedeutung des Themas Militär und Verteidigung hervor. Es nimmt bei *Tagesschau* und *RTL Aktuell* jetzt den fünften, bei *heute* den sechsten und bei *Sat.1 Nachrichten* nur den neunten Rangplatz ein.

3.3.2 Konflikt

Die Darstellung von Konflikten in den Massenmedien ist ein Thema, das seit Jahren im Zentrum gesellschaftlicher Debatten und wissenschaftlicher Forschung steht. Deshalb haben wir diesen Sachverhalt auch zum Gegenstand unserer Inhaltsanalyse gemacht und präsentieren die einschlägigen Ergebnisse hier getrennt von den zuvor behandelten Themen. Frühere Studien weisen darauf hin, dass Konflikte in den Medien oft nicht realitätsgetreu dargestellt und in der Häufigkeit des Vorkommens überbetont werden (vgl. Potter 2003; Johnson 1996). Damit einher geht die Befürchtung, dass diese verzerrte Darstellung einer scheinbar konfliktreichen Welt in den Medien negative Wirkungen auf die Entwicklung des Individuums und die Gesellschaft ausüben kann (für eine Übersicht vgl. Kunczik und Zipfel 2006). In der Tat schildert ein nicht zu unterschätzender Anteil der Nachrichten konfliktreiche Ereignisse (Gunter et al. 2003; Cohen et al. 1990). Im Folgenden wird untersucht wie hoch der Anteil von Konflikten in den Hauptnachrichtensendungen von ARD, ZDF, RTL und Sat.1 im Untersuchungszeitraum ist und inwiefern es Unterschiede zwischen der In- und Auslandsberichterstattung sowie zwischen den öffentlich-rechtlichen und den privaten Sendern bzw. zwischen den einzelnen Sendern gibt.

Der Konfliktforscher Norbert Ropers sieht in Konflikten einen „Ausdruck von Spannungen und Unvereinbarkeiten zwischen verschiedenen, voneinander abhängigen Parteien im Hinblick auf ihre jeweiligen Bedürfnisse, Interessen und Wertvorstellungen" (Ropers 2002, S. 11). Dabei können die Parteien der Auseinandersetzung sowohl Gruppen als auch Individuen sein. Insgesamt lassen sich drei Konfliktdimensionen unterscheiden: interpersonale oder persönliche Konflikte, gesellschaftliche Konflikte und solche auf der (zwischen-)staatlichen Ebene.

In einem ersten Schritt fragen wir, wie häufig über die verschiedenen Konfliktdimensionen in den Fernsehnachrichten berichtet wird (vgl. Abb. 3.2). Um die Analyse möglichst einfach zu halten, werden abweichend von der vorgenannten Definition, nur zwei Konfliktformen unterschieden: soziale und persönliche Konflikte. Gesellschaftliche Konflikte und Konflikte auf Staatsebene werden somit der gleichen Kategorie zugeordnet und allgemein als soziale Konflikte betrachtet. hierunter zählen beispielsweise Demonstrationen, Parteienstreitigkeiten, Tarifverhandlungen, aber auch Auseinandersetzungen bzw. Spannungen zwischen Staaten. Den sozialen Konflikten werden persönliche Konflikte gegenübergestellt. Darunter sind Auseinandersetzungen zu verstehen, die keine direkte politische oder gesellschaftliche Motivation haben wie Ehe- oder Nachbarschaftsstreitigkeiten, Überfälle etc.

Die Ergebnisse zeigen, dass mehr als die Hälfte der untersuchten Beiträge Konflikte behandelt (52 %), die mehrheitlich sozialer Natur sind (85 % der Konfliktbeiträge). Nur in einem von 20 Beiträgen (6 % der Nachrichten) wird über persönliche Konflikte berichtet. Bei der Häufigkeit der Konfliktberichterstattung im Allgemeinen zeigen sich bereits geringe aber signifikante Unterschiede zwischen den einzelnen Nachrichtensendungen: Den höchsten Nachrichtenanteil nimmt die Konfliktberichterstattung bei der *Tagesschau* ein (59 %). Mit etwas Abstand folgen die restlichen drei Sender, die alle immerhin noch in rund jedem zweiten Beitrag

3.3 Inhalte von Auslandsnachrichten

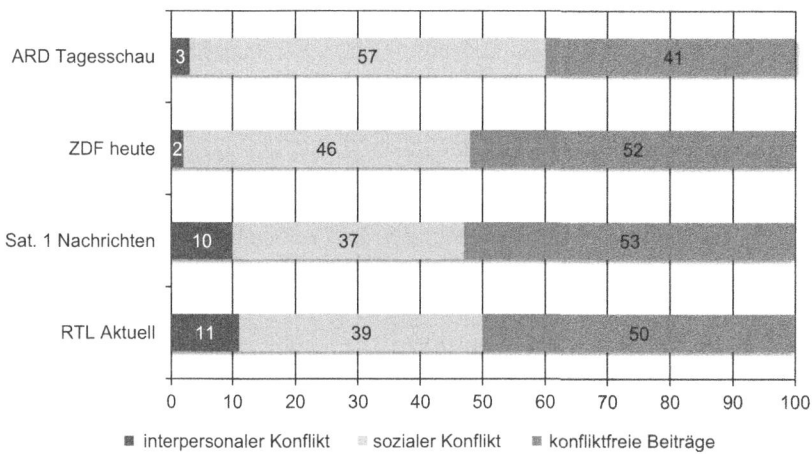

Abb. 3.2 Konflikte in den Nachrichtensendungen (%). (Basis: ARD ($n=333$), ZDF ($n=372$), RTL ($n=393$) und SAT.1 ($n=274$). 32 Fälle wurden ausgeschlossen, da es sich hierbei um Konflikte handelte, die keiner Dimension zugeordnet werden konnten. Signifikanztest: $p \leq 0{,}001$, Cramer's $V = 0{,}151$)

über Kontroversen informieren (*RTL Aktuell* 52 %, *Sat.1 Nachrichten* 49 %, *heute* 48 %; Signifikanztest: $p \leq 0{,}05$; Cramer's $V = 0{,}086$). Vergleicht man die Anteile sozialer und persönlicher Konflikte, so zeigen sich klare Unterschiede zwischen den privaten und öffentlich-rechtlichen Nachrichtensendungen. Die privaten Sender RTL und Sat.1 berichten in ihren Nachrichten im Vergleich vier bis fünf Mal öfter über persönliche Konflikte (11 % und 10 %) als ARD und ZDF (3 % und 2 %). Im Gegenzug werden gesellschaftliche Konflikte seltener berichtet als in den öffentlich-rechtlichen Nachrichtensendungen (Signifikanztest: $p \leq 0{,}001$).

Vergleicht man die Inlands- und Auslandsberichterstattung der Sender, so zeigen sich zunächst kaum Unterschiede (vgl. Abb. 3.3). Der Anteil konflikthaltiger Nachrichten schwankt bei der Inlandsberichterstattung zwischen 48 % beim ZDF, über 51 % bei Sat.1 und 54 % bei RTL bis zu 59 % in den ARD-Nachrichten. Bei den Auslandsnachrichten ist der kleinste Anteil von Konflikten bei Sat.1 zu finden (46 %), den höchsten Anteil an konflikthaltigen Auslandsnachrichten gibt es in der *Tagesschau* (59 %); *RTL Aktuell* (50 %) und *heute* (49 %) liegen mit ihren Werten dazwischen. Die Unterschiede zwischen den Sendern sind jedoch weder bei In- noch bei Auslandsnachrichten signifikant. Wie Abb. 3.3 zeigt gibt es auch innerhalb der Sender keine signifikanten Unterschiede zwischen der Inlands- und Auslandsberichterstattung – in beiden Nachrichtenformen zeigen die Sender in etwa den glei-

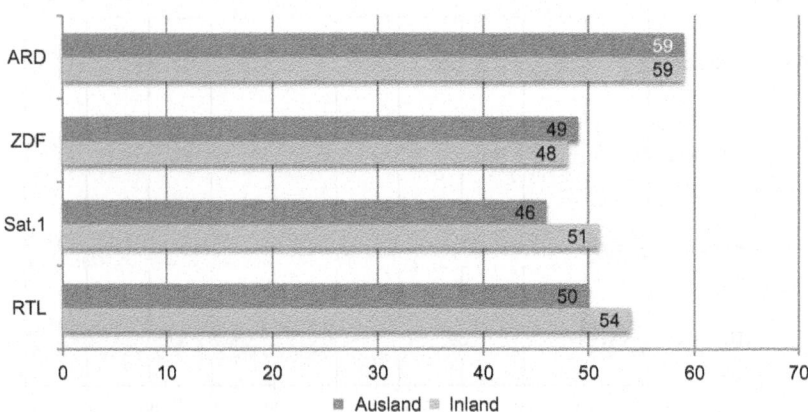

Abb. 3.3 Konflikte in den Inlands- und Auslandsnachrichten (%). (Basis: Auslandsnachrichten in Tagesschau ($n=154$), heute ($n=171$), RTL Aktuell ($n=187$), Sat.1 Nachrichten ($n=108$). Basis: Inlandsnachrichten in Tagesschau ($n=181$), heute ($n=207$), RTL Aktuell ($n=220$), Sat.1 Nachrichten ($n=176$). Signifikanztest: n.s)

chen Anteil an Konfliktbeiträgen. Das Ausland wird somit nicht als konfliktreicher dargestellt als das eigene Land.

Mit Blick auf die Friedensförderung erklärt Ropers, dass Konflikte als solche kein Problem darstellten, sondern vielmehr die Art und Weise ihrer Austragung entscheidend für die Bewertung des Konflikts sei (vgl. Ropers 2002, S. 11). Eine ähnliche Aussage lässt sich in Bezug auf die Berichterstattung zu Konflikten treffen. Hier kann die Darstellungsweise von Konflikten maßgeblichen Einfluss auf das Weltbild der Rezipienten haben. Werden Konflikte als lösbar dargestellt oder wird die Klärung des Streits nicht thematisiert? Wird über verhandlungsbereite Parteien und mögliche Wege der Einigung berichtet oder nur über das Scheitern von Gesprächen? Informationen zu Konfliktlösungen können ein genaueres und gegebenenfalls auch ein positiveres Bild von Konflikten vermitteln. Aus diesem Grund wurde in der Inhaltsanalyse mit erfasst, inwiefern über eine mögliche Konfliktlösung berichtet wurde. Es konnten redaktionelle Hinweise zu drei Dimensionen festgehalten werden:

1. eine Partei, Parteien oder ein Vermittler verlangt die Lösung des Konfliktes bzw. niemand verlangt eine Einigung;
2. Verhandlungen zwischen den Parteien haben stattgefunden, finden statt, sind geplant bzw. es wird explizit darauf verwiesen, dass keine Verhandlungen stattfinden;

3.3 Inhalte von Auslandsnachrichten

Tab. 3.7 Zusatzinformationen zu Konflikten in Inlands-/Auslandsnachrichten (%)

	Inland	Ausland	Gesamt
Forderung der Konfliktlösung*	69	43	58
Bericht über Verhandlung**	46	19	35
Zurückgewiesene Verhandlungsangebote***	19	8	17

Basis: *Inland: $n=414$, Ausland $n=317$, $p \leq 0{,}001$, Cramer's V = 0,278; **Inland: $n=414$, Ausland: $n=317$, $p \leq 0{,}001$, Cramer's V = 0,292; ***Inland: $n=349$, Ausland $n=274$, $p \leq 0{,}001$, Cramer's V = 0,178

3. Einigungsgespräche werden von einer oder mehreren Parteien abgelehnt bzw. der Beitrag betont, dass niemand eine Einigung ablehnt.

Über alle Nachrichtensendungen hinweg wird im Durchschnitt in mehr als jedem zweiten Beitrag, der einen Konflikt behandelt, über Lösungswünsche einzelner Parteien berichtet (58 %), und jede dritte Konfliktnachricht enthält Hinweise zu Verhandlungen (35 %) (vgl. Tab. 3.7).

Nur 14 % der entsprechenden Beiträge informieren explizit darüber, dass Verhandlungen bzw. eine Konfliktlösung von den Beteiligten abgelehnt werden. Solche Hintergrundinformationen über Verhandlungen und Lösungswünsche finden sich allerdings vor allem in den Inlandsnachrichten. Hier berichten die Sender im Durchschnitt in gut zwei Drittel (69 %) der Fälle, dass eine Lösung der Auseinandersetzung ausdrücklich gefordert wurde, in jedem zweiten Beitrag werden geplante oder stattfindende Verhandlungen (46 %) erwähnt, in einem Fünftel der Berichte die Zurückweisung von Verhandlungen durch einzelne Parteien. In den Auslandsnachrichten werden diese zusätzlichen Informationen zu Konflikten in signifikant geringerem Maße genannt (Signifikanztest: $p \leq 0{,}001$). Von einzelnen Forderungen, den Konflikt zu lösen erfährt der Zuschauer nur in 43 % der relevanten Auslandsnachrichten, Verhandlungen werden nur in jedem fünften Beitrag erwähnt (19 %), und Informationen zu zurückgewiesenen Verhandlungsangeboten finden sich nur in knapp jedem zehnten Fall (8 %). Bei den Zuschauern könnte dadurch der Eindruck entstehen, dass in anderen Ländern in Konflikten seltener eine Einigung angestrebt wird bzw. Konflikte seltener gelöst werden, als dies in Deutschland selbst der Fall zu sein scheint.

Wie sich im Vergleich der Sender zeigt, bieten die Nachrichten der öffentlich-rechtlichen Sender hierzulande deutlich häufiger als die der privat-kommerziellen Sender Informationen zu möglichen Lösungen von Konflikten (vgl. Tab. 3.8). Dies gilt für In- und Auslandsnachrichten gleichermaßen. Die Zuschauer von *Tagesschau* und *heute* werden somit offenbar viel häufiger darüber informiert, dass

Tab. 3.8 Hintergrundinformationen zu Konflikten in In-/Auslandsnachrichten (%)

	Tagesschau	heute	RTL Aktuell	Sat.1 Nachrichten
	$n = 335$	$n = 378$	$n = 407$	$n = 284$
Ausland				
Forderung der Konfliktlösung	50	48	40	29
Bericht über Verhandlung*	25	23	16	6
Zurückgewiesene Verhandlungsangebote	10	15	7	6
Inland				
Forderung der Konfliktlösung**	75	75	64	60
Bericht über Verhandlung***	55	51	47	29
Zurückgewiesene Verhandlungsangebote[†]	18	45	12	25

*$p \leq 0{,}05$, Cramer's V = 0,166; **$p \leq 0{,}05$, Cramer's V = 0,140; ***$p \leq 0{,}01$, Cramer's V = 0,189;
[†] $p \leq 0{,}001$, Cramer's V = 0,283

eine Einigung der Konfliktparteien angestrebt wird oder bereits „in Arbeit" ist. Die *Sat.1 Nachrichten* bieten den Zuschauern hingegen am seltensten Informationen zu möglichen Konfliktlösungen. Über Verhandlungen wird in Auslandsnachrichten gerade einmal in 6 % der konflikthaltigen Beiträge berichtet.

Im letzten Jahrzehnt hat sich die Kommunikationswissenschaft wiederholt mit dem Konfliktgehalt deutscher Fernsehnachrichten beschäftigt. Ein direkter Vergleich der Untersuchungsergebnisse ist aufgrund der teils unterschiedlichen Ereignislage, Begriffsdefinitionen und Untersuchungseinheiten (Beitrags-, Einstellungs- oder Bildebene etc.) zwar schwierig, lässt aber den Schluss zu, dass zwischen zwei und drei Fünftel der Nachrichten Konflikte enthalten (vgl. Donsbach und Büttner 2005; Maier et al. 2006; Ruhrmann et al. 2003). Die Ergebnisse der vorliegenden Untersuchung stimmen mit diesen Werten weitgehend überein.

3.3.3 Gewalt

In den Debatten über Fernsehnachrichten wird häufig außer dem Konfliktgehalt (oder zusammen mit ihm) auch der Anteil von Gewalttakten problematisiert. „The dilemma for television journalists is how much can and should be shown without alarming, upsetting, or offending viewers" (Gunter et al. 2003, S. 201). Gunter, Harrison & Wykes (2003) haben hiermit einen journalistischen Zielkonflikt angesprochen, mit dem Nachrichtenmacher auf der ganzen Welt konfrontiert sind.

3.3 Inhalte von Auslandsnachrichten

Besonders Fernsehjournalisten müssen bei der Berichterstattung über Ereignisse, bei denen Gewalt vorkommt, immer wieder entscheiden, was sie ihren Zuschauern zumuten sollten und welche Bilder oder Informationen sie weglassen können. Diese Entscheidung stellt eine Gratwanderung dar, da einerseits die Zuschauer nicht abgeschreckt werden sollen, auf der anderen Seite möchten die Sender die Wirklichkeit nicht beschönigen oder verfälschen und Zensur ausüben. Zudem stehen mögliche negative psychologische Folgen für das Publikum dem zugeschriebenen Nachrichtenwert der Ereignisse entgegen.

Negative psychologische Folgen durch Gewaltdarstellungen in Nachrichtenbeiträgen sind durchaus möglich, wie zahlreiche Studien belegen. Zum einen ruft Gewalt, die als real empfunden wird, bei Zuschauern mehr Aggression hervor als offensichtlich fiktive Gewaltdarstellungen (vgl. Geen 1994; Elliott und Slater 1980). Darüber hinaus kann die Wahrnehmung von realer Gewalt bei Personen zu einem gesteigerten Gefühl der Einsamkeit beitragen, wenn diese im Moment der Rezeption ganz allein sind (Hargrave 1993, S. 14). Diese möglichen Folgen der Gewaltrezeption sind immer wieder Gegenstand von Debatten um die Qualität von Fernsehnachrichten. Solche Debatten werden auch dadurch befeuert, dass Wissenschaftler in den letzten Jahren einen Zuwachs von Gewalt in Nachrichtensendungen verzeichnet haben (vgl. Bruns und Marcinkowski 1997; Winterhoff-Spurk et al. 2005). Auf der anderen Seite wird gewalthaltigen Ereignissen ein hoher Nachrichtenwert zugesprochen, da sie viele Nachrichtenfaktoren enthalten (Gunter et al. 2003, S. 205). So treten Gewaltakte meist plötzlich und unerwartet auf (Faktor Überraschung). Das kommt wiederum dem Arbeitsablauf der Nachrichtenorganisationen und der Erscheinungsperiodik der (Fernseh-)Medien entgegen (Faktor Frequenz). Gewalt führt zudem oft zu Schaden (Faktor Negativität) und sowohl die Gewalt an sich als auch deren Folgen werden gesellschaftlich abgelehnt und sind somit eindeutig als negativ zu bewerten (Faktor Konsonanz und Eindeutigkeit). Wilke (1984, S. 160) führte in Bezug auf negative Ereignisse zudem an, dass diese häufiger als positive Ereignisse Handlungsbedarf erzeugen, was wiederum deren allgemeine Bedeutsamkeit erhöht.

Um Gewalt in Fernsehnachrichten zu untersuchen, bedarf es zunächst einer Begriffsdefinition. Die Definitionen von Gewalt gehen in medien- und kommunikationswissenschaftlichen Studien bislang weit auseinander. So umschrieben Gerbner, Gross, Morgan und Signorielli (1980, S. 11 f.) Gewalt als „[…] the overt expression of physical force (with or without a weapon, against self or other) compelling action against one's will on pain of being hurt, hurt and/or killed, or threatened to be so victimized as part of the plot. […] However, ‚accidental' and ‚natural' violence (always purposeful dramatic actions that do victimize certain characters) are, of course, included." Wie Kunczik und Zipfel feststellten, ist diese Definition sehr weit gefasst und die „berühmte Torte im Gesicht, ‚Gewaltakte' von Donald Duck sowie Dick und Doof oder Tom und Jerry, Autounfälle, Unwetterkatastrophen, Erdbeben, Feuersbrünste usw. werden auf ein Niveau mit kaltblütigem Mord gesetzt" (2006, S. 43). Für die Analyse von Nachrichten und politischen Informationssendungen entwickelte Bruns einen engeren Gewaltbegriff. Er definiert Gewalt als „die Ausübung von psychischem und physischem Zwang, mit dem Ziel, Personen oder Sachen zu schädigen, andererseits aber auch schon die bloße Schadenswirkung durch äußere Umstände, ohne dass Absicht notwendig impliziert sein muss" (Bruns 1998, S. 52).

Vergleicht man Studien zu Gewalt in fiktiven Programmelementen und Nachrichtensendungen, national und international, dann lassen sich verschiedene Kategorien der Beschreibung von Gewalt finden. Die Definitionen der Forscher variieren dabei in ihrer Ausführlichkeit und darin, wie weit oder eng der Gewaltbegriff gefasst wird. Für einige Forscher liegt Gewalt nur vor, wenn sie sich explizit gegen Menschen richtet. Andere schließen auch Gewalt gegen Tiere und Gegenstände mit ein (vgl. Früh 2001; Gerbner et al. 1980; Gleich 2004; Groebel und Gleich 1993; Kepplinger und Dahlem 1990; Krüger 1996; Kunczik 1998; Merten 1999; Mikos 2001; Potter und Vaughn 1995; Theunert und Schorb 1995; Wilson et al. 1997; Williams et al. 1982; Winterhoff-Spurk et al. 2005). Insgesamt unterscheiden sich die Definitionen auf den folgenden acht Ebenen:

1. Ursache: Gewalt kann von einem einzelnen Menschen und einer Gruppe von Menschen ausgehen, oder sie kann durch höhere Gewalt in Form von Naturkatastrophen und Unfällen entstehen.
2. Objekt: Opfer von Gewalt können sowohl einzelne Menschen, Gruppen von Menschen und Tiere sein. Weitere Definitionen erfassen auch Gewalt gegen Pflanzen und Gegenstände.
3. Form: Neben physischer Kraft kann Gewalt auch in verbaler Form (glaubhafte Drohung) und struktureller Form (Arbeitslosigkeit, soziale Ungerechtigkeit) vorkommen.
4. Intention: Es wird zwischen intentionaler und nicht-intentionaler Gewalt unterschieden. Die Intention ergibt sich zum Teil bereits durch die Ursachen (Naturkatastrophen sind grundsätzlich nicht-intentional), unterscheidet aber auch zwischen zielgerichteten Handlungen und nicht zielgerichteten Handlungen von Personen.
5. Zeitpunkt: Auch die Zeitebene (Vergangenheit, Gegenwart, Zukunft) kann bei der Definition von Gewalt für die Analyse eine Rolle spielen. Hier unterscheiden sich die Studien vor allem dahingehend, ob in der Zukunft liegende Gewaltereignisse, die angekündigt oder angedroht wurden, mit einbezogen werden.

3.3 Inhalte von Auslandsnachrichten

6. Folgen: In den herangezogenen Studien ließen sich physische, psychische, materielle, ökologische und soziale Schäden unterscheiden.
7. Redaktionelle Darstellung: Dabei geht es darum, ob die Gewalt bzw. einzelne Bestandteile (Täter, Opfer, Schäden etc.) im Bild zu sehen sind (visuelle Darstellung), oder ob bereits die bloße verbale Beschreibung der Gewalt im Bericht erfasst wird.
8. Realitätsgehalt: Auf dieser Ebene kann zwischen realer und fiktionaler Gewalt sowie zwischen natürlicher und künstlicher Gewalt (also Realfilm vs. Zeichentrickfilm) unterschieden werden. Theoretisch könnte ein Gewaltakt also real aber künstlich sein, sollte z. B. ein gewalttätiger Überfall durch die Nachrichtenredaktion mittels einer Zeichnung oder anhand einer Animation dargestellt werden.

In der vorliegenden Studie schließen wir auf der Ursachenebene sowohl von Menschen verursachte Gewalt mit ein, also auch solche, die auf Naturkatastrophen und Unfälle zurückgeht, intentional wie nicht-intentional. „Opfer" können hierbei sowohl Menschen als auch Tiere, Pflanzen und Gegenstände sein. Eine klare Einschränkung unserer Definition findet sich bei der Form und dem Realitätsgehalt der Gewalt. Hier wird ausschließlich reale, physische Gewalt als solche registriert, d. h. sowohl verbale Drohungen als auch strukturelle Gewalt werden von der Analyse ausgeschlossen. Einerseits ist es höchst fraglich, ob der durchschnittliche Zuschauer von Fernsehnachrichten z. B. Arbeitslosigkeit und Beschimpfungen als Gewaltakte empfindet (Morrison 1999; BBC et al. 2002, S. 4), andererseits besteht bei diesen Erscheinungen stärker als bei physischer Aggression das Problem, „Gewalt" reliabel zu erfassen (Kunczik und Zipfel 2006, S. 24). Da fiktionale Gewalt ebenso wie der Bericht über physische Aggression in der Zukunft in Nachrichtensendungen kaum vorkommt, werden auch sie von der Analyse ausgeschlossen. Alle Folgen von Gewalt, die aus der bestehenden Definition ableitbar und klar als Konsequenz des Gewaltaktes erkennbar sind, werden aber eingeschlossen. Auf der Ebene der redaktionellen Mittel werden sowohl visuelle Gewaltdarstellungen als auch verbale Beschreibungen von Gewalt analysiert. Vorteile unserer Definition sind zum einen, dass das kohärente Konzept der physischen Aggression eine leichtere Analyse gewährleistet und dass die Definition sich am Gewaltbegriff aus Zuschauersicht orientiert (vgl. Morrison 1999). Das macht sie nicht nur für Inhaltsanalysen, sondern auch für die Wirkungsforschung anwendbar.

Wie unsere Definition bereits festhält, kann Gewalt in Fernsehnachrichten auf zwei Arten redaktionell dargestellt werden: Sie kann durch einen Sprecher beschrieben werden (verbal), oder direkt im Bild zu sehen sein (visuell). Der verbale Bericht stellt dabei eine indirekte Form der Gewaltvermittlung dar und ist eine

Tab. 3.9 Darstellungsformen von Gewaltarten und ihren Konsequenzen (in %)

Darstellung	Physische Gewalt	Verwundung	Tötung	Beschädigtes Eigentum	Andere Konsequenzen
Worte	22	11	17	11	4
Bilder	7	5	3	14	2

Basis: Auslandsnachrichten von Tageschau, heute, RTL Aktuell und Sat.1 Nachrichten ($n = 620$)

meist wenig emotionale Beschreibung des Ereignisses. Bildmaterial zeigt hingegen den Gewaltakt selbst oder seine teils schwerwiegenden Folgen und involviert den Zuschauer dadurch stärker in das Geschehen. In der vorliegenden Studie wurde die berichtete Gewalt auf beiden Ebenen erfasst. Das heißt, es wurde analysiert, wie häufig in Bild und Ton über physische Gewalt gegen Menschen im Allgemeinen sowie Verwundung, Tötung (der natürliche Tod ohne Fremdeinwirkung wurde nicht als Gewaltakt betrachtet) oder beschädigtes Eigentum und andere Konsequenzen von Gewalt berichtet wurde. Tabelle 3.9 gibt einen Überblick über die Gewaltberichterstattung in den untersuchten deutschen Auslandsnachrichten. Es fällt auf, dass es deutliche Unterschiede gibt zwischen bloßen Beschreibungen von Gewalt und der Präsentation gewaltreicher Bilder. Gewaltszenen sind im Verhältnis relativ selten zu sehen, während verbale Berichte zu physischer Gewalt gegen Menschen in jedem fünften Nachrichtenbeitrag vorkommen und Tötungsopfer in 17 % der Nachrichtenbeiträge erwähnt werden. Knapp jeder zehnte Bericht handelt im Untersuchungszeitraum von Verwundung oder beschädigtem Eigentum. Gewalt wird in Nachrichten somit viel eher in Worten wiedergegeben als gezeigt. Eine Ausnahme bilden Berichte über beschädigtes Eigentum.

Obwohl das Fernsehen vor allem ein visuelles Medium ist, kann man sich somit der Aussage anschließen, dass „much violence that occurs in factual programs is described rather than shown" (Gunter et al. 2003, S. 202, mit Bezug auf Lichter und Amundsen 1992; Cohen et al. 1990; Whitney et al. 1997). Zudem wird Gewalt generell nur in den seltensten Fällen gezeigt ohne zugleich auch durch Worte erwähnt oder geschildert zu werden (vgl. Abb. 3.4).

Wie man sieht, besteht in den deutschen Fernsehnachrichtensendungen eine starke Zurückhaltung beim Einsatz von Bildmaterial mit Gewaltakten gegen Menschen und deren Folgen. Gewalt gegen Menschen im Bild wird fast immer mit Worten kontextualisiert. Dies spiegelt eine Richtlinie im deutschen Pressekodex wieder. Dort heißt es:

> „Die Presse verzichtet auf eine unangemessen sensationelle Darstellung von Gewalt, Brutalität und Leid. [...] Unangemessen sensationell ist eine Darstellung, wenn in der Berichterstattung der Mensch zum Objekt, zu einem bloßen Mittel, herabgewürdigt

3.3 Inhalte von Auslandsnachrichten

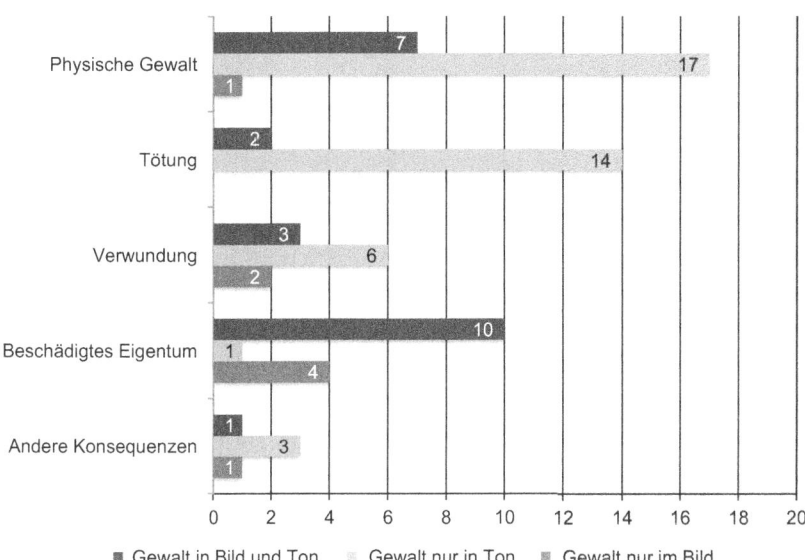

Abb. 3.4 Kongruenz zwischen Bildern und Worten in der Gewaltberichterstattung (%). (Basis: Auslandsnachrichten von Tageschau, heute, RTL Aktuell und Sat.1 Nachrichten ($n=620$))

wird. Dies ist insbesondere dann der Fall, wenn über einen sterbenden oder körperlich oder seelisch leidenden Menschen in einer über das öffentliche Interesse und das Informationsinteresse der Leser hinausgehenden Art und Weise berichtet wird. [...]" (Pressekodex, Auszug aus den Richtlinien zu Ziffer 11).

Da sowohl Inlands- als auch Auslandsnachrichten untersucht wurden, stellt sich die Frage, ob es hier Unterschiede in der Berichterstattung gibt. In anderen Ländern zeigten Analysen von Fernsehnachrichten häufig, dass Ereignisse aus dem Ausland stärker inhaltlichen Verzerrungen ausgesetzt sind. Gewalt habe einen größeren relativen Anteil an der Auslandsberichterstattung als das bei Inlandsnachrichten der Fall ist (Cohen et al. 1990). Dadurch kann beim Publikum der Eindruck entstehen, die Realität außerhalb des eigenen Landes sei übermäßig gewaltreich. In der Tat zeigt auch unsere Untersuchung, dass in Auslandsnachrichten deutlich mehr über Gewalt berichtet wird als in Inlandsnachrichten, und zwar sowohl auf der verbalen als auch der visuellen Ebene und innerhalb aller erfassten Kategorien.

Wie Abb. 3.5 zeigt, enthalten 22 % der Auslandsnachrichten Beschreibungen zu physischer Gewalt, in 17 % wird über gewaltsame Todesfälle berichtet und in jedem zehnten Auslandsbericht geht es um verwundete Personen oder physischen, mate-

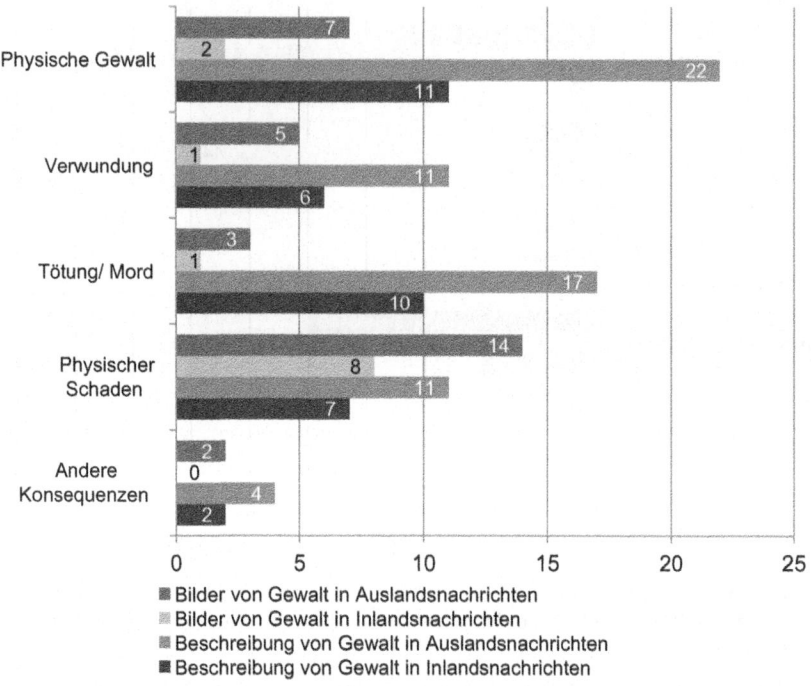

Abb. 3.5 Wiedergabe von Gewalt durch Wort und Bild in Inlands- und Auslandsnachrichten (%). (Basis: Die Prozentangaben beziehen sich auf den jeweiligen Anteil von Gewaltszenen sowie von Gewaltbeschreibungen der fünf untersuchten Kategorien von Gewaltberichten (physische, Gewalt, Verwundung, Tötung etc.) an den Inlandsnachrichten ($n=784$) und an den Auslandsnachrichten ($n=620$))

riellen Schaden. Im Vergleich dazu behandeln gerade einmal zehn Prozent der Inlandsnachrichten physische Gewalt oder gewaltsame Todesfälle und Verwundungen. Beschädigtes Eigentum wird noch seltener beschrieben. Diese Unterschiede finden sich auch, wenn es um den Einsatz von Bildmaterial geht.

Gewalt wird in der Realität bei ganz verschiedenen Anlässen und Ereignissen ausgeübt. Sie kann durch kriminelle Handlungen entstehen (Mord, Vergewaltigung, Körperverletzung) und ist daher oft Teil der Kriminalitätsberichterstattung. Gewalt kann (je nach Definition) aber auch die Folge von Naturkatastrophen und Unfällen sein. Darüber hinaus gibt es Formen politischer bzw. politiknaher Gewalt, die Teil von Berichten über Krieg und internationalen Terrorismus, bürgerliche Unruhen oder gewaltsame Demonstrationen sind.

Um sich den Gründen für den unterschiedlichen Grad an Gewalt in der Berichterstattung zum In- und Ausland anzunähern, werden im Folgenden verschiedene

3.3 Inhalte von Auslandsnachrichten

Tab. 3.10 Gewalthaltige Inlands- und Auslandsnachrichten nach Themenbereichen (%)

Thema	Inlandsnachrichten	Auslandsnachrichten
Politische Themen	16	50
Politiknahe Themen	87	77
Nichtpolitische Themen	88	36
Gesamt (n)	125	201

Signifikanztest: $p \leq 0{,}001$. Mehrfachkodierung, bis zu drei Themen konnten kodiert werden, daher summieren sich die Prozentwerte auf über 100 %.

Themenbereiche unterschieden. Dazu werden alle erfassten Themen zunächst in drei Kategorien unterteilt: politische Themen, also internationale und nationale Politik wie z. B. Abkommen, Wahlen, Ernennungen, Militäreinsätze, Kriege zwischen Staaten etc.; politiknahe Themen wie Demonstrationen, Bürgerkriege, Terrorismus; und unpolitische Themen, diese reichen von Naturkatastrophen und Unfällen über Sport bis zu reinem ‚human interest'. Es werden alle Nachrichten betrachtet, die zumindest nach einer erfassten Kategorie Gewalt beinhalten.

Gewalt, die in Inlandsnachrichten berichtet wird, lässt sich zum überwiegenden Teil politiknahen und unpolitischen Themen zuordnen. Darunter fallen im Untersuchungszeitraum vor allem Nachrichten über innere Ordnung (Demonstrationen, Polizeieinsätze, Mord etc.), sowie Unfälle und Naturkatastrophen. Nur wenige Beiträge fallen in den Bereich Politik. In Nachrichten zum Ausland wird hingegen deutlich öfter bei politischen Themen über Gewalt berichtet (vgl. Tab. 3.10). Die bedeutendsten sind internationale Spannungen und Militäraktionen.

Insbesondere vor dem Hintergrund, dass privaten Fernsehsendern häufig Boulevardisierung und unangebrachter Sensationalismus vorgeworfen wird (vgl. Donsbach und Büttner 2005), soll im Folgenden überprüft werden, ob es in Bezug auf die Berichterstattung von Gewalt nennenswerte Unterschiede zwischen den Nachrichtensendungen der öffentlich-rechtlichen und privaten Sender gibt.

In der Tat zeigen die Ergebnisse, dass die privaten Sender RTL und Sat.1 in ihren abendlichen Nachrichtensendungen generell einen höheren Anteil an gewalthaltigen Beiträgen haben und zudem in stärkerem Maße entsprechendes Bildmaterial einsetzen (vgl. Tab. 3.11). Die *Tagesschau* hat in diesem Vergleich den geringsten Anteil an Gewalt – ein Ergebnis, das mit früheren Studien übereinstimmt (vgl. Winterhoff-Spurk et al. 2005). So finden sich Beschreibungen physischer Gewalt gegen Menschen in der *Tagesschau* und in der *heute*-Sendung in lediglich drei bzw. vier Prozent der Inlandsnachrichten, bei *RTL Aktuell* machen Sie einen Anteil von 23 % der Beiträge aus, in den *Sat.1 Nachrichten* immerhin noch zehn Prozent. Bei den Auslandsnachrichten findet sich das gleiche Muster. Hier wird in 15 bis 19 % der Beiträge der öffentlich-rechtlichen Sender physische Gewalt wiedergegeben,

Tab. 3.11 Anteil an Gewalt in Inlands- und Auslandsnachrichten (%)

Formen der Gewalt	Tagesschau		heute		RTL Aktuell		Sat.1 Nachrichten	
	I	A	I	A	I	A	I	A
Verbale Berichterstattung								
Physische Gewalt, verbal	3	15	4	19	23	31	10	24
Tötung, verbal	4	16	5	17	17	16	13	15
Verwundung, verbal	2	7	2	8	12	18	5	8
Schaden, verbal	4	10	5	8	8	13	10	15
Andere Konsequenzen, verbal	1	3	–	4	3	4	3	7
Visuelle Berichterstattung								
Physische Gewalt, visuell	–	4	1	5	6	12	1	8
Tötung, visuell	–	3	–	3	2	3	–	2
Verwundung, visuell	–	3	1	1	3	11	1	7
Schaden, visuell	3	12	5	11	10	15	11	20
Andere Konsequenzen, visuell	1	1	–	1	1	4	1	2

I Inlandsnachrichten, Basis: Tagesschau ($n=181$), heute ($n=207$), RTL Aktuell ($n=220$), Sat.1 Nachrichten ($n=176$); *A* Auslandsnachrichten, Basis: Tagesschau ($n=154$), heute ($n=171$), RTL Aktuell ($n=187$), Sat.1 Nachrichten ($n=108$)

bei den privaten Sendern liegen die Werte zwischen 24 % (Sat.1) und 31 % (RTL). Während *Tagesschau* und *heute* in ihren Nachrichten kaum Bilder von Gewalt zeigen (Anteil 0–5 %), finden sich in den Auslandsnachrichten von *RTL Aktuell* in mehr als jedem zehnten der Beiträge Szenen von Gewalt.

Bei den Themen lassen sich zwischen den Sendern im Hinblick auf Inlandsnachrichten mit Gewalt zunächst keine Unterschiede feststellen. Bei allen Sendern verteilen sich die Gewaltbeiträge zum überwiegenden Teil auf die Themenbereiche innere Ordnung sowie Unfälle und Naturkatastrophen (vgl. Tab. 3.12).

Unterschiede zwischen den Sendern bzw. Sendergruppen offenbaren sich allerdings, wenn man deren Auslandsberichterstattung zu Gewaltereignissen betrachtet (vgl. Tab. 3.12). Hier findet sich die stärkste Ausrichtung auf politische und politiknahe Ereignisse bei der *Tagesschau*. Unter den fünf häufigsten Themen in den gewalthaltigen Auslandsnachrichten der ARD finden sich internationale Politik, innere Ordnung, Ereignisse im Zusammenhang mit Militärs, innenpolitische Ereignisse anderer Länder sowie Religion. Die Nachrichten der *heute*-Sendung weichen nur geringfügig von diesem Muster ab. Nennenswert ist, dass hier auf Rang fünf anstatt über Gewalt in Zusammenhang mit religiösen Themen über Gewaltakte beim Sport bzw. über Gewalt bei Unfällen und Naturkatastrophen berichtet wird. In den Auslandsnachrichten mit Gewaltbezug der privaten Sender nehmen

3.3 Inhalte von Auslandsnachrichten

Tab. 3.12 Themenrangfolge bei gewalthaltigen Auslandsnachrichten

Rang	Tagesschau $n=37$	heute $n=45$	RTL Aktuell $n=80$	Sat.1 Nachrichten $n=39$
1	Internationale Politik (19)	Innere Ordnung (22)	Innere Ordnung (41)	Innere Ordnung (14)
2	Innere Ordnung (18)	Internationale Politik (15)	Unfälle und Naturkatastrophen (23)	Unfälle und Naturkatastrophen (13)
3	Militär (12)	Innenpolitik (14)	Internationale Politik (je 14)	Internationale Politik (10)
4	Innenpolitik (9)	Militär (10)	Innenpolitik (14)	Innenpolitik (6)
5	Religion (3)	Sport, Unfälle und Naturkatastrophen (je 4)	Sport (12)	Sport (5)

Basis: Auslandsbeiträge, die zumindest einen Bezug zu Gewalt haben ($n=201$)
Die in Klammern gesetzten Werte der einzelnen Themen entsprechen der absoluten Anzahl an Themennennungen. Es konnten bis zu drei Themen pro Beitrag kodiert werden, die Summe der Themennennungen übertrifft daher die Anzahl an Beiträgen (n-Werte der Sendungen).

Unfälle und Naturkatastrophen hingegen den zweiten Platz in der Themenrangfolge ein. Auch werden bei *RTL Aktuell* und *Sat.1 Nachrichten* politische Themen zugunsten von Ereignissen der inneren Ordnung verdrängt und Gewalt im Sport findet sich bei beiden Sendern unter den fünf wichtigsten Themenbereichen. Die Aufschlüsselung der einzelnen Themen zeigt somit, dass die öffentlich-rechtlichen Sender Gewalt vor allem im Rahmen der Politikberichterstattung thematisieren. Die privaten Sender hingegen berichten in ihren Auslandsnachrichten vermehrt über Gewalt durch Unfälle, Katastrophen und Sport.

Zusammenfassend lässt sich festhalten, dass die Realität, wie sie sich in den Auslandsnachrichten darstellt, reich an Gewalt ist und damit gefahrenträchtig auf das Publikum wirken muss – insbesondere im Vergleich zu den Inlandsnachrichten, in denen signifikant seltener über Gewalt berichtet wird. Bei allen Sendern zeigt sich zudem, dass, wenn Bilder zu Gewalt und deren Folgen gezeigt werden, diese vorwiegend in Auslandsnachrichten die Ereignisse illustrieren. Auch das kann den Eindruck erzeugen, in bestimmten Ländern lauerten nur Krisen, Kriege und Katastrophen (vgl. Cippitelli und Schwanbeck 2003).

Es drängt sich danach die Frage auf, welches der Grund für diese Unterschiede ist. Finden im Ausland mehr gewaltreiche Ereignisse statt? Ist das Bildmaterial zu gewaltreichen Ereignissen im Ausland von besserer Qualität oder in größerer Auswahl vorhanden? Haben die Redakteure weniger Scheu, Bilder von Gewalt zu zeigen, wenn diese Vorgänge in geografischer Entfernung vom eigenen Land dokumentieren? Studien weisen in der Tat daraufhin, dass Gewalt in Nachrichten die Zuschauer weniger berührt, wenn das Ereignis weit entfernt ist (Hargrave 1993; Heath 1984). Denkbar wäre auch, dass das Bildmaterial die Dramatik und Bedeutsamkeit der Ereignisse untermauern soll und somit als Instrument zur Steigerung des Nachrichtenwertes fungiert.

Zumindest ein paar Antworten lassen sich finden, wenn man die Zusammenhänge zwischen Gewaltberichten und den dazugehörigen Themen betrachtet. In Auslandsnachrichten wird nicht nur häufiger über Gewalt berichtet, die Ereignisse haben auch einen anderen thematischen Kontext als Gewaltakte in Inlandsnachrichten. Vor allem der Anteil politischer Themen ist deutlich höher. Zwar geschehen Gewaltakte auch in Deutschland zur Genüge, politische Gewalt existiert aber in der Tat kaum. Andere Länder sind hingegen in kriegerische Konflikte involviert. Die Nachrichten spiegeln insoweit durchaus einen Teil der Wirklichkeit wider. Sollten die Hauptgründe für die unterschiedliche Gewaltberichterstattung von In- und Ausland aber in der Ereignislage zu finden sein, so kann man annehmen, dass sich die Sender in ihrer Nachrichtenselektion weitestgehend ähneln müssten. Wie die Ergebnisse zeigen, gibt es aber deutliche Unterschiede zwischen öffentlich-rechtlichen und privaten Nachrichtenangeboten was Umfang und Art der Berichterstattung als auch die selektierten, gewalthaltigen Ereignisse betrifft. Das zeigt, dass die Ereignislage allein nicht ausreicht, um Unterschiede in der Berichterstattung über Gewalt zu erklären – die Nachrichtenredaktionen sind keine rein passiven Vermittler dieser Informationen.

3.3.4 Akteure

Außer für die Themen interessiert sich die Forschung vor allem dafür, welche Personen in den Fernsehnachrichten auftreten und darin als Handlungsträger des Geschehens namhaft gemacht werden. Die Sendungen können zudem ihre Glaubwürdigkeit erhöhen, indem sie Beteiligte, Zeugen oder Experten zitieren oder deren Aussagen im O-Ton wiedergeben (vgl. Ericson 1989). Die Individuen und Gruppen, deren Ansichten auf diese Weise Gehör erlangen, werden in der Kommunikationswissenschaft als Akteure der Nachrichten bezeichnet[1].

Die Präsentation unterschiedlicher Akteure (beispielsweise aus Regierung und Opposition, Privatpersonen und Experten etc.) und damit häufig zugleich unterschiedlicher Perspektiven und Interessen wird zudem als Qualitätsmerkmal be-

---

[1] In anderen Studien umfasst die Definition der Akteure zusätzlich Personen, über die im Beitrag gesprochen wird (vgl. Bruns und Marcinkowski 1997).

3.3 Inhalte von Auslandsnachrichten

trachtet[2]. „Eine besonders pluriforme Berichterstattung würde sich insoweit dadurch auszeichnen, daß ein möglichst breites Spektrum an [...] Akteuren repräsentiert wird und die Darstellung nicht auf wenige (etablierte) Gruppen beschränkt bleibt" (Bruns und Marcinkowski 1997, S. 105). Trotzdem weisen bisherige Studien darauf hin, dass nicht alle Personen und Gruppen der Gesellschaft die gleiche Chance haben, mit ihren Aussagen in den Nachrichten vorzukommen. Das ist für manche Anlass zu Kritik, die von Gleichstellungsmaßnahmen ausgeht: Wie „empirische Studien sowohl national als auch international zeigen, muss weiterhin eine männerdominierte und Frauen marginalisierende Repräsentation in Nachrichten als Medien- und Redaktionspraxis konstatiert werden" (Wolf 2008, S. 67). Andere konstatieren zudem eine Hierarchie der Glaubwürdigkeit. Demnach haben Personen mit einem hohen beruflichen und gesellschaftlichen Status bestimmte Entscheidungsbefugnisse, so dass ihnen häufig eine höhere Glaubwürdigkeit zugesprochen wird. „Thus credibility and the right to be heard are differently distributed through the ranks of the system" (Becker 1967, S. 241). Dieser Logik folgend müssten also Personen mit hohem Status bevorzugt wieder gegeben werden. Hierin könnte auch eine Teilerklärung für die Unterrepräsentanz von weiblichen Akteuren liegen.

Deutsche Nachrichten haben meist einen hohen Anteil an Politik- und Wirtschaftsbeiträgen. Die höchsten Positionen werden in diesen Arbeitsbereichen hingegen immer noch von Männern eingenommen (vgl. Bundesministerium für Familie, Senioren, Frauen und Jugend (BMFSFJ), 2011). Die vorliegenden Analysen deutscher Fernsehnachrichten zeigen jedoch, dass Personen mit hohem Status nicht immer von den Nachrichtenredaktionen als Akteure bevorzugt werden. Brosius wies schon vor Jahren auf Unterschiede zwischen öffentlich-rechtlichen und privaten Sendern hin (Brosius 1998, S. 286): „Während die öffentlich-rechtlichen Sender häufiger Politiker und Repräsentanten etablierter gesellschaftlicher Gruppen zu Wort kommen ließen, präsentierten die privaten Sender häufiger nicht-institutionelle Akteure (zum Beispiel Privatpersonen)". Einige Fragen konnten durch vorherige Studien jedoch nur unzureichend geklärt werden. Werden bei bestimmten Themen zum Beispiel besonders häufig Akteure zitiert bzw. bekommen Akteure bei bestimmten Themen mehr Redezeit? Hängt der Status des auftretenden Akteurs mit seinem Geschlecht oder seinem Beruf zusammen? Werden also bei-

---

[2] Die Qualität von Fernsehnachrichten gilt weithin als multidimensionales Konstrukt, das unter anderem aus „den Dimensionen Vielfalt (der Strukturen, Quellen, Meinungen, Informationen, Akteure, Themen), Relevanz (Bedeutsamkeit der Sachverhalte), Professionalität (analytische Tiefe, Aktualität, Sachgerechtigkeit, Unparteilichkeit) und Akzeptanz (Publikumseinschätzung)" gebildet wird (vgl. Daschmann 2009, S. 3; Bruns und Marcinkowski 1997, S. 105).

spielsweise im Bereich Politik eher statushohe Akteure gewählt, während Akteure aus Bereichen wie Gesundheit, Kultur und Umwelt eher einen niedrigen Status haben (dürfen)? Und hängt der Akteursstatus mit dem Ereignisland zusammen? Werden in den Nachrichten zu fernen Ländern v. a. die Eliten zitiert, während bei Ereignissen in Nachbarländern auch Akteure mit einem niedrigeren Status zu Wort kommen (vgl. Galtung und Ruge 1965)?

Im Rahmen der vorliegenden Untersuchung sind wir auch diesen Fragen nachgegangen. Außerdem wird ein allgemeiner Überblick darüber gegeben, wer die Personen sind, die als Akteure in den Nachrichten in Erscheinung treten. Da pro Beitrag mehrere Akteure vorkommen können, wurden alle Akteure eines Nachrichtenbeitrags erfasst. Akteure werden definiert als Personen, die im Beitrag wörtlich oder sinngemäß zitiert werden oder deren Aussagen im Originalton (O-Ton) zu hören sind. Diese können Einzelpersonen, Akteursgruppen oder korporative Akteure wie Institutionen und Organisationen (UNO, Bundesregierung, Bundesgerichtshof, Polizei etc.) sein. Um die Vielfalt der Akteure in den Nachrichten umfassend darstellen zu können, konnten bis zu 147 unterschiedliche Akteurstypen erfasst werden. Hierunter ist der Beruf oder die im Beitrag angegebene Funktion der Akteure (Zeuge, Gewerkschaftsmitglied etc.) oder die zitierte Organisation zu verstehen. Zusätzlich wurden die Art der Zitation (durch die Redaktion zitiert; O-Ton) sowie das Geschlecht und der Status festgehalten. Personen mit hohem gesellschaftlichem oder beruflichem Status sind zumeist Entscheidungsträger, statusniedrige Akteure haben im Vergleich deutlich weniger Befugnisse. In Bezug auf das Militär sind führende Personen wie Generäle oder Stabsoffiziere als statushohe Akteure verschlüsselt worden. Personen mit mittlerem Status waren Unteroffiziere und Personen mit niedrigem Status waren in diesem Beispiel einfache Soldaten.

Insgesamt kommen im Untersuchungszeitraum deutlich mehr Akteure in Inlandsnachrichten als in Auslandsnachrichten vor (1.251 vs. 636 Akteure). Dabei werden in Inlandsnachrichten pro Beitrag mehr Akteure präsentiert als in Auslandsbeiträgen (2,8 Akteure pro Inlandsnachricht vs. 2,1 Akteure pro Auslandsnachricht). Inlandsbeiträge sind allerdings auch länger als Berichte zu ausländischen Ereignissen (durchschnittlich 76 vs. 65 Sekunden), so dass in ihnen eine größere Auftretenswahrscheinlichkeit für Akteure besteht. Angesichts dessen wurde überprüft, in wie viel Prozent der Nachrichten zumindest ein Akteur vorkommt. Das Ergebnis nivelliert den zuvor gefundenen Unterschied nicht. In 58 % der Inlandsnachrichten und 49 % der Auslandsnachrichten wird wenigstens ein Akteur zitiert oder im O-Ton wieder gegeben ($p \leq 0{,}001$, Cramer's $V = 0{,}095$). Diese Verteilung findet sich bei allen Sendungen außer bei *heute*, wo Akteure annähernd gleich häufig in In- und Auslandsnachrichten, vorkommen (51 vs. 52 %). Darüber hinaus haben Inlandsakteure mehr Redezeit als Akteure in Auslandsnachrichten

3.3 Inhalte von Auslandsnachrichten

Tab. 3.13 O-Ton von Akteuren in Sekunden (Mittelwerte)

Status	1. Akteur	2. Akteur	3. Akteur	4. Akteur	5. Akteur	6. Akteur	7. Akteur	8. Akteur
Inlandsnachrichten (n = 784)								
Hoch	13,64	12,20	10,63	10,31	8,70	10,25	–	–
Mittel	12,79	10,39	9,58	9,54	7,82	12,00	–	–
Niedrig	11,30	6,97	6,11	5,79	5,62	4,12	4,00	2,00
Unbekannt	11,90	11,00	11,50	8,56	8,00	9,67	10,00	–
Gesamt	12,58	10,21	9,40	8,43	7,09	7,64	6,00	2,00
Auslandsnachrichten (n = 620)								
Hoch	11,19	9,89	7,37	10,13	8,00	–	–	–
Mittel	10,90	8,09	7,60	10,50	–	–	–	–
Niedrig	8,98	7,49	6,97	5,92	6,20	–	–	–
Unbekannt	11,24	10,53	11,60	11,33	11,00	–	–	–
Gesamt	10,63	8,89	7,93	8,50	7,40	–	–	–

(vgl. Tab. 3.13). Der direkten Vermittlung von Informationen durch Beteiligte oder der Bewertung eines Sachverhaltes durch Experten oder Privatpersonen wird in den Inlandsnachrichten also deutlich mehr Zeit gewidmet. Für die Inlands- wie die Auslandsberichterstattung gilt: Der O-Ton des ersten Akteurs eines Beitrags ist im Durchschnitt länger als der der folgenden Akteure. Zusätzliche Sekunden können zudem durch einen hohen Status erzielt werden, da statushohe Akteure in der Regel länger sprechen dürfen als Akteure mit niedrigem Status.

Wie man bereits vermuten kann, messen die einzelnen Sendungen Akteuren in ihren Auslandsnachrichten einen unterschiedlichen Stellenwert bei. Die meisten Akteure finden sich bei *heute*. Pro Beitrag werden hier im Durchschnitt 2,4 Akteure präsentiert. Den geringsten Wert erreicht die *Tagesschau* mit 1,8 Akteuren pro Nachrichtenbeitrag, und die Privatprogramme liegen dazwischen (2,1).

Die grundlegende Frage, die sich in Bezug auf die Akteure von Auslandsnachrichten stellt, lautet: Wer kommt am häufigsten in den Nachrichten zu Wort und wird zitiert? Um diese Frage beantworten zu können, wurden die 147 Akteurstypen zu 19 Oberkategorien (Themenbereiche, Aktionsfelder) zusammengefasst (vgl. Tab. 3.14).

Überraschenderweise werden den Nachrichtenzuschauern am häufigsten die Aussagen von Privatpersonen präsentiert. Hierunter ist vor allem der „Mann auf der Straße" zu verstehen, aber auch Aussagen von Zeugen oder Opfern eines Verbrechens oder Unglücks fallen in diese Kategorie. Knapp dahinter folgen Personen, die beruflich der Innenpolitik anderer Länder zugeordnet werden können, also beispielsweise ausländische Regierungsmitglieder. Platz drei belegen Sportler,

Tab. 3.14 Akteure nach Themenbereichen in den Auslandsnachrichten

Akteurstypen (Oberkategorien)	Fallzahl	Anteil an Akteuren In %	Anteil an Beiträgen In %
Privatpersonen	136	21	45
Innenpolitik	134	21	45
Sport	106	17	35
Internationale Politik	69	11	23
Wirtschaft & Industrie	42	7	14
Religion	24	4	8
Innere Ordnung	23	4	8
Wissenschaft	19	3	6
Bildung	15	2	5
Kommunikation	13	2	4
Gesundheit	12	2	4
Kultur	12	2	4
Transport	7	1	2
Umwelt	7	1	2
Militär & Verteidigung	6	1	2
Berühmtheit & Königshaus	6	1	2
Gewerkschaften	2	-	1
Gesellschaft	2	-	1
Soziales	1	0	0
Gesamt	636	100	211[a]

Basis: Auslandsnachrichten ($n = 620$)
[a] Es wurden bis zu fünf Akteure pro Beitrag kodiert, so dass der Wert 100 % übersteigt.

Trainer und Mitglieder von Sportorganisationen wie der FIFA. Unter der Kategorie ‚internationale Politik' wurden Politiker gefasst, die keine Vertreter des Ereignislandes waren oder Personen, die bei internationalen Organisationen arbeiten. Um ein konkretes Beispiel zu nennen: Behandelte ein Beitrag den Anfang 2008 sich zuspitzenden israelisch-palästinensischen Konflikt und Bundeskanzlerin Merkel kommentierte diese Entwicklung, so wurde Israel bzw. Palästina als Ereignisland verschlüsselt und Angela Merkel als internationale Politikerin. Diese Akteure kommen in der Übersicht an vierter Stelle und stehen damit noch vor Vertretern der Wirtschaft, der Industrie und der Unternehmen. Auch wenn man die analysierten Medien gesondert betrachtet, bilden die beschriebenen Akteurstypen die fünf stärksten Gruppen.

3.3 Inhalte von Auslandsnachrichten

Tab. 3.15 Aktionsfelder der Akteure in den Auslandsnachrichten in fünf Hauptthemenbereichen

Tagesschau $n=123$	heute $n=207$	RTL Aktuell $n=175$	Sat.1 Nachrichten $n=131$
Innenpolitik (34)	Inlandspolitik (26)	Privatperson (26)	Sport (21)
Internationale Politik (24)	Privatperson (25)	Sport (21)	Privatperson (19)
Privatperson (11)	Sport (15)	Inlandspolitik (12)	Inlandspolitik (14)
Sport (9)	Internationale Politik (14)	Wirtschaft, Industrie (9)	Wirtschaft, Industrie (8)
Wirtschaft, Industrie (6)	Wirtschaft, Industrie (5)	Innere Ordnung (7)	Internationale Politik/Kultur (je 5)

Die Werte in Klammern geben den %-Anteil an allen Akteuren der Nachrichtensendung an.

Erst bei genauerer Betrachtung zeigen sich Unterschiede zwischen den einzelnen Sendern (vgl. Tab. 3.15). Die ARD legt von allen Sendern den stärksten Schwerpunkt auf politische Akteure. Bei der *Tagesschau* werden auch in Auslandsnachrichten mit Abstand am meisten Akteure aus dem Bereich der Innenpolitik des jeweiligen Landes (34 %) zitiert, dicht gefolgt von Personen aus der internationalen Politik (24 %). Wie Bruns und Marcinkowski bereits früher feststellten (1997, S. 109), ist die *Tagesschau*-Redaktion „eindeutig stärker auf die etablierten Akteure des (bundes-)politischen Systems fixiert." Erst an dritter Stelle kommen auch Privatpersonen zu Wort (11 %). Bei *RTL Aktuell* und *Sat.1 Nachrichten* liegt der Fokus hingegen klar auf Privatpersonen (RTL 26 %, Sat.1 19 %) und Persönlichkeiten aus dem Sport (RTL 21 %, Sat.1 21 %), während die Innenpolitik auf die dritte Stelle verdrängt wird. Die starke Position von nicht-politischen Akteuren und insbesondere von Privatpersonen als Akteure der Nachrichten ist somit vor allem auf die privaten Fernsehsender zurückzuführen.

Entgegen früheren Ergebnissen (Bruns und Marcinkowski 1997, S. 109) zeigen sich in unserem Untersuchungszeitraum Unterschiede zwischen den öffentlich-rechtlichen Sendern. *heute* schlägt einen Mittelweg zwischen den Privaten und der ARD ein. Bei *heute* kommen Akteure der Innenpolitik annähernd gleich oft wie Privatpersonen zu Wort (26 % bzw. 25 %). Sportler (15 %) kommen wiederum etwas häufiger als Personen der internationalen Politik (14 %) vor. Dieser Befund entspricht der im Vergleich zur *Tagesschau* stärkeren Emotionalisierung der Hauptnachrichtensendung des ZDF (vgl. Donsbach und Büttner 2005). Auch die Frage nach der Vielfalt kann auf Basis der vorliegenden Untersuchung beantwortet werden. Indem *heute* mit den fünf häufigsten Akteuren 85 % aller wieder gegebenen Personen abdeckt, zeigt die Sendung die geringste Vielfalt an Akteuren, nahezu

Tab. 3.16 Status der Akteure in den Auslandsnachrichten (%)

Status	Tagesschau $n=154$	heute $n=171$	RTL Aktuell $n=187$	Sat.1 Nachrichten $n=108$
Hoch	56	37	35	33
Mittel	20	20	19	24
Niedrig	17	30	36	28
Unbekannt	7	13	10	16
Summe	100	100	100	101

gleichauf liegt die *Tagesschau* (84 %). *RTL Aktuell* deckt mit seinen fünf Top-Akteuren hingegen nur 75 % des Akteursspektrums ab und Sat.1 zeigt mit Abstand die größte (Funktions-)Vielfalt an Akteuren (67 %).

Weitere Unterschiede zwischen den einzelnen Sendern finden sich vor allem beim Status der präsentierten Akteure. So haben über die Hälfte der Akteure in der *Tagesschau* einen hohen Status, während nur 17 % statusniedrige Personen zu Wort kommen. Die anderen drei Sender zeigen hingegen ein eher homogenes Bild, wonach etwa ein Drittel der Akteure einen hohen Rang innehat, 19 bis 24 % nehmen eine mittlere Position ein und bis zu einem weiteren Drittel (28 bis 36 %) hat einen niedrigen Status. Im Vergleich zu *heute*, *RTL Aktuell* und *Sat.1 Nachrichten* präferiert die *Tagesschau* somit O-Töne von gesellschaftlichen und beruflichen Eliten, den Entscheidungsträgern (vgl. Tab. 3.16).

Tabelle 3.17 gibt, getrennt nach dem jeweiligen Hauptthema der Auslandsnachrichten[3], einen Überblick über die wichtigsten Akteursmerkmale. In Verbindung mit den Akteuren haben die Themen eine ähnliche Relevanz wie losgelöst davon. Die Akteure treten also nicht verstärkt in Verbindung mit bestimmten Themen auf, sondern in ganz verschiedenen thematischen Kontexten. Eine Ausnahme sind ‚Unfälle & Katastrophen'. In ihrem Zusammenhang kommen verhältnismäßig wenige Akteure zu Wort (hier Platz 10 im Themenranking Platz 7).

Die meisten Personen werden in Auslandsnachrichten zur Innenpolitik des jeweiligen Landes zitiert. Von diesen 153 Akteuren sind in etwa ein Viertel Frauen und drei Viertel Männer. Gruppen treten wie in fast allen untersuchten Beiträgen nicht auf, sondern ausschließlich Individuen. In der Innenpolitik werden zudem fast alle Akteure im O-Ton wieder gegeben (99 %) und kommen dabei im Durchschnitt neun Sekunden lang zu Wort. Die Sprache der Akteure ist überwiegend

---

[3] Die Werte der einzelnen Sendungen gleichen sich hier deutlich, weshalb auf eine Aufschlüsselung weitestgehend verzichtet wird.

3.3 Inhalte von Auslandsnachrichten

Tab. 3.17 Akteure in den Hauptthemen der Beiträge – Geschlecht, Zitationsart und O-Ton

Hauptthema	Geschlecht			Zitationsart		O-Ton					Anzahl an Akteuren n
	Frauen %	Männer %	Beide %	Nur zitiert %	O-Ton %	Länge O-Ton (Sekunden)	Deutsch %	Andere Sprache plus Übersetzung %	Keine Übersetzung %		
Innenpolitik	28	72	–	1	99	9	5	94	1		153
Sport	22	78	–	1	99	9	79	19	1		117
Internationale Politik	22	78	–	2	98	11	40	57	1		105
Innere Ordnung	30	70	–	3	97	9	22	75	–		63
Human interest	42	58	–	–	100	8	27	73	–		26
Kultur	17	83	–	–	100	8	17	83	–		23
Unternehmen, Industrie und Handel	20	80	–	5	95	11	35	55	5		20
Transport	15	85	–	–	100	6	65	35	–		20
Wissenschaft und Technologie	5	86	9	9	91	12	50	41	–		20
Unfälle und Katastrophen	22	78	–	–	100	8	39	61	–		18
Religion	29	71	–	–	100	9	65	24	6		17
Wirtschaft	15	85	–	–	100	10	69	31	–		13

Tab. 3.17 Fortsetzung

Hauptthema	Geschlecht			Zitationsart			O-Ton					Anzahl an Akteuren n
	Frauen %	Männer %	Beide %	Nur zitiert %	O-Ton %	Länge O-Ton (Sekunden)	Deutsch %	Andere Sprache plus Übersetzung %	Keine Übersetzung %			
Gesundheit und Wohlfahrt	38	62	–	–	100	9	23	77	–			13
Kommunikation	30	70	–	–	100	11	40	60	–			10
Umwelt	29	71	–	–	100	13	29	71	–			7
Militär und Verteidigung	25	75	–	25	75	12	25	50	–			4
Feierlichkeiten	50	50	–	–	100	7	25	75	–			4
Gewerkschaften und Arbeitgeber-/Arbeitnehmer-beziehungen	–	100	–	–	100	12	–	100	–			2
Energie	–	100	–	–	100	5	–	100	–			1
Gesamt	23	77	1	2	98	9	35	62	1			636

3.3 Inhalte von Auslandsnachrichten

Tab. 3.18 Die zehn häufigsten Nationalitäten der Akteure in den Auslandsnachrichten

Nationalität	Fallzahl	In %
Deutsch	200	31
US-amerikanisch	118	19
Britisch	41	6
Russisch	27	4
Französisch	26	4
Italienisch	20	3
Unbekannt	19	3
Serbisch	19	3
Palästinensisch	17	3
Chinesisch	11	2

Basis: Auslandsnachrichten ($n = 620$)

nicht Deutsch, so dass die Aussagen der Akteure im Beitrag übersetzt werden – Untertitelungen werden in deutschen Nachrichten im Untersuchungszeitraum nicht eingesetzt. Insgesamt zeigt sich, dass in den deutschen Fernsehnachrichten Frauen seltener als Akteure präsentiert werden als Männer (23 % zu 77 %). Am höchsten ist der Anteil weiblicher Akteure in den Themenbereichen ‚Feierlichkeiten‘, ‚Human interest‘ und ‚Gesundheit und Wohlfahrt‘. Im Geschlechterverhältnis zeigt sich auch die einzige nennenswerte Abweichung zwischen den einzelnen Sendern. Die *Tagesschau* hat einen durchschnittlichen Frauenanteil von 20 % und liegt damit unter den Werten, die die anderen drei Nachrichtensendungen erreichen (25 bis 27 %).

Die Akteure kommen in den Fernsehnachrichten größtenteils im O-Ton selbst zu Wort (98 %). Eine Ausnahme bilden die Beiträge aus dem Bereich ‚Militär und Verteidigung‘ – hier werden bis zu einem Viertel der Akteure ausschließlich durch die Redakteure zitiert. Die Länge der O-Töne schwankt zwischen fünf Sekunden (Thema Energie) und fast der dreifachen Länge (13 Sekunden beim Thema Umwelt). Die Erwartung, dass sich hier ein Muster abzeichnet, in dem die Länge der O-Töne zum Beispiel von der Popularität der Themen abhängt oder die Akteure in den politischen Beiträgen länger sprechen dürfen als in unpolitischen Berichten, kann nicht bestätigt werden[4]. Im Durchschnitt haben die O-Töne eine Länge von neun Sekunden. Bemerkenswert ist, dass die Akteure in den Auslandsnachrichten zu einem guten Teil deutsch sprechen (35 %) und sogar oft aus Deutschland stammen (vgl. Tab. 3.18). Bei den Sportnachrichten sprechen sogar über drei

---

[4] Gleiches gilt, wenn man nicht Mittelwerte über alle Akteure (insgesamt kamen maximal sechs Akteure pro Auslandsnachricht vor) eines Themenbereichs rechnet, wie in Tab. 3.18 geschehen, sondern wenn man nur den Mittelwert für den jeweils ersten Akteur der Beiträge betrachtet.

Tab. 3.19 Die zehn Herkunftsländer mit den meisten Akteuren und deren Anteil nach Status (%)

Status	USA	UK	Schweiz	Schweden	International/ISS[a]
	n = 134	n = 42	n = 38	n = 32	n = 31
Hoch	49	29	42	3	10
Mittel	8	14	18	34	32
Niedrig	28	50	24	63	45
Unbekannt	14	7	16	–	13
Gesamt	99	100	100	100	100
Status	Russland	Italien	Belgien	Norwegen	Frankreich
	n = 31	n = 27	n = 26	n = 24	n = 23
Hoch	55	33	46	29	48
Mittel	–	19	38	71	4
Niedrig	35	48	4	–	35
Unbekannt	10	–	12	–	13
Gesamt	100	100	100	100	100

Basis: Auslandsnachrichten (n = 620)
[a] Es handelte sich hierbei um Berichte mit Bezug zur internationalen Raumstation ISS – in ihrer Häufigkeit eine Besonderheit des Erhebungszeitraums (aufgrund der Anwesenheit eines deutschen Astronauten auf der ISS).

Viertel der Akteure deutsch. Bei Auslandsnachrichten mit einem so hohen Wert an deutschsprachigen Akteuren handelt es sich allerdings um Beiträge mit inländischer Beteiligung – also im Fall der Sportbeiträge beispielsweise um internationale Wettkämpfe an denen deutsche Sportler teilnehmen und interviewt werden. Der geringste Anteil deutschsprachiger Akteure findet sich bei Beiträgen zur Innenpolitik anderer Länder (5 %).

Was die Herkunft angeht, so stammen die Akteure in den Auslandsnachrichten im Großen und Ganzen aus den Ländern, über die insgesamt am häufigsten berichtet wird (vgl. Kap. 3.3.5). Unabhängig vom Ereignisland werden Akteure als Mittel der Nachrichtenvermittlung eingesetzt. So treten mit Abstand die meisten Akteure in Nachrichten auf, die einen Bezug zu den USA aufweisen. An zweiter Stelle folgt Großbritannien, vor der Schweiz, Schweden und fünf weiteren europäischen Ländern.

Tabelle 3.19 weist nicht nur die Länder mit den meisten Akteuren aus, sondern auch den Anteil an Akteuren mit hohem, mittlerem und niedrigem Status.

Erneut weisen die Daten auf Unterschiede hin, zeigen aber kein eindeutiges Muster. So hat jeder zweite Akteur, der sich zu Ereignissen in Russland äußert,

Tab. 3.20 Die zehn wichtigsten Länder, in denen in der Nachricht mindestens ein Akteur auftritt nach Sendern

Tagesschau	heute	RTL Aktuell	Sat.1 Nachrichten
$n = 68$	$n = 88$	$n = 83$	$n = 62$
USA (7)	USA (12)	USA (21)	USA (18)
Israel (5)	Norwegen (5)	Großbritannien (10)	Großbritannien (7)
Palästina (5)	Russland (5)	Norwegen (5)	Schweiz (5)
Belgien (4)	Schweden (5)	Spanien (5)	Australien (3)
Italien (4)	Belgien (4)	Italien (4)	Frankreich (3)
International/ISS (4)	Japan (4)	Russland (4)	Niederlande (3)
Ägypten (3)	Palästina (4)	Frankreich (3)	Österreich (2)
Irak (3)	Schweiz (4)	Palästina (3)	China (2)
Japan (3)	International/ISS (4)	Schweiz (3)	Italien (2)
Russland (3)	Österreich (3)	Türkei (3)	Norwegen (2)

Basis: Auslandsnachrichten in Tagesschau ($n = 154$), heute ($n = 171$), RTL Aktuell ($n = 187$) und SAT.1 Nachrichten ($n = 108$). Werte in Klammern geben die absolute Anzahl Beiträgen zum jeweiligen Land an, in denen mindestens ein Akteur wiedergegeben wird.

einen hohen Status, ein Drittel der Akteure hat einen niedrigen Status und Personen mit mittlerem Status kommen nicht zu Wort. In Bezug auf Ereignisse in Norwegen wurden hingegen überwiegend Statements von Personen mit mittlerem Status (71 %) gewählt. Insgesamt lässt sich festhalten, dass abgesehen von vier Ländern bzw. Ereigniszonen (Belgien, Norwegen, Schweden, international/ISS) überwiegend statushohe Personen (35 %) wie Entscheidungsträger und Personen mit niedrigem Status (33 %) wie Privatpersonen in den Nachrichten Gehör finden. Auch die anfängliche Hypothese, dass der Status eines Akteurs mit der Entfernung des Ereignislandes zu Deutschland ‚wächst', also dass bei fernen Ländern v. a. die Aussagen der Elite zitiert werden, kann nicht bestätigt werden. In den Auslandsbeiträgen gibt es zu 49 Ereignisländern O-Töne von Akteuren. Deren Status ist dabei vollkommen unabhängig von der Entfernung des Landes zu Deutschland. O-Töne von Privatpersonen aus weit entfernten Ländern zu bekommen, scheint somit kein Problem zu sein und diese O-Töne in die Berichte einzubauen ist genauso üblich wie bei Berichten zu europäischen Nachbarländern.

Vergleicht man auch hier die einzelnen Sender miteinander, lassen sich durchaus Unterschiede zwischen den Nachrichtensendungen feststellen (vgl. Tab. 3.20). In den Auslandsnachrichten von *Tagesschau* und *heute* gibt es in Beiträgen zu 36 bzw. 37 unterschiedlichen Ereignisländern Statements von Akteuren. Die privaten Nachrichtensendungen bringen es nur auf 30 (RTL) bzw. 31 (Sat.1) unterschiedliche Ereignisländer, in deren Beiträgen Akteure zu Wort kommen. Sie konzentrieren die

Wiedergabe von Akteuren vor allem auf Nachrichten aus den USA. In Berichten zu anderen Ländern finden sich dementsprechend weniger O-Töne. In diesem Punkt zeigt sich also eine größere Vielfalt bei den öffentlich-rechtlichen Nachrichtensendungen. Die Ergebnisse bestätigen die deutliche Konzentration der Privaten auf die USA als Zentrum der Auslandsberichterstattung.

Die Ergebnisse zu Akteuren in den Auslandsnachrichten von ARD, ZDF, RTL und Sat.1 zeigen ein überraschendes Bild. Die Sendungen lassen sich nicht (länger) in öffentlich-rechtliche und private unterteilen. Dabei bewahrt sich die *Tagesschau* ihre wohlbekannte konservative und politikorientierte Linie genauso wie die großen Privatsender dem publikumsorientierten Konzept des „kleinen Mannes" treu bleiben, der zu jedem Thema zu Wort kommen soll (Bruns und Marcinkowski 1997, S. 109). Allein das ZDF scheint mit seiner *heute*-Sendung einen Kurswechsel zu vollziehen und positioniert sich bei vielen der in diesem Kapitel betrachteten Aspekte mit einer Position zwischen öffentlich-rechtlich und privat. Diese Befunde bestätigen die Ergebnisse von Donsbach und Büttner (2005), die eine deutliche Anpassung des ZDF an die privaten Anbieter feststellten. Die Frage, welcher Sender die größte Vielfalt in Bezug auf die präsentierten Akteure aufweist, lässt sich nur schwer beantworten. Was Beruf, Geschlecht und Status der Akteure betrifft, findet sich eine größere Vielfalt bei den privaten Sendern. Allerdings kommen bei ARD und ZDF Akteure in Beiträgen mit einer größeren Anzahl an unterschiedlichen Ereignisländern und – das sei zumindest am Ende erwähnt – auch zu mehr verschiedenen Themen zu Wort. Dies liegt sicherlich auch in der allgemeinen Vielfalt an Ereignisländern und Themen in den öffentlich-rechtlichen Nachrichten begründet.

3.3.5 Nachrichtengeografie und Domestikation

Unter dem Begriff „Nachrichtengeografie" sollen im Folgenden die Auslandsnachrichten der vier TV-Sendungen daraufhin untersucht werden, in welchem Umfang darin welche anderen Länder und Territorien der Welt vorkommen. Nirgendwo ist es den Massenmedien möglich, von überallher zu berichten, noch wäre das für ihre Rezipienten überhaupt von Interesse. Eine grundlegende Aufgabe der Journalisten ist es vielmehr, darüber zu entscheiden, welche Länder für die Berichterstattung wichtig sind bzw. aus welchen sie ihren Lesern oder Zuschauern berichten wollen. Insofern bestimmen die Journalisten über das „Weltbild", das die Medien vermitteln. Dies ist international seit den 1930er Jahren in einer Vielzahl von Studien untersucht worden (vgl. Woodward 1930; International Press Institute 1953; Kayser 1953; Gerbner und Marvanyi 1977; Schulz 1983; Sreberny-Mohammadi 1984; Ste-

3.3 Inhalte von Auslandsnachrichten

venson und Shaw 1984; Wilke 1986; Schmidt und Wilke 1998). Dabei hat man sich besonders für die unterschiedlichen „Weltbilder" in verschiedenen Ländern oder Regionen interessiert.

Um die Nachrichtengeografie möglichst differenziert zu erfassen, wurde dem Codebuch der Inhaltsanalyse des hier dargestellten Forschungsprojekts eine Liste von 244 Ländern und Territorien beigefügt. Diese Zahl ist größer als beispielsweise die Zahl der Mitglieder der Vereinten Nationen (188). Das ist darauf zurückzuführen, dass unsere Liste eine Reihe von Territorien gesondert auswies, deren Unabhängigkeit noch nicht von allen anderen UN-Staaten anerkannt wurde. In weiteren Fällen handelte es sich um Territorien, die anderen Ländern zugerechnet werden, die aber eigene Regierungen haben. Ein Sonderfall ist beispielsweise auch Tibet, das von der Volksrepublik China als Teil seines Staatsgebiets beansprucht wird, wogegen aber nicht nur Teile der dortigen Bevölkerung, sondern auch andere Länder Protest erheben.

Die Nachrichtengeografie kann man im Prinzip anhand verschiedener Kriterien erfassen. Naheliegend ist, dafür den/die Ort(e) zugrunde zu legen, wo sich das in den Nachrichten geschilderte Ereignis abspielt. Eine zweite Möglichkeit ist, dafür die Länder zu berücksichtigen, die an dem Ereignis beteiligt oder darin involviert sind. Das können potentiell mehrere sein. Für die folgende Auswertung der Nachrichtengeografie stützen wir uns ausschließlich auf das erstgenannte Kriterium. Ausschlaggebend für die Codierung ist der Ort des berichteten Ereignisses oder des geschilderten Sachverhalts.

Fasst man die Fernsehnachrichtensendungen der vier deutschen TV-Sender zusammen, so wurde in den vier Wochen im Frühjahr 2008 über insgesamt 68 international anerkannte und souveräne Staaten zumindest einmal berichtet, d. h. über gut ein Viertel (=28 %) der potentiell möglichen Länder und Territorien bzw. über knapp drei Viertel (=72 %) nicht (oder im vierwöchigen Untersuchungszeitraum kein einziges Mal). Letzteres traf durchaus nicht nur auf kleine und international unbedeutende Länder und Territorien zu. Nicht berichtet wurde beispielsweise über Albanien und Bulgarien (in Europa), über Mexiko und Uruguay (in Südamerika), nicht über Thailand und Vietnam (in Asien), nicht über Neuseeland (in Ozeanien). Mexiko war gewissermaßen das größte „übersehene" Land. Nicht repräsentiert waren in der Auslandsberichterstattung im Frühjahr 2008 vor allem zahlreiche Länder Schwarzafrikas. Unsere Studie bestätigt folglich einmal mehr, dass Afrika in der internationalen Berichterstattung völlig unterrepräsentiert ist.

Die Zahl der Länder in der Berichterstattung schrumpft weiter, wenn man die einzelnen Sender betrachtet. In der *Tagesschau* kamen in den vier untersuchten Wochen 44 Länder mindestens einmal vor, in *heute* 52, in *RTL Aktuell* 53 und in den *Sat.1 Nachrichten* 34. Hier unterscheiden sich das öffentlich-rechtliche ZDF nicht von dem kommerziellen RTL. Dass in der *Tagesschau* weniger Länder vorkamen, dürfte schon durch die geringere Anzahl von Beiträgen bedingt sein. Ähnlich wird man auch die deutlich geringere Internationalität in den *Sat.1 Nachrichten* zu erklären haben.

Von den Ländern, über die in den Fernsehnachrichten berichtet wird, kommen manche nur selten, andere aber öfter vor. Zwischen gut einem Drittel (*Tagesschau, heute*) und knapp der Hälfte (*RTL Aktuell, Sat.1 Nachrichten*) der jeweiligen Länder wurden in den vier untersuchten Wochen nur einmal erwähnt. In der *Tagesschau* kamen 87 % der Länder maximal fünf Mal vor, bei *heute* waren es 85 Prozent, bei *RTL Aktuell* 83 % und bei *Sat.1 Nachrichten* 89 Prozent. Nur über wenige Länder wurde häufiger berichtet, also mehr als fünf oder mehr als zehn Mal. Das ist angesichts der begrenzten Zahl der Auslandsnachrichten auch gar nicht anders möglich. Nur aus einem einzigen Land berichteten zumindest drei der Sendungen (ausgenommen die *Tagesschau*) mehr als 20 Mal, nämlich aus den USA.

Die Auslandsnachrichten im Fernsehen konzentrieren sich also vor allem auf einige wenige Länder der Welt, über die immer wieder berichtet wird (vgl. Tab. 3.22). Welche diese sind, zeigen die Tab. 3.21 und 3.23.

Der unterschiedliche Grad der Konzentration auf einige wenige (Haupt-)Länder der Berichterstattung zeigt Tab. 3.23. Die fünf am häufigsten vorkommenden Länder machen bei *Tagesschau* und *heute* ein Drittel der Fernsehnachrichten aus, bei *RTL Aktuell* zwei Fünftel und bei den *Sat.1 Nachrichten* die Hälfte. Dabei sind die USA in allen Nachrichtensendungen das Land, über das am häufigsten berichtet wird, wenn auch in unterschiedlichem Maße. Bei den öffentlich-rechtlichen Sendern entfällt (gut) ein Zehntel der Beiträge auf dieses Land, bei RTL und zumal bei Sat.1 sind es doppelt so viel. Das Gewicht USA erklärt sich zum Teil daraus, dass zum Zeitpunkt der Untersuchung die Vorwahlen zur Präsidentschaftswahl 2008 stattfanden. Aber auch unabhängig von diesem spezifischen Ereignishintergrund genießen die USA seit vielen Jahren eine vorrangige Aufmerksamkeit. Auch sind dort eigene Korrespondenten stationiert. Bei den anderen Ländern in der Rangfolge von Tab. 3.34 gibt es eine ziemlich große Übereinstimmung zwischen ARD- und ZDF-Nachrichten: Israel und Irak stehen für die Krisenregion Naher Osten, Russland und Italien bekamen Aufmerksamkeit wegen dort stattgefundener Wahlen. Bei den privaten Sendern stand Großbritannien an zweiter Stelle. Handelt es sich bei den *Sat.1 Nachrichten* vor allem um westeuropäische Länder, was den Regionalismus als Nachrichtenfaktor bestätigt, fanden sich bei *RTL Aktuell* mit Australien und Israel auch außereuropäische Länder unter den „top five".

Auslandsnachrichten können für die Menschen im eigenen Land dadurch interessant (gemacht) werden, dass die Bezüge der Ereignisse zu ihm erwähnt oder hervorgehoben werden. Dies wird als „Domestikation" („domestication") bezeichnet.

3.3 Inhalte von Auslandsnachrichten

Tab. 3.21 Häufigkeit des Vorkommens der Länder der Welt in den Sendungen (%)

Länder	Tagesschau	heute	RTL Aktuell	Sat.1 Nachrichten
	n = 154	n = 171	n = 187	n = 108
Ägypten	1	1	1	2
Afghanistan	2	2	1	1
Argentinien	–	–	1	–
Armenien	–	1	1	–
Australien	1	2	4	4
Belgien	4	3	1	2
Bhutan	–	1	–	–
Bolivien	–	–	–	1
Brasilien	–	1	1	–
Chile	–	–	–	1
China	3	3	3	4
Dänemark	1	–	1	1
Deutschland	1	–	–	–
Dominikanische Republik	1	1	–	–
Ecuador	–	1	–	–
Finnland	1	2	1	–
Frankreich	3	3	3	5
Ghana	1	–	1	–
Griechenland	1	1	1	1
Großbritannien	3	3	8	8
Guatemala	–	–	1	–
Indien	1	1	–	–
Iran	1	–	1	2
Irak	5	5	2	3
Irland	–	–	1	–
Israel	6	2	1	1
Italien	6	4	4	3
Jemen	1	1	–	–
Kanada	–	1	1	1
Kenia	1	2	1	–
Kolumbien	–	1	–	–
Kosovo	1	1	–	1
(Süd-) Korea	–	–	1	1
Lettland	1	–	–	–
Libanon	1	1	1	–
Malaysia	1	1	1	1

Tab. 3.21 Fortsetzung

Länder	Tagesschau	heute	RTL Aktuell	Sat.1 Nachrichten
	n = 154	n = 171	n = 187	n = 108
Mexiko	–	–	1	–
Mozambique	–	1	–	–
Nepal	–	1	–	–
Niederlande	3	3	1	3
Norwegen	3	4	4	2
Österreich	–	2	2	4
Ost Timor	1	1	–	–
Pakistan	2	1	1	–
Palästina	3	4	2	2
Peru	–	–	1	–
Polen	1	–	1	–
Portugal	–	1	–	1
Rumänien	–	1	1	–
Russland	7	5	3	4
Schweden	3	4	3	6
Schweiz	3	4	2	6
Serbien	2	2	1	1
Sierra Leone	–	–	1	–
Slowenien	2	2	–	–
Somalia	1	1	1	2
Süd Afrika	1	1	–	–
Spanien	2	1	5	1
Syrien	–	–	1	–
Tschechien	1	1	–	–
Türkei	–	1	2	2
USA	10	13	20	25
Vereinigte Arabische Emirate	–	–	1	–
Vatikan	1	–	–	1
Venezuela	1	–	–	–
Zimbabwe	1	1	–	–
Europa	–	1	1	1
Afrika	1	–	1	–
Asien	1	–	–	–
Nord-Afrika	–	–	1	–
International/ ISS	5	3	3	–

Die Prozentwerte beziehen sich auf reine Auslandsnachrichten und Auslandsnachrichten mit inländischer Beteiligung. Signifikanztest: n.s.

3.3 Inhalte von Auslandsnachrichten

Tab. 3.22 Häufigkeit des Vorkommens der Länder der Welt in den Sendungen

Häufigkeit	Tagesschau N	%	heute N	%	RTL Aktuell n	%	Sat.1 Nachrichten n	%
1 mal	16	35	19	37	24	45	16	46
2–5 mal	24	52	25	48	20	38	15	43
6–10 mal	6	13	7	13	7	13	3	9
11–20 mal	1	2	–	–	1	2	–	–
21–40 mal	–	–	1	2	1	2	1	3
Summe	46	100	52	100	53	100	35	100

Tab. 3.23 Die fünf wichtigsten Länder in den Auslandsnachrichten der Sendungen

Tagesschau	heute	RTL Aktuell	Sat.1 Nachrichten
n = 154	n = 171	n = 187	n = 108
USA (10 %)	USA (13 %)	USA (20 %)	USA (25 %)
Israel (7 %)	Irak (5 %)	Großbritannien (8 %)	Großbritannien (8 %)
Russland (6 %)	Russland (5 %)	Spanien (5 %)	Schweden (6 %)
Italien (6 %)	Italien (5 %)	Australien (4 %)	Schweiz (6 %)
Irak (5 %)	Norwegen (4 %)	Israel (4 %)	Frankreich (5 %)

Die Werte in Klammern zeigen den Anteil des Landes an den Auslandsnachrichten (berechnet nach Häufigkeit).

In welchem Umfang davon in den deutschen Fernsehnachrichtensendungen Gebrauch gemacht wird, wurde mit untersucht. Dies geschieht allerdings ausschließlich an den Auslandsnachrichten mit Bezug zu Deutschland. Zwei Indikatoren wurden dafür geprüft: Verweise auf deutsche Beteiligte und Verweise auf Auswirkungen auf Deutschland (vgl. Tab. 3.24).

Domestikation findet in den Auslandsnachrichten des deutschen Fernsehens viel häufiger durch Nennung deutscher Beteiligter statt als durch Erwähnung von Auswirkungen auf Deutschland. Das erste ist in jeder zweiten Nachricht der Fall, das zweite nur in jeder sechzehnten. *RTL Aktuell* nennt am häufigsten deutsche Beteiligte (66 %), die *heute*-Sendung am wenigsten (33 %). *heute* erwähnt auch am seltensten Auswirkungen auf Deutschland (7 %), die *Tagesschau* tut dies am meisten (24 %), jedenfalls noch mehr als die privaten Sender (15 % und 12 %) (vgl. Tab. 3.24). Da die hier untersuchte Hybridform als „Auslandsnachricht mit deutscher Beteiligung" definiert ist, kann der Anteil genannter deutscher Beteiligter nicht überraschen, eher erscheint dieser noch als geringfügig, zumindest in der *heute*-Sendung.

Tab. 3.24 Domestikation: Verweise auf deutsche Beteiligte und Auswirkungen auf Deutschland in Auslandsnachrichten

Verweise	Tagesschau	heute	RTL Aktuell	Sat.1 Nachrichten	Durchschnitt
	$n=154$	$n=171$	$n=187$	$n=108$	$n=620$
Deutsche Beteiligte*	53	33	66	47	50
Deutsche Auswirkungen[a]	24	7	15	12	15

Signifikanztests: *$p \leq 0{,}001$, Cramer's $V = 0{,}252$
[a] n.s.

3.3.6 Kontext der Ereignisse: Zeitrahmen und Tragweite

Um die Bedeutung von (Auslands-)Ereignissen besser einschätzen zu können benötigt das Publikum zahlreiche Informationen zum Kontext der berichteten Geschehnisse. Hierzu zählt zum einen eine zeitliche Verortung, indem die Redaktion Informationen zu vorangegangenen Begebenheiten gibt, die mit der aktuellen Nachricht in Verbindung stehen sowie Hinweise auf mögliche zukünftige Konsequenzen oder in der Zukunft liegende Folgeereignisse. Diese Informationen ermöglichen es dem Fernsehzuschauer, Zusammenhänge im Zeitverlauf zu erkennen, die gerade bei der Politikberichterstattung relevant sein können. Zum anderen spielen die geografischen Bezüge und die Tragweite der Ereignisse eine Rolle. Es wurde also erfasst, wo ein Ereignis räumlich anzusiedeln ist. Ob es (nur) in einer Stadt von Bedeutung ist oder ob es auf größere Regionen ausstrahlt, auf Landesteile, ein ganzes Land oder sogar auf bestimmte Weltteile. Relevant wird diese Dimension zum Beispiel bei Meldungen zu Unwettern oder Naturkatastrophen, die innerhalb einer Ortschaft auftreten oder größere Gebiete in Mitleidenschaft ziehen können. Durch den geografischen Bezug kann der Zuschauer somit unter anderem auf die Anzahl, der vom Ereignis betroffenen Menschen schließen. Redaktionen geben diese Information teilweise aber auch direkt an ihr Publikum weiter. Aus diesem Grund wurde in unserer Analyse zusätzlich erfasst, ob und inwiefern in der Auslandsnachricht konkrete Angaben gemacht wurden zu tatsächlichen oder potentiellen Auswirkungen des Ereignisses.

Im Untersuchungszeitraum wird innerhalb der Auslandsberichterstattung in den vier Sendungen insgesamt häufiger auf vergangene Ereignisse Bezug genommen (68 %) als auf die zu erwartende Zukunft (53 %) (vgl. Tab. 3.25).

3.3 Inhalte von Auslandsnachrichten

Tab. 3.25 Verweise auf zurückliegende Begebenheiten in den Auslandsnachrichten (%)

Verweise	Tagesschau	heute	RTL Aktuell	Sat.1 Nachrichten
	$n=154$	$n=171$	$n=187$	$n=108$
Gleicher Tag	34	27	33	36
Vortag	10	13	9	10
Vorherige Woche	10	10	6	6
Vorheriger Monat	6	2	5	3
Vorheriges Jahr	7	9	10	10
Über ein Jahr zurückliegend	14	18	27	19
Unspezifischer Verweis auf die Vergangenheit	18	20	10	16
Gesamt	99	99	100	100

Signifikanztest: n.s. Von 100 % abweichende Gesamtwerte entstehen durch Rundungsfehler.

Dies zeigt, dass die Nachrichtenredaktionen häufiger die Vorgeschichte von aktuellen Ereignissen und Tatsachen ansprechen und sie in Bezug zu vergangenen Begebenheiten setzen als absehbare und zukünftige Entwicklungen zu beschreiben.

Nach Tab. 3.25 stammt im Durchschnitt ein Drittel der Meldungen vom gleichen Tag ohne einen Bezug zur Vergangenheit herzustellen, ein weiteres Zehntel der Meldungen bezieht sich auf Begebenheiten vom Vortag. Beide Merkmale charakterisieren aktuelle Nachrichten ohne größeren Vergangenheitsbezug. Im weiteren Vergleich fällt auf, dass die Sendungen in jeder fünften Meldung auf Ereignisse hinweisen, die über ein Jahr zurückliegen. Verweise in die nahe Vergangenheit, also auf Geschehnisse, die nicht länger als eine Woche zurückliegen sind hingegen in maximal jeder zehnten Auslandsnachricht zu finden – und dies auch nur bei den öffentlich-rechtlichen Sendern. Speziell der Bezug auf die vorherige Woche oder auch den vorherigen Monat lässt auf eine kontinuierliche Berichterstattung schließen. Diese findet sich am ehesten noch bei der *Tagesschau*, wo sich zehn Prozent der Nachrichten auf die vergangene Woche beziehen und immerhin noch sechs Prozent einen Bezug zu Geschehen im vergangenen Monat herstellen. Bei RTL und Sat.1 finden sich in den Nachrichtensendungen hingegen häufiger Verweise auf Ereignisse, die ein Jahr oder länger zurückliegen.

Auch bei der Berichterstattung zu zukünftigen Entwicklungen lassen sich Unterschiede zwischen den Sendern erkennen (vgl. Tab. 3.26).

Die wenigsten Hinweise auf die nahe oder ferne Zukunft bekommen die Zuschauer der *Sat.1 Nachrichten* (44 %). Am häufigsten weist die *Tagesschau* auf zu erwartende Entwicklungen hin (60 %). Allen Sendern ist gemein, dass vor allem

Tab. 3.26 Verweise auf zukünftige Begebenheiten in den Auslandsnachrichten (%)

Verweise	Tagesschau	heute	RTL Aktuell	Sat.1 Nachrichten
	$n=154$	$n=171$	$n=187$	$n=108$
Gleicher Tag	40	49	47	56
Folgetag	7	4	6	4
Kommende Woche	10	6	8	5
Kommender Monat	1	3	4	5
Kommendes Jahr	7	9	9	8
Über ein Jahr in der Zukunft	2	3	5	2
Unspezifisch Verweis auf die Zukunft	30	23	21	21
Gesamt	97	97	100	101

Signifikanztest: n.s. Von 100 % abweichende Gesamtwerte entstehen durch Rundungsfehler.

unspezifische Hinweise auf die Zukunft gegeben werden, ohne einen konkreten Zeitrahmen zu nennen. Auch hier findet sich der höchste Wert mit 30 % bei der *Tagesschau*. Die Zuschauer der Hauptnachrichten der ARD erfahren somit am häufigsten etwas von der Einbindung der Ereignisse in zeitliche Abläufe. Sowohl vorhergehende Geschehnisse – insbesondere solche, die in der nahen Vergangenheit liegen – als auch zu erwartende Folgen in der Zukunft werden dem Zuschauer hier häufiger präsentiert als in den anderen Sendungen. Verweise in die Vergangenheit und Zukunft sind darüber hinaus signifikant häufiger in der Politikberichterstattung und bei Beiträgen zu politiknahen Themen (z. B. Demonstrationen) zu finden als bei unpolitischen Themen (Unfälle, Human interest, etc.). Dies ist insofern verständlich, als dass zusätzliche Hinweise auf zurückliegende oder kommende Ereignisse weitere Sekunden Sendezeit kosten, die in Fernsehnachrichten bekanntlich knapp bemessen ist. Diese „Investition" wird von den Redaktionen somit vor allem bei gesellschaftlich bedeutsamen Themen vorgenommen.

Bei der Mehrheit der Auslandsnachrichten in den Hauptnachrichtensendungen des deutschen Fernsehens ist eine Stadt oder eine Gemeinde der Ereignisort (vgl. Tab. 3.27). Bei der *Tagesschau* können 54 % der Auslandsnachrichten einer Stadt zugeordnet werden, bei *Sat.1 Nachrichten* sind es sogar 66 Prozent. Dies ist nicht überraschend, da Ereignisse sich in der Regel an einem ganz bestimmten Ort abspielen und nicht unbedingt auf ein größeres geografisches Gebiet ausstrahlen.

Tab. 3.27 Geografische Bezüge der Ereignisse in den Auslandsnachrichten (%)

Geografische Bezüge	Tagesschau	heute	RTL Aktuell	Sat.1 Nachrichten
	n = 154	n = 171	n = 187	n = 108
Stadt	54	65	63	66
Region	14	11	9	19
Land	21	18	18	10
Weltregion	5	1	7	2
Weltweit	7	5	4	4
Gesamt	101	100	101	101

Signifikanztest: n.s. Von 100 % abweichende Gesamtwerte entstehen durch Rundungsfehler.

Bei den Vorwahlen in den USA wurde im Frühjahr 2008 jedoch häufig vom Wahlkampf und den Wahlergebnissen innerhalb ganzer Landesteile berichtet, was einen guten Teil der Auslandsnachrichten mit regionalen und landesweiten Bezügen erklärt. Auf Landesebene spielten zudem noch Streiks und Ereignisse aus dem Bereich Wirtschaft eine Rolle. Ereignisse, die eine ganze Weltregion betreffen sind in erster Linie internationale Konflikte und Kriege (im Untersuchungszeitraum z. B. der israelisch-palästinensische Konflikt) sowie internationale Bemühungen, diese Konflikte zu lösen. Der überraschend hohe Anteil an Nachrichten zu Ereignissen, die über die ganze Welt hinausreichen ist vor allem auf Meldungen aus dem Bereich Wissenschaft, genauer aus dem Bereich der Raumfahrt, zurückzuführen. Im Untersuchungszeitraum unterstützte ein deutscher Astronaut die Mannschaft der ISS – hierüber wurde in den Medien vermehrt berichtet. Der Ereignisort ist bei diesen Meldungen international.

Wie Tab. 3.28 zeigt, werden in den Auslandsnachrichten überwiegend keine konkreten Angaben zur potentiellen Bedeutung der Ereignisse gemacht (59 % bis 71 %). Am häufigsten trifft die *Tagesschau* solche Aussagen, während *heute* am seltensten Hinweise auf Bedeutung und Auswirkungen der Ereignisse gibt. Die berichteten Auswirkungen betreffen vor allem ganze Länder (Durchschnitt: 15 % der Nachrichten) oder Weltregionen (9 %), weniger die ganze Welt (6 %). Noch seltener kommen Auswirkungen auf einzelne Regionen (4 %) oder gar Städte zur Sprache. Die berichteten (potentiellen) Auswirkungen sind somit im Durchschnitt weitreichender als die geografischen Bezüge der Ereignisse.

3.4 Präsentation von Auslandsnachrichten

Das Fernsehen ist ein audio-visuelles Massenmedium, das seine Botschaften über zwei Wahrnehmungskanäle und mittels verschiedener Zeichensysteme verbreitet. Dies gilt für alle Programminhalte, auch für Nachrichten. Dafür hat sich inzwi-

Tab. 3.28 Tragweite und mögliche Auswirkungen der Ereignisse in den Auslandsnachrichten (%)

Tragweite und mögliche Auswirkungen	Tagesschau	heute	RTL Aktuell	Sat.1 Nachrichten
	$n=154$	$n=171$	$n=187$	$n=108$
Stadt	1	4	1	1
Region	5	3	3	2
Land	14	12	15	19
Weltregion	15	5	11	5
Weltweit	5	6	5	9
Keine explizite Nennung	59	71	66	64
Gesamt	99	101	101	100

Signifikanztest: n.s. Von 100 % abweichende Gesamtwerte entstehen durch Rundungsfehler.

schen der Begriff der „multimodalen" Informationsvermittlung eingebürgert. „In diesem Sinne bildet der Begriff eine kommunikative Praxis ab, die darin besteht, unterschiedliche semiotische Ressourcen zu verbinden, wie das durch neue Produktionstechniken und vor allem durch die Technik der Digitalisierung möglich geworden ist." (Bucher 2010, S. 43)

In der bisherigen Fernsehnachrichtenforschung in Deutschland sind die Präsentationsformen nur gelegentlich untersucht worden. In manchen Studien, die sich auf die inhaltliche Seite konzentrierten, blieben sie ganz ausgeblendet (vgl. Schatz et al. 1981; Maurer 2005). In anderen Fällen sind formale Aspekte nur exemplarisch oder sehr grob mit erfasst worden (vgl. Weiß und Trebbe 1994; Maier 2003). Püschel (1992) beschäftigte sich mit den verbalen Textsorten und konstatierte, im Fernsehen sei an die Stelle des klassischen Pyramidenprinzips ein Clusterprinzip getreten. Damit ist gemeint, dass ein Thema aus wechselnden Perspektiven behandelt wird. Im Fernsehen seien Mischsorten entstanden und eine Proportionierung der Information in „Häppchen" üblich geworden. Bruns und Marcinkowski (1997) haben die Sprache der Fernsehnachrichten und filmsprachliche Mittel in ihre Untersuchung einbezogen. Naheliegend war, den Blick vor allem auf das Text-/Bild-Verhältnis zu lenken. Das Darbietungsspektrum veränderte sich vor allem durch die privaten Anbieter, wie in mehreren Untersuchungen festgestellt wurde (vgl. Krüger 1985; Dehm und Klingler 1985; Ludes 1993). Differenziert hat schließlich Kamps (1999) Präsentationstypen und Formen der visuellen Symbolisierung in deutschen sowie in amerikanischen und britischen Fernsehnachrichten miteinander verglichen.

3.4 Präsentation von Auslandsnachrichten

Nur selten waren Untersuchungen ausschließlich den Präsentationsformen gewidmet. Dies gilt vor allem für die Studie von Wix (1996). Er hat 112 Sendungen von ARD, ZDF, RTL und Sat.1 im Oktober 1989 (eine Woche) und im Oktober 1994 (drei Wochen) einer formalen Inhaltsanalyse unterzogen. Wie er feststellte, bot die *Tagesschau* „dem Zuschauer den geringsten Augenkitzel" (ebd., 1996, S. 98), während *heute* „am stärksten visuell ausgerichtet [war], sie bietet dem Zuschauer insbesondere durch eine Vielfalt an Kamerapositionen eine große Abwechslung und baut auf größere Nähe zum Zuschauer auf." (ebd., 1996, S. 99) RTL stellte hingegen „in vielen Punkten den Gegensatz zur ‚Tagesschau' dar [...], betreibt die deutlichste Personalisierung [...] Desweiteren besitzt die Sendung den mit Abstand größten ‚Augenkitzel' und damit verbunden auch die höchste Dynamik." (ebd., 1996, S. 100) Das seinerzeitige Newsmagazin von Sat.1 „präsentierte sich als optisch abwechslungsreiche Sendung" und „verfolgt[e] insbesondere im Vergleich zum ZDF eine stärkere Personalisierung durch Anwendung des Anchormanprinzips." (ebd., 1996, S. 100) Zum Teil noch detaillierter haben Beuler und Wilke (1998) das Zustandekommen und die „visuelle Grammatik" der *heute*-Sendung des ZDF analysiert, u. a. die Verwendung von Einstellungen, Fotos, Karten und Logos.

Ziel der internationalen Studie, deren (erweiterter) deutscher Teil in diesem Buch dargestellt wird, war es, Fernsehnachrichtensendungen in verschiedenen Ländern auch hinsichtlich ihrer Darstellungsmittel und Präsentationsformen zu vergleichen. Auch das ist bisher nur selten geschehen (vgl. z. B. Heinderycks 1993). Das Codebuch der Inhaltsanalyse unserer Studie enthielt zahlreiche Kategorien, mit denen das Vorkommen formaler Elemente ermittelt werden sollte. Darauf basierend kann im Folgenden für das Jahr 2008 ein Vergleich der Darbietungsformen der vier deutschen Hauptnachrichtensendungen angestellt werden.

3.4.1 Nachrichtensprecher, „Anchormen" und Reporter

In ihren Anfängen hatte die *Tagesschau* noch ausschließlich aus Filmberichten bestanden. Am 2. März 1959 verlas dann ein Sprecher in der *Tagesschau* erstmals Wortmeldungen. „Die filmdominante Nachrichtensendung der 50er Jahre", so Manfred Muckenhaupt, „ist zu einer wortdominanten geworden, die sich am Nachrichtenverständnis des Hörfunks und der Tageszeitung orientiert." (2000, S. 42) Die Wortmeldungen waren zunächst in einem geschlossenen fünfminütigen Block zu Beginn der Sendung platziert (vgl. Ludes 2001, S. 100). Damit machte man gewissermaßen den Sprecher sichtbar, der im Radio (verborgen) die Nachrichten zu Gehör bringt. So bildete sich das Grundformat der Fernsehnachrichtensendung in Deutschland heraus. In den USA hatte man zuvor schon die Figur des Anchorman

Tab. 3.29 Nachrichtensprecher/Moderatoren in Fernsehnachrichtensendungen (%)

Der Nachrichtensprecher/ Moderator ist	Zu sehen und zu hören[a]	Nur zu hören[b]	Nicht zu sehen oder zu hören	Gesamt
Tagesschau ($n=154$)	74	–	25	99
heute ($n=171$)	97	2	2	101
RTL Aktuell ($n=187$)	58	–	42	100
Sat.1 Nachrichten ($n=284$)	91	–	9	100

Signifikanztest: $p \leq 0{,}01$; Cramers $V = 0{,}257$
[a] Der Nachrichtensprecher/Moderator trägt den Bericht vor und ist dabei zu sehen bzw. ist teilweise zu sehen und anschließend ist sein Voice Over zu hören.
[b] Das Voice Over des Nachrichtensprecher/Moderator ist zu hören, er ist nicht im Bild zu sehen. Von 100 % abweichende Gesamtwerte entstehen durch Rundungsfehler.

kreiert, Redakteure im Fernsehstudio, die durch die Nachrichtensendung führen, Verbindungen zu Berichterstattern vor Ort herstellen oder Stellungnahmen von Interviewpartnern erfragen. Das ZDF führte 1963 in seiner *heute*-Sendung auch in Deutschland den Studioredakteur ein (vgl. Ludes 1994, S. 24 f.). Diesem Modell folgten dann die privaten Anbieter seit den 1980er Jahren.

Im Grundtypus sind sich die vier deutschen Hauptnachrichtensendungen nach wie vor ähnlich. Die Sendung wird sekundengenau zur jeweiligen Sendezeit mit einem Vorspann eingeführt. Dann erscheint der Nachrichtensprecher oder Moderator auf dem Bildschirm, begrüßt die Zuschauer und beginnt (in der Regel) mit der ersten Nachricht. Trotz dieser Ähnlichkeit gibt es, wenn man genau hinsieht (und hinhört) aber gewisse Unterschiede (vgl. Tab. 3.29).

So wie die Auslandsnachrichten in den Fernsehsendungen im Frühjahr 2008 präsentiert wurden, besaßen die Nachrichtensprecher in *heute* und in den *Sat.1 Nachrichten* die größte Präsenz. In mehr als neun Zehntel der Beiträge waren sie zu sehen und zu hören. Die geringste Präsenz, nämlich nur in drei Fünftel der Beiträge, hatten sie in *RTL Aktuell*. Das heißt, dass hier der größte Anteil von Beiträgen, zumal Filmberichte, ohne Nachrichtensprecher und Moderator auskamen. Die *Tagesschau* lag dazwischen: Bei drei Viertel der Beiträge war der Nachrichtensprecher zu sehen und zu hören, bei einem Fünftel nicht. Hierbei gibt es auch kaum Unterschiede zwischen Auslands- und Inlandsnachrichten.

Einen zweiten Moderator im Studio gibt es in der *heute*-Sendung und bei *RTL Aktuell*. Sie sind für die Sportnachrichten zuständig. Die *Tagesschau* kennt diese Funktionsteilung nicht. Andere Aktionsformen kommen in den Nachrichtenstudios nicht oder höchst selten vor, beispielsweise dass der Moderator einen Reporter oder auch einen Nicht-Reporter (Augenzeuge, Experte) im Studio interviewt. Während solcher Sendungen können Reporter im „stand up" auftreten.

3.4.2 Visuelles Material und Bildquellen

Fernsehnachrichten sind mit die wichtigsten Quellen für das aktuelle In- und Auslandsgeschehen (vgl. Muckenhaupt 2000). Einer der Gründe hierfür ist die hohe Glaubwürdigkeit, die dem Fernsehen noch vor der Presse und dem Hörfunk attestiert wird (vgl. Ridder und Engel 2010). Dieser Glaubwürdigkeitsvorsprung wird bislang u. a. anthropologisch durch „immer neue Versionen der ‚seeing is believing'-These" erklärt (vgl. Halff 1998, S. 129). Es ist also vor allem das visuelle Material, das den Auslandsnachrichten im Fernsehen ihre Glaubwürdigkeit verleiht.

Nicht ersichtlich für die Zuschauer ist häufig, aus welchen Quellen dieses visuelle Material stammt. Grundsätzlich kann zwischen eigenproduziertem und fremdproduziertem Material unterschieden werden. Beim eigenproduzierten Material können die Fernsehsender auf die eigenen Reporter und Kameraleute zurückgreifen. Dank der Rundfunkgebühren besitzt die *ARD heute* mit rund 100 Korrespondenten an 30 Orten eines der weltweit größten Berichterstattungsnetze für Hörfunk und Fernsehen. Das ZDF verfügt über 17 Auslandsstudios. InfoNetwork, die für die Produktion der News- und Magazinformate zuständige RTL-Tochter, gibt international inzwischen schon 16 Standorte von Büros an (vgl. www.infonetwork. de). Sat.1 hat nur wenige eigene Auslandskorrespondenten, partizipiert aber an Anbietern wie dem Wirtschafts- und Finanznachrichtensender CNBC Europe eins. Die Korrespondenten sind in ihrem Gebiet z. T. für mehrere Länder oder ganze Kontinente zuständig. Bei unvermittelt eintretenden Ereignissen müssen deshalb sogar die öffentlich-rechtlichen Rundfunkanstalten regelmäßig auf Material von externen Anbietern zurückgreifen.

Das fremdproduzierte Bildmaterial stammt wiederum aus verschiedenen Quellen: von den großen, international agierenden Videoagenturen (APTV, Reuters TV) oder direkt von Fernsehsendern anderer Länder. Solche Agenturen entstanden in den 1950er Jahren, wurden dann immer wichtiger und wiederholt auch umorganisiert (vgl. Baecker 1998; Paterson 2011). Die Zulieferung des Agenturmaterials bei ARD und ZDF läuft in erster Linie über den Eurovision News Exchange (vgl. EVN. www.eurovision.ne/news/exchange.php), eine Einrichtung der European Broadcasting Union (EBU) (vgl. Kalisch und Wilke 1993; Cohen et al. 1996). Nachdem die privaten Fernsehanbieter anfänglich auch am EVN partizipieren durften, haben sie inzwischen ein eigenes Austauschnetz für Videonachrichten aufgebaut, den European News Exchange (vgl. ENEX, www.enex.lu).

In unserer Inhaltsanalyse haben wir versucht, die Herkunft des visuellen Materials der Fernsehnachrichten zu bestimmen bzw. deren Erkennbarkeit festzustellen. Das ist mit Schwierigkeiten verbunden, weil (anders als es vielfach bei den Nach-

Tab. 3.30 Zuvor aufgezeichnetes Videomaterial vom Ereignisort (%)

	Tagesschau	heute	RTL Aktuell	Sat1. Nachrichten
	n = 154	n = 171	n = 187	n = 108
Ja	64	64	75	81
Nein/nicht entscheidbar	36	36	25	19
Gesamt	100	100	100	100

Basis: Auslandsnachrichten ($n = 620$). Signifikanztest: $p \leq 0{,}01$; Cramer's V = 0,147

richten in der Tagespresse geschieht) in den Fernsehnachrichten die Quellen oft nicht angegeben werden.

Zunächst ist festzustellen, dass es sich bei dem visuellen Material, das in den deutschen Fernsehnachrichtensendungen gezeigt wird, überwiegend um vorher aufgezeichnetes Material von den Ereignisorten handelt (vgl. Tab. 3.30).

Soweit das von außen überhaupt zu erkennen und zu entscheiden ist, verwenden die öffentlich-rechtlichen Anstalten in zwei Drittel der Beiträge vorher gedrehtes Videomaterial. Die privaten Sender tun das allem Anschein nach etwas mehr, und zwar in drei Viertel (*RTL Aktuell*) bis vier Fünftel (*Sat.1 Nachrichten*) der Beiträge. Vermutlich hängt dies mit der stärkeren Abhängigkeit von Videonachrichtenagenturen zusammen. Liveberichte vom Ereignisort brachten 2008 allenfalls ARD und ZDF, dies aber auch nur selten.

Die nächste Frage lautet: Wie häufig wird es dem Zuschauer gestattet zu erkennen, dass es sich bei dem Gezeigten um fremdbeschafftes Bildmaterial handelt, also solches von ausländischen Sendern, von anderen (deutschen) Sendern oder von Nachrichtenagenturen? Die Antwort lautet: nicht oft. Von den drei Quellen kann in erster Linie das Bildmaterial von ausländischen Sendern erkannt werden. Schon wegen der wenigen Fälle sind die Befunde allerdings nicht signifikant.

Wie sich zeigt, wird das Material der Videonachrichtenagenturen in den deutschen Fernsehnachrichten so gut wie nie identifiziert. Dem Eindruck, es handle sich um eigenes Material wird zumindest nicht durch entsprechende Kennzeichnungen vorgebaut. Der Zuschauer mag allenfalls darauf schließen können, wenn er die gleichen Bilder in verschiedenen Nachrichtensendungen zu sehen bekommt. In den untersuchten Sendungen enthält immerhin im Durchschnitt jeder zehnte Beitrag einen Hinweis auf Material von einem Sender eines anderen Landes. Dazu zählen auch Beiträge, bei denen ersichtlich ist, dass ein Senderlogo entfernt wurde. Am häufigsten lässt sich das fremde Material bei den privaten Sendern erkennen (vgl. Tab. 3.31). *Sat.1 Nachrichten* weist im Vergleich zur *Tagesschau* oder *heute* beinahe doppelt so viel Bildmaterial von ausländischen Sendern aus. Material von

3.4 Präsentation von Auslandsnachrichten

Tab. 3.31 Quellen fremdbeschafften Videomaterials in den Auslandsnachrichten (%)

	Tagesschau	heute	RTL Aktuell	Sat.1 Nachrichten
	$n=154$	$n=171$	$n=187$	$n=108$
Auslandssender	7	6	11	13
Deutscher Sender	–	–	1	2
Nachrichtenagentur	–	–	1	–

Signifikanztest: n.s.

anderen deutschen Sendern oder Nachrichtenagenturen wird von den Redaktionen entweder so gut wie nie genutzt oder es wird einfach nicht kenntlich gemacht. Gerade bei Material von Nachrichtenagenturen ist dies ohne weiteres möglich, da es nicht im Vorhinein mit einem Agenturzeichen oder ähnlichem versehen ist. Die Ergebnisse in Tab. 3.31 weichen allerdings gravierend von früheren Befunden über den tatsächlichen Anteil von Fremdmaterial in Auslandsnachrichten ab. So kamen Kalisch und Wilke Anfang der 1990er Jahre durch einen Abgleich zwischen dem Nachrichtenagenturmaterial des Eurovision News Exchange (EVN) und den Hauptnachrichtensendungen von ARD, ZDF, RTL und Sat.1 zu dem Schluss, dass bei *RTL Aktuell* in vier Fünftel der Auslandsbeiträge Agenturmaterial gesendet wurde (1993, S. 280). Bei Sat.1 beruhten knapp zwei Drittel der Nachrichten auf Agenturbildern, bei der *Tagesschau* waren es 56 % und der geringste Einsatz von solchem Material war beim ZDF (in 48 % der Beiträge) zu verzeichnen (ebd.). Diese Werte bezogen sich nur auf das Material, das Nachrichtenagenturen in den EVN einspeisten. Unerkennbar blieb der Anteil von Fremdmaterial, das andere EBU-Mitglieder, also andere Fernsehsender, durch den EVN zur Verfügung stellten und das von den deutschen Redaktionen eingesetzt wurde. Auch wenn die Untersuchung von Kalisch und Wilke fast zwei Jahrzehnte zurück liegt, ist es unwahrscheinlich, dass der Anteil des verwendeten Fremdmaterials auf die in unserem Untersuchungszeitraum gefundene Menge geschrumpft ist. Insgesamt halten es die Fernsehsender nach wie vor offenbar nicht für notwendig, ihre Nachrichtenquellen dem Publikum offenzulegen (vgl. Stirnberg 1998). Ein möglicher Grund für dieses Verhalten könnte darin liegen, dass das visuelle Material aus Quellen stammt, die dem Verbraucher unbekannt sind (vgl. ebd., 150). Vielleicht wird auch befürchtet, dass bei Offenlegung die Eigenleistung des Senders und die Glaubwürdigkeit des Nachrichtenangebots bei den Zuschauern beeinträchtigt würden.

Tab. 3.32 Einsatz von Illustrationsformen in Auslandsnachrichten (%)

	Tagesschau	heute	RTL Aktuell	Sat.1 Nachrichten	Gesamt
	$n=154$	$n=171$	$n=187$	$n=108$	$n=620$
Tabellen/Schaubilder[a]	5	2	5	5	4
Fotos (Standbilder)*	49	71	47	67	58
Grafische Bilder**	–	26	29	57	26
Gedruckter Text***	6	2	14	5	7
Landkarten[†]	27	10	12	13	15
Flaggen, Embleme[††]	29	42	18	25	28
Firmenlogo[†††]	14	20	13	25	17
Durchschnitt	19	25	20	28	22

Signifikanztests: [a] n.s.
*$p \leq 0{,}001$, Cramer's $V = 0{,}221$; **$p \leq 0{,}001$, Cramer's $V = 0{,}417$; ***$p \leq 0{,}00$; Cramer's $V = 0{,}197$; [†] $p \leq 0{,}001$, Cramer's $V = 0{,}186$; [††] $p \leq 0{,}001$; Cramer's $V = 0{,}204$, [†††] $p \leq 0{,}05$; Cramer's $V = 0{,}120$

3.4.3 Statische Illustrationsformen

In Fernsehnachrichten können verschiedene Formen zur visuellen Illustration der journalistischen Darstellungsformen (Bericht, redaktionelle Meldung, Schaltgespräch usw.) verwendet werden. Sie werden auch als „Hintersetzer" bezeichnet, weil sie im Hintergrund des Bildschirms eingeblendet werden (vgl. Müller 2011). Sie können dokumentarischen Charakter haben, dienen aber auch anderen kommunikativen Handlungen (z. B. Zeigen, Appellieren). Ein wesentlicher Teil der Produktion der Fernsehnachrichten besteht daraus, diese Illustrationsformen zu (be)schaffen, auszuwählen, zu bearbeiten und mit den gesprochenen Texten zusammenzuführen (vgl. Wilke und Beuler 1998; Müller 2011). Das Vorkommen von sieben solcher Illustrationsformen wurde in der Inhaltsanalyse erfasst. Wie sich zeigt, machen die vier Nachrichtensendungen davon unterschiedlichen Gebrauch (Tab. 3.32).

Von den sieben möglichen Illustrationsformen, deren Vorkommen überprüft wurde, sind Tabellen und Schaubilder am seltensten. Dies dürfte damit zu erklären sein, dass sie der Wiedergabe von Zahlen dienen, solche aber in größerem Umfang für überwiegend politische Fernsehnachrichten nicht geeignet sind (allenfalls für Wirtschafts- und Finanzmeldungen). Recht selten wird auch gedruckter Text ein-

3.4 Präsentation von Auslandsnachrichten

geblendet. Am meisten macht davon noch das ZDF Gebrauch.[5] Die häufigste Illustrationsform sind Fotos (Standbilder), die in dem audio-visuellen Medium zumeist zur Illustration von Wortnachrichten verwendet werden. Dabei handelt es sich zumeist um Porträts und dokumentarische Fotos oder um so genannte „Typicals", die einen Meldungsinhalt stellvertretend oder sinnbildlich wiedergeben. Grafische Bilder sind eigens zur Visualisierung konkreter oder abstrakter Sachverhalte geschaffene anschauliche Darstellungen, beispielsweise Bildmetaphern. Sie können auch als Ersatz dienen, wenn keine Fotos oder Bewegtbilder vorliegen und verfügbar sind. Solche grafischen Bilder kommen häufig (zu rund drei Fünftel) in den *Sat.1 Nachrichten* vor. *heute* und *RTL Aktuell* verwenden solche Bilder in jedem vierten Beitrag. Weitgehend verzichtet wird darauf bisher in der *Tagesschau*.

Weitere Mittel zur Illustration sind Landkarten, Flaggen und Embleme sowie Firmenlogos. Mit Landkarten kann den Zuschauern gezeigt werden, wo sich bestimmte Ereignisse und Vorgänge abgespielt haben oder abspielen. Dadurch können diese sich geografische Vorstellungen machen und „mental maps" entwickeln. Am häufigsten wird dieses Mittel in der *Tagesschau* eingesetzt, und zwar in jedem vierten Beitrag. In den anderen drei Nachrichtensendungen geschieht dies seltener, und zwar nur in jedem zehnten Beitrag. Flaggen und Embleme können als visuelle Hilfsmittel zur Benennung von Ländern und Staaten oder von Organisationen dienen. Sie haben aber auch eine stark symbolische Bedeutung. Deshalb werden Flaggen vor allem bei politischen Ereignissen und Sportveranstaltungen gezeigt. Flaggen findet man besonders häufig in den *heute*-Nachrichten des ZDF (zwei Fünftel), seltener in der *Tagesschau* (knapp ein Drittel) und in den *Sat.1 Nachrichten* (ein Viertel). Vergleichsweise wenig finden sich Flaggen bei *RTL Aktuell* (knapp ein Fünftel).

Organisationen und Firmen besitzen heutzutage zusätzlich zu ihrem Namen oft auch ein Logo, ein Zeichen, das für sie und ihre Corporate Identity steht und an dem sie erkannt werden können. Solche Logos haben eine stellvertretende Funktion und nicht nur den Vorteil der Verdichtung und Kürze, sondern sie besitzen ebenfalls eine Symbolkraft. Dies sind auch Gründe, warum man auf sie in Fernsehnachrichten zurückgreift. Allerdings gibt es derartige Logos, zumal solche, die allgemein bekannt sind, nur in begrenztem Maße. Deshalb überrascht es nicht, dass sie in den deutschen Fernsehnachrichtensendungen seltener verwendet werden als Flaggen.

---

[5] Aus gedrucktem Text bestehen in Fernsehnachrichtensendungen auch Schlagzeilen, die zu Beginn das Wichtigste anzeigen. Das ZDF und die privaten Sender setzen solche Schlagzeilen vorweg ein, die Tagesschau tut das bisher nicht.

Die deutschen Fernsehnachrichten machen von den Illustrationsformen unterschiedlich häufig und in unterschiedlichen Mischungsverhältnissen Gebrauch. Summiert man die in den vier Sendungen verwendeten Illustrationsformen und bildet den jeweiligen Durchschnittswert, so erhält man einen Indikator für die unterschiedliche Intensität ihres Einsatzes bzw. für unterschiedliche Illustrationsstile. Am sparsamsten werden sie bei den Auslandsnachrichten in der *Tagesschau* eingesetzt (19 %), überraschenderweise aber nicht häufiger in *RTL Aktuell* (20 %). Deutlich mehr werden die Illustrationsformen in der *heute*-Sendung verwendet (25 %), am meisten jedoch in den *Sat.1 Nachrichten* (28 %). Die *Tagesschau* hat nach wie vor eine vergleichsweise konservative und nüchterne Aufmachung, die Illustration werden eher didaktisch eingesetzt und enthalten Zusatzinformationen. Grafische Bilder kamen zumindest in unserem Untersuchungszeitraum nicht vor. Für *RTL Aktuell* ist eher eine Vermischung der Illustrationsformen typisch, deren Einzelelemente assoziativ aufeinander verweisen. Deutlich anders verfährt die *heute*-Redaktion. Sie setzt nicht nur grafische Bilder, sondern auch mehr Fotos (und mehr Flaggen und Embleme) als die *Tagesschau* ein (lediglich weniger Landkarten). Den visuell aufwändigsten Charakter haben jedoch die *Sat.1 Nachrichten*, vor allem durch viele Fotos und den höchsten Einsatz an grafischen Bildern.

Wird von diesen Illustrationsformen in Auslandsnachrichten anders Gebrauch gemacht als in Inlandsnachrichten? Eine Antwort auf diese Frage gibt Tab. 3.33.

Im Durchschnitt werden vier der Illustrationsformen stärker in Inlandsnachrichten eingesetzt, zwei stärker in Auslandsnachrichten und bei einer gibt es keinen Unterschied. Zu den ersteren gehören Tabellen und Schaubilder, grafische Bilder, gedruckter Text sowie Firmenlogos. In Inlandsnachrichten werden offenbar eher Zahlen präsentiert und visuell umgesetzt. Vor allem aber gibt es weit mehr (bekannte) Logos von Firmen in Deutschland als aus anderen Ländern. Dagegen werden Landkarten in Auslandsnachrichten doppelt so häufig verwendet wie in Inlandsnachrichten. Bei ihnen besteht ein größerer Bedarf der geografischen Lokalisierung des berichteten Geschehens. Und es überrascht nicht, dass auch Flaggen und Embleme eher im Zusammenhang mit Auslandsnachrichten Verwendung finden als mit Inlandsnachrichten. Im Durchschnitt gibt es Unterschiede in der visuellen Aufmachung von Auslands- und Inlandsnachrichten in der *Tagesschau* und bei *RTL Aktuell*, kaum jedoch in *heute* und in den *Sat.1 Nachrichten*. Tendenziell werden die untersuchten Illustrationsformen etwas mehr in den Inlands- als in den Auslandsnachrichten eingesetzt.

Betrachtet man die einzelnen Fernsehnachrichtensendungen für sich genommen, zeigen sich beim Vergleich von Auslands- und Inlandsnachrichten manche Unterschiede. Am geringsten ist die Varianz bei den *Sat.1 Nachrichten*. Hier unterscheiden sich die beiden Arten von Nachrichtentypen hinsichtlich der Illustra-

Tab. 3.33 Einsatz von Illustrationsformen in Auslands- und Inlandsnachrichten (%)

	Tagesschau		Heute		RTL Aktuell		Sat.1 Nachrichten		Gesamt	
	A	I	A	I	A	I	A	I	A	I
	n=154	n=181	n=171	n=207	n=187	n=220	n=108	n=176	n=620	n=784
Tabellen/Schaubilder	5	11	2	15	5	13	5	15	4	13
Standbilder	49	66	71	65	47	37	67	63	58	57
Grafische Bilder	–	5	26	30	29	48	57	55	26	35
Gedruckter Text	6	16	14	8	2	18	5	10	7	13
Landkarten	27	7	10	1	12	7	13	10	15	6
Flaggen und Embleme	29	10	42	16	18	10	25	14	28	12
Firmenlogo	14	43	13	47	20	31	25	42	17	40
Durchschnitt	19	23	25	26	19	23	28	30	22	25

tionsformen kaum. Deutlich weniger Standbilder bringen die *Tagesschau* und *RTL Aktuell* in den Auslandsnachrichten, mehr jedoch als die *heute*-Sendung des ZDF. Grafische Bilder und gedruckten Text setzt am häufigsten *RTL Aktuell* ein. Die *Tagesschau* verwendet mehr gedruckten Text bei Inlandsnachrichten, *heute* mehr bei Auslandsnachrichten. Von allen Sendungen zeigt die *Tagesschau* am häufigsten Landkarten, und zwar in gut jedem vierten Beitrag. In den anderen Sendungen ist das seltener der Fall, und zwar nur in (gut) jedem zehnten. Flaggen sind eine beliebte Illustrationsform der Auslandsnachrichten vor allem in der *heute*-Sendung, gefolgt von der *Tagesschau* und den *Sat.1 Nachrichten*. Vergleichsweise wenig findet man dergleichen bei *RTL Aktuell*. Unterdurchschnittlich häufig kommen Firmenlogos in den Auslandsnachrichten der öffentlich-rechtlichen Sender vor, leicht überdurchschnittlich bei den privaten.

Nicht unerwähnt bleiben soll, dass zwei der vier Fernsehsender die Aufmachung ihrer Hauptnachrichtensendungen in jüngerer Zeit (also nach Abschluss unserer Inhaltsanalyse) verändert haben. Das ZDF begann am 19. Juli 2009 aus einem neuen, 30 Millionen Euro teuren Studio auf dem Mainzer Lerchenberg zu senden und gab der *heute*-Sendung ein ganz neues Design, das von virtuellen Elementen bestimmt wird. Im Mittelpunkt steht ein langgezogener dreiarmiger Tisch (Balken), hinter dem die Präsentatoren hervortreten können, um Sachverhalte innerhalb eines dreidimensionalen Erklärraumes mit computeranimierten Grafiken zu erläutern. Die Projektionsfläche erstreckt sich aus der Sicht des Zuschauers über den gesamten Bildschirm und erreicht eine schier unbegrenzte virtuelle Tiefe. Trotzdem hält man in der *heute*-Sendung weiter an der bebilderten Sprechermeldung als traditionellem Kernelement fest. Insoweit hat sich gegenüber unserem Untersuchungszeitraum trotz des neuen Designs nichts Wesentliches geändert. Allerdings werden Hintersetzer-Bilder jetzt am rechten Bildrand im „Staffel-Look" angezeigt. Einen beträchtlichen Anteil grafischer Bilder gab es, wie wir gesehen haben, schon vorher.

Am 11. September 2010 nahm RTL (nach dem Umzug in die Messehallen in Köln-Deutz) ebenfalls ein neues Studio mit einem zentralen Newssystem in Betrieb. Die Sendung setzt jetzt mit einer Flugbewegung von Jerusalem über Rom und Paris ins neue Kölner Studio ein. Anchorperson und Sportmoderator(in) befinden sich hinter einem runden weißen Leuchttisch, sie werden aber nicht mehr dahinter, sondern seitlich daneben aufgenommen. Damit gibt es auch hier mehr Bewegung und Animation. Die Farboptik wurde aufgehellt. Am Grundkonzept der Nachrichtensendung hat aber auch dies nichts grundlegend geändert.

Wie bekannt wurde, wollte die ARD 2012 für ihre Nachrichtensendungen ebenfalls ein neues digitales Studio nutzen. Nach den Worten von Kai Gniffke, dem Chefredakteur des Ersten, soll „[d]as neue Studio...kein virtuelles, sondern ein reales werden mit einer großen Videowand und zwei Tischen für die beiden Nachrichtenformate, durch die nach wie vor ‚echte' Personen führen werden."[6] Technische Schwierigkeiten verhinderten jedoch, das digitale Studio so schnell in Betrieb zu nehmen wie beabsichtigt (FAZ v. 6.12.2012).

3.4.4 Dynamische Illustrationsformen: Indizien der Boulevardisierung?

Wie im vorherigen Teilkapitel gezeigt, finden statische Illustrationsformen wie Fotos, Schaubilder, eingeblendeter Text, Flaggen und Landkarten, etc. in den Hauptnachrichtensendungen von ARD, ZDF, RTL und Sat.1 unterschiedlich häufig Verwendung. Dabei kann nicht streng zwischen öffentlich-rechtlichen und privaten Sendern unterschieden werden. Vielmehr scheint jeder Sender seine eigene Präsentationsstrategie zu haben. Diese Illustrationsformen sind allerdings meist schon in den älteren Ausgaben der Sendungen zu finden und inzwischen fest etablierte Bestandteile der deutschen Nachrichtenpräsentation. Zudem dienen Fotos, Schaubilder oder Flaggen meistens einer besseren Informationsvermittlung. Daraus folgt, dass obwohl diese visuellen Präsentationsmittel auch eine leichtere und abwechslungsreichere Sendungsgestaltung gewährleisten, sie zum heutigen Zeitpunkt nur unzureichend als boulevardeske Darstellungsmittel und somit als Indikatoren für Sensationalismus gelten können.

Im Allgemeinen sind die Übergänge zwischen Sensationalismus, Boulevardformat, Boulevardisierung und Infotainment fließend. Diese Schlagworte werden in der Literatur oft gleichgesetzt und bezeichnen größtenteils das gleiche Phänomen (vgl. Donsbach und Büttner 2005; Dulinski 2003). Dulinski (2003, S. 93) stellt sogar fest, dass „Sensationalismusstrategien [...] weitestgehend deckungsgleich mit den Stilkomponenten des Boulevardformats [...]" sind.[7] Gemeinsam ist den Begriffen, dass sie sowohl auf inhaltlicher wie formaler Ebene definiert werden. Auf inhalt-

---

[6] Abgerufen von http://www.focus.de/digital/computer/medien-und132tagesschauund147-als-app-neues-studio-2012_aid_464944.html

[7] Boulevardisierung bezieht sich dabei meist auf Nachrichtenangebote und beschreibt eine zeitliche Entwicklung, in der eine „Anpassung an boulevardeske Inhalte" zu beobachten ist (Dulinski 2003, 232). Speziell mit Blick auf die öffentlich-rechtlichen Nachrichtenangebote wird Boulevardisierung auch als Annäherungsprozess an die privaten Sender verstanden (Donsbach und Büttner 2005). Infotainment thematisiert hingegen nicht zwangsläufig eine Entwicklung und kann neben Nachrichtenangeboten auch auf Unterhaltungsangebote mit einem gewissen Informationsgehalt angewendet werden (bspw. Reality TV). Für eine ausführlichere Definition der Begriffe sowie ihrer Unterschiede und Gemeinsamkeiten vgl. Bernhard & Scharf, 2007; Brants & Neijens, 1998; Bruck & Stocker, 1996; Donsbach & Büttner, 2005; Dulinski, 2003.

licher Ebene bedeuten sie, dass anstelle von politischen Informationen, unterhaltsame oder schockierende Themen aus dem Bereich ‚Human interest', Kriminalität oder Katastrophen ausgewählt werden (vgl. Brants und Neijens 1998; Bruck und Stocker 1996; Dulinski 2003; Slattery et al. 2001; vgl. auch Kap. 3.3.1). „Zum anderen können auch politische Informationen selbst durch den Einsatz spezifischer Gestaltungs- und Darstellungsmittel unterhaltsam aufbereitet werden" (Bernhard und Scharf 2007, S. 231). Da eine Überprüfung des „Sensationsgehalts" der analysierten Nachrichtensendungen kein explizites Ziel der vorliegenden Untersuchung war, wird an dieser Stelle nicht weiter auf die Inhalte eingegangen. Im Fokus des vorliegenden Kapitels stehen vielmehr boulevardeske Darstellungsmittel. Wobei deren Bedeutung bei der Informationsvermittlung nicht unterschätzt werden sollte. „The weakness of focusing on content and overlooking form becomes clear when one considers the potential for packaging sensational stories (e.g., crime) in a non-sensational style, and vice versa" (Grabe 2001, S. 639). Welche Darstellungsmittel als boulevardesk gelten, unterscheidet sich jedoch je nach untersuchtem Medium und dem Kulturkreis, da das Konzept kein zeit- und kulturunabhängiges Phänomen ist (vgl. Dulinski 2003, S. 253). In Deutschland wurde das Phänomen vor allem in der Presse untersucht. In Bezug auf Fernsehnachrichtensendungen stellt Grabe (2001, S. 638) fest: „Indeed, a search for literature turned up no systematic inquiries into the formal features of sensational television news".

Die in früheren Studien untersuchten Darstellungsmittel haben jedoch häufig eine Gemeinsamkeit: sie heben sich durch ihre visuelle Auffälligkeit und Dynamik hervor (vgl. Donsbach und Büttner 2005; Dulinski 2003). Für die vorliegende Analyse wurde der Schwerpunkt daher auf dynamische Effekte der Produktion und der digitalen Nachbearbeitung gelegt, die erst seit einigen Jahren Verwendung finden. Die untersuchten Illustrationsformen sind zudem keine klassischen Elemente von Nachrichtensendungen, sondern vielmehr Merkmale des Unterhaltungsprogramms. Dennoch sind sie inzwischen mehr oder weniger regelmäßig in den Fernsehnachrichten zu finden. Folgende Illustrationsformen werden als boulevardeske Darstellungsmittel definiert und sollen ein Indiz für den „Boulevardgehalt" der Nachrichtensendungen abgeben: Animationen, Zeitlupe, Zeitraffer, Hintergrundmusik, Wiederholung von Bildsequenzen, gezielte Unschärfe im Bild, Veränderungen der Farbgebung (z. B. Umwandlung einer Aufnahme in schwarz-weiß um eine nachgestellte Szene zu kennzeichnen), punktuelle Bildmanipulationen z. B. durch unkenntlich machen von Details wie Nummernschildern und Gesichtern oder die Verfremdung der Stimme bei Interviewsequenzen mit einer Person, die unerkannt bleiben soll oder dies möchte.[8]

---

[8] Zu formalen Aspekten des Sensationalismus in Fernsehformaten vgl. Grabe, 2001. Ein relevantes Merkmal von Boulevardformaten im Fernsehen, das in der internationalen Studie leider nicht erfasst werden konnte und somit an dieser Stelle ausgeklammert wird, ist die Schnittfrequenz.

3.4 Präsentation von Auslandsnachrichten

Folgt man der Annahme, dass die betrachteten dynamischen Illustrationsformen v. a. den Unterhaltungsgrad der Nachrichten erhöhen sollen und somit boulevardeske Elemente sind, so müssten diese Stilmittel vor allem bei den Nachrichten der privaten Sender zu finden sein (vgl. Donsbach und Büttner 2005). Im Folgenden wird überprüft ob sich die Sender in der Präsentation ihrer Nachrichtensendungen unterscheiden und inwiefern die Ergebnisse des Vergleichs auf eine Tendenz des einen oder anderen Senders hin zum Sensationalismus gedeutet werden können bzw. ob sich die Annahme bestätigt, dass vor allem private Sender von boulevardesken Darstellungsmitteln Gebrauch machen.

In den deutschen Auslandsnachrichten werden im Durchschnitt in jedem zehnten Beitrag Animationen (11 %), Zeitlupe (11 %) oder Hintergrundmusik (10 %) eingesetzt. Seltener finden sich bisher Sequenzwiederholungen (3 %), Farbveränderungen (3 %), punktuelle Manipulationen (2 %) und Unschärfen (2 %). Verzerrte Stimmen bei O-Tönen oder Zeitrafferaufnahmen wurden in den Auslandsnachrichten unserer Stichprobe gar nicht genutzt. Während bei statischen Illustrationsmitteln keine relevanten Unterschiede zwischen öffentlich-rechtlichen und privaten Sendern auszumachen sind, bestätigt sich bei den dynamischen Präsentationsformen das zuvor vermutete Muster (vgl. Tab. 3.34).

Am wenigsten nutzt die Redaktion der *Tagesschau* die untersuchten Illustrationsformen in ihren Auslandsnachrichten. Animationen finden sich hier in vier Prozent der Beiträge, Zeitlupenaufnahmen in fünf Prozent und Zeitraffer, Hintergrundmusik sowie die übrigen Darstellungsformen werden kaum oder gar nicht eingesetzt. *heute* zeigt ein ähnliches Bild, wobei Animationen (9 %) und Zeitlupe (10 %) insgesamt etwas häufiger eingesetzt werden. Im Vergleich zur *Tagesschau* sehen die Zuschauer von *RTL Aktuell* und *Sat.1 Nachrichten* etwa drei bzw. fünf Mal so häufig Animationen und Zeitlupenaufnahmen. Animationen und Zeitlupenaufnahmen finden sich bei *RTL Aktuell* in 13 % der Beiträge. Die *Sat.1 Nachrichten* zeigen in jedem fünften Auslandsbeitrag Animationen und in 16 % der Nachrichten Zeitlupenaufnahmen. Herausragend im Sendervergleich ist der hohe Anteil an Beiträgen mit Hintergrundmusik bei *RTL Aktuell*. Musik wird hier in jedem vierten Beitrag (26 %) eingespielt. Dieser Wert ist zumindest teilweise auf den bei RTL etablierten Nachrichtenblock zurückzuführen. Bei *Sat.1 Nachrichten* wird Hintergrundmusik dagegen nur sporadisch eingesetzt (7 %). Von dem unterschiedlich starken Einsatz an Hintergrundmusik abgesehen, zeigen sich klare Ähnlichkeiten zwischen RTL und Sat.1 in Bezug auf die Verwendung dynamischer Illustrationsmittel.

Tab. 3.34 Dynamische Illustrationsformen in Inlands- und Auslandsnachrichten (%)

	Tagesschau	heute	RTL Aktuell	Sat.1 Nachrichten
	$n=335$	$n=378$	$n=407$	$n=284$
Animationen				
Inlandsnachrichten	12**	17*	21*	23
Auslandsnachrichten	4**	9*	13*	19
Zeitlupe				
Inlandsnachrichten	2	3**	8	5**
Auslandsnachrichten	5	10**	13	16**
Zeitraffer				
Inlandsnachrichten	0	0	1	1
Auslandsnachrichten	0	1	0	0
Hintergrundmusik				
Inlandsnachrichten	0	1	16*	2
Auslandsnachrichten	1	2	26*	7
Sequenzwiederholung				
Inlandsnachrichten	0	1	3	9
Auslandsnachrichten	0	0	4	7
Unschärfe				
Inlandsnachrichten	1	1	9*	1
Auslandsnachrichten	1	0	3*	2
Farbveränderungen				
Inlandsnachrichten	1	1	3	1
Auslandsnachrichten	0	1	6	3
Punktuelle Bildmanipulationen				
Inlandsnachrichten	0	2	11**	6
Auslandsnachrichten	1	1	3**	4
Verzerrte Stimme				
Inlandsnachrichten	0	0	3*	0
Auslandsnachrichten	0	0	0*	0

Signifikanztests: *$p \le 0,05$, ** $p \le 0,01$, *** $p \le 0,001$
Die Angabe bezieht sich auf den Unterschied zwischen In- und Auslandsberichterstattung der jeweiligen Sendung.

Im Vergleich zeigt sich folglich bei fast allen Illustrationsformen ein signifikanter Unterschied zwischen den öffentlich-rechtlichen und den privaten Sendern und zwar sowohl innerhalb der Inlands- wie Auslandsnachrichten. Die öffentlich-

Tab. 3.35 Dynamische Illustrationsformen in den Auslandsnachrichten der öffentlich-rechtlichen und privaten Sender (%)

Illustrationsformen	Öffentlich-rechtlich n = 325	Privat n = 295
Animation***	7	15
Zeitlupe***	8	14
Zeitraffer	1	–
Hintergrundmusik***	1	19
Sequenzwiederholung***	–	5
Unschärfe*	–	3
Farbveränderungen***	–	5
punktuelle Bildmanipulationen*	1	3
Verzerrte Stimme	–	–

Signifikanztests: $*p \leq 0{,}05$, $**p \leq 0{,}01$, $***p \leq 0{,}001$
Die Angabe bezieht sich auf den Unterschied zwischen den Senderformaten.

rechtlichen Sender nutzen die dynamischen Illustrationsformen dabei höchstens sporadisch – die einzigen Ausnahmen sind Animationen und im Fall des ZDF auch Zeitlupe. *Tagesschau* und *heute* bleiben somit dem konservativen Präsentationsprinzip treu. In den Nachrichtensendungen der privaten TV-Anbieter werden die Bilder hingegen deutlich öfter digital verändert und die Informationen somit visuell auffälliger vermittelt. Bei ihnen gestaltet sich die Präsentation der Hauptnachrichtensendungen somit in der Tat boulevardesker, indem durch dynamische Illustrationsformen deutlich mehr visuelle Reize zur Informationsvermittlung eingesetzt werden (vgl. Tab. 3.35).

3.5 Die deutschen Nachrichtensendungen im internationalen Vergleich

Wie in der Einleitung zu diesem Buch erwähnt, entstand die hier vorliegende Analyse deutscher Fernsehnachrichten als Teil einer international vergleichenden Untersuchung, an der weitere 16 Länder beteiligt waren, nämlich Ägypten, Belgien, Brasilien, Chile, China, Hong Kong, Israel, Italien, Japan, Kanada, Polen, Portugal, Schweiz, Singapur, Taiwan und die USA.[9] Vertreten waren damit Länder unter-

---

[9] Neben den Autoren dieses Bandes waren die Mitglieder des Forschungsteams Knut De Swert (Belgien), Paolo Mancini und Marco Mazzoni (Italien), Agnieszka Stępińska (Polen), Thomas Hanitzsch und Angie Vu (Schweiz), Joseph Chan und Baohua Zhou (China), Francis Lee (Hong Kong), Eddie Kuo und Xiaoge Xu (Singapur), Ven-hwei Lo und Tai-Li Wang

schiedlicher Größe und politischer Systeme aus verschiedenen Teilen der Welt. Die Ergebnisse der gesamten Untersuchung wurden gesondert publiziert (vgl. Cohen 2013). Doch sollen daraus hier zumindest einige Befunde einfließen, und zwar um die deutschen Fernsehnachrichten in einem internationalen Vergleich zu betrachten.

Dabei ist jedoch zu berücksichtigen, dass für die internationale Studie aus jedem Land nur zwei Fernsehsehnachrichtensendungen ausgewählt wurden, die reichweitenstärkste eines „public service"-Kanals und einer kommerziellen Fernsehstation. Schon diese waren jedoch nicht in allen beteiligten Ländern vorhanden. China und Ägypten haben keinen kommerziellen Fernsehsender und im Grunde auch keinen, den man öffentlich-rechtlich nennen kann, sondern jeweils nur staatlich geführte TV-Unternehmen. In Hong Kong und Singapur bestehen umgekehrt nur kommerzielle Sender und (ebenfalls) keine öffentlich-rechtlichen. Dem Auswahlkriterium entsprechend, stützte sich der deutsche Teil der internationalen Vergleichsstudie auf die *Tagesschau* und *RTL Aktuell*. Die *heute*-Sendung des ZDF und die *Sat.1 Nachrichten* wurden dafür nicht einbezogen. Dessen muss man sich im Folgenden bewusst bleiben. Allerdings dürfte die Einbeziehung der an zweiter Stelle genannten Fernsehnachrichtensendungen nicht zu völlig differenten Befunden führen.

Deutschland hat im Vergleich zu den 16 anderen Ländern der internationalen Studie die kürzesten Nachrichtensendungen zur Prime Time. Anderswo sind diese Sendungen z. T. erheblich länger. Die längste fand sich im Jahr 2008 mit 120 min bei TVBS in Taiwan, von denen allerdings die Nachrichten nur 53 min ausmachten. Es folgten TVI in Portugal (77 bzw. 61 min) und TV Asahi in Japan (75 bzw. 45 min) – die Ausstrahlung der Nachrichten war auch hier kürzer als die Dauer der gesamten Sendung. Mehrere andere Länder haben einstündige Nachrichtensendungen (Kanada, Chile, Portugal etc.), andere wiederum zwischen 30 und 40 min (Italien, Polen). In einigen Ländern sind Werbeunterbrechungen auch während der Nachrichtensendungen üblich (Chile, Hong Kong, Israel, Portugal, Taiwan), was in Deutschland bekanntlich verboten ist.

Aus der Kürze der Sendungen hierzulande resultiert, dass diese den Zuschauern nur eine begrenzte Zahl von Nachrichten oder Beiträgen bieten können und dass diese selbst auch vergleichsweise kurz sind (bei ARD durchschnittlich 68 bzw. bei RTL 72 Sek.). Nur in Belgien, China, Italien, in der Schweiz und in Singapur sind die einzelnen Beiträge im Durchschnitt ähnlich kurz. Dagegen sind in Polen nicht

---

(Taiwan), Jacques Alkalai Wainberg (Brasilien), Constanza Mujica und William Porath (Chile), Abby Goodrum und Elizabeth Godo (Kanada), Lars Willnat und David Weaver (USA), Akiba Cohen (Israel) und Youichi Ito (Japan).

3.5 Die deutschen Nachrichtensendungen im internationalen Vergleich

nur die Nachrichtensendungen, sondern auch die Beiträge deutlich länger als in Deutschland, ja sie sind dort mehr als doppelt so lang (134 bzw. 147 Sek.).

International gehört Deutschland zu den Ländern mit einem vergleichsweise hohen Anteil von Auslandsnachrichten (46%). Das haben bereits frühere Untersuchungen gezeigt (vgl. Schmidt und Wilke 1998). Unter den 17 Ländern unserer Untersuchung brachte nur das staatliche ägyptische Fernsehen mit 65% mehr Auslandsnachrichten als in Deutschland die *Tagesschau* und *RTL Aktuell*. Dabei steht der hohe Wert für Ägypten im Einklang mit früheren Befunden, denen zufolge Staatsabhängigkeit zur Vermehrung von Auslandsnachrichten führt (vgl. Haynes 1984). Ähnlich hoch wie in Deutschland war der Auslandsnachrichtenanteil in Singapur (45%), in Kanada (44%) und in der Schweiz (43%). In allen anderen Ländern lag er z. T. deutlich darunter, am niedrigsten in Taiwan (14%), Hong Kong (21%) und in Italien (22%). Der Durchschnitt für alle 17 Länder betrug 32%. Allerdings verringert sich der Auslandsanteil, wenn man die Sendedauer der Beiträge mit einbezieht. Wegen der Kürze der deutschen Nachrichtenbeiträge büßt diesbezüglich das Ausland an Präsenz in den Fernsehnachrichten hierzulande ein.

Der hohe Anteil von Auslandsnachrichten in Deutschland bringt es mit sich, dass auch über vergleichsweise viele andere Länder berichtet wird. In dem dreiwöchigen Untersuchungszeitraum im Frühjahr 2008 berichteten die *Tagesschau* und *RTL Aktuell* zusammen über 63 Länder. Nur die Nachrichtensendungen in Ägypten (70), der Schweiz (70) und Belgien (67) erwähnten mehr Länder, in Israel war es die gleiche Anzahl (63) wie in Deutschland. In den anderen Ländern wurde hingegen aus z. T. viel weniger Ländern berichtet. In Japan waren es nur 28, in den USA 36, in Polen 39 und in Brasilien 45. Die breite Fächerung der Länder in der Auslandsberichterstattung in Deutschland wird auch deutlich, wenn man den Anteil der zehn am häufigsten vorkommenden Länder berechnet. Dieser Index macht bei uns mit 54% unter den 17 Ländern den geringsten Anteil aus, es folgen China (58%), Ägypten (59%) und die Schweiz (62%). Am höchsten war der Index (mit Abstand) in Japan, wo 96% der Auslandsnachrichten allein auf zehn Länder entfiel. Mit 76% ist dieser Anteil aber auch in den USA noch ziemlich hoch.

Wie in zehn anderen der 17 Länder standen die USA in der deutschen Auslandsberichterstattung an der Spitze aller Länder. Mit 17% war dieser Anteil aber viel geringer als in manchen anderen Ländern, so wie in Kanada (49%), Hong Kong (44%), Japan (40%), Brasilien (32%) und Israel (24%). Diese Länder sind in ihrer Auslandsberichterstattung (und Auslandswahrnehmung) viel stärker auf die USA fixiert: Kanada, weil die USA der große und aufmerksamkeitsheischende Nachbar sind („next door giant neighbour", vgl. Liu und Gunaratne 1972), Israel, weil die USA gleichsam die Funktion einer Schutzmacht erfüllen. In keinem der untersuchten 17 Länder lag der Anteil der USA bei den Auslandsnachrichten unter 10 Prozent, ja mit 21 % hatten die USA mit Abstand den höchsten Anteil aller untersuchten Auslandsnachrichten in den 17 Ländern zusammen genommen. An zweiter Stelle der Rangfolge aller Länder stand Großbritannien, das im Untersuchungszeitraum auch in den deutschen Auslandsnachrichten die zweite Position einnahm. Wie andere europäische Länder widmeten die Fernsehnachrichten in Deutschland Europa mehr als die Hälfte der Auslandsnachrichten (53 %). Mit 75 % war dieser Anteil in Polen allerdings noch deutlich höher.

Im Untersuchungszeitraum kam in den Fernsehnachrichten der 17 untersuchten Länder eine Vielzahl von Themen vor. Diese wurden in der Inhaltsanalyse detailliert erfasst. Der häufigste Ereignistyp waren (Vor-)Wahlen (14 % der Beiträge), die zum Zeitpunkt der Untersuchung in mehreren Ländern stattfanden (USA, Russland, Italien, Malaysia), gefolgt von internationalen Spannungen (13 %). Sortiert man alle Einzelthemen in elf Themengruppen, so dominierte in den Auslandsnachrichten aller untersuchten Länder zusammengenommen mit 29 % die internationale Politik. Mit 27 % in *Tagesschau* und *RTL Aktuell* lagen die deutschen Fernsehsender nahe beim Mittelwert. In anderen Ländern wurde die internationale Politik relativ gesehen entweder viel mehr (Ägypten 64 %, USA 56 %, Brasilien 53 %) oder aber weniger (Italien 19 %, Chile 17 %, Hong Kong 15 %, Taiwan 10 %) behandelt.

Ziemlich gleichrangig waren in den Auslandsnachrichten im Durchschnitt der 17 Länder die jeweilige Innenpolitik (22 %) und die Innere Ordnung (21 %) vertreten. Auch hier entsprachen die Werte für die beiden deutschen Nachrichtensendungen dem Durchschnitt (22 % bzw. 23 %). Die höchsten Anteile der Innenpolitik (in Auslandsnachrichten) gab es in der Schweiz (38 %), in Hong Kong (36 %), in Singapur (34 %) und in Kanada (33 %). Am wenigsten Innenpolitik kam in Chile (5 %), den USA (8 %) und in Brasilien (8 %) vor. Das Thema Innere Ordnung war in den Auslandsnachrichten am häufigsten Thema in Portugal (40 %), am wenigsten in Brasilien (6 %) sowie in Ägypten, Chile, China und Singapur (je 13 %). Über dem internationalen Durchschnitt lagen die deutschen Fernsehnachrichten am stärksten bei sozialen Themen (19 % vs. 13 %), beim Sport (20 % vs. 14 %) sowie bei Umwelt, Energie, Wissenschaft (12 % vs. 6 %). Bei den sozialen Themen lagen die deutschen Sender zusammen mit Polen und der Schweiz (je 19 %) an der Spitze. Das Maximum an Sport fand sich mit deutlichem Abstand in den Fernsehnachrichten in Chile (45 %). Gut jeder zehnte Beitrag war im Durchschnitt aller Länder wirtschaftlichen Themen gewidmet (12 %), in Deutschland waren es acht Prozent, etwa so viel wie in Belgien und Hong Kong (je 7 %), Kanada (8 %), Polen und den USA (je 9 %). Brasilien, Japan und Singapur hatten bei diesem Thema die höchsten Anteile (24 %, 10 %, 19 %). Bei militärischen Themen lagen die TV-Nachrichten in den USA mit 36 % am stärksten über dem Durchschnitt (6 %), weit vor Ägypten

3.5 Die deutschen Nachrichtensendungen im internationalen Vergleich

und Portugal als nächstfolgenden Ländern (11 %, 10 %). Nachrangig berichteten die Auslandsnachrichten im Untersuchungszeitraum über Unglücke und Katastrophen. Im Durchschnitt waren es nur vier Prozent aller Beiträge. Auch hier lagen *Tagesschau* und *RTL Aktuell* im Durchschnitt. Taiwan, Hong Kong und Singapur brachten mit acht bzw. sieben Prozent die meisten Unglücks- und Katastrophenberichte, in Chile, Ägypten und Italien gab es mit je einem Prozent die wenigsten.

Durch die Themen der Berichterstattung ist auch bedingt, welche Akteure in den Fernsehnachrichten auftreten. In 51 % der deutschen Fernsehnachrichten kam zumindest ein Akteur vor, im Durchschnitt waren es 1,2 Akteure pro Beitrag. Damit liegt das Land etwas unterhalb des Durchschnitts, was wiederum mit auf die Kürze der Beiträge zurückzuführen ist. In Belgien, Hong Kong, Polen und Taiwan hatten neun Zehntel der Beiträge einen Akteur, d. h. waren noch stärker personalisiert. Den geringsten Personalisierungsgrad hatten die Nachrichten in Ägypten (53 %) und China (41 %) mit jeweils 1,0 Akteuren (Mittelwert pro Beitrag).

Charakteristisch für deutsche Fernsehnachrichten ist, dass Akteure sowohl zitiert werden als auch selbst sprechen (97 %). Einen Unterschied zwischen In- und Auslandsnachrichten gibt es hier nicht. Das ist in Hong Kong und China anders. Dort werden Akteure in Auslandsnachrichten sehr häufig nur zitiert, kommen aber selbst nur selten zu Wort. Tendenziell umgekehrt ist es in den beiden Ländern in den Inlandsnachrichten. Mit zehn Sekunden war die durchschnittliche Länge, mit der Akteure zu Wort kamen, in Deutschland ziemlich kurz, in mehreren anderen Ländern war sie länger, ja mehr als doppelt so lang, insbesondere in den USA (71 Sekunden) und Ägypten (52 Sekunden). Mit 43 % Akteuren von hohem Status nahmen *Tagesschau* und *RTL Aktuell* bei den Auslandsnachrichten ebenfalls eine Mittelstellung ein, zwischen anderen Ländern mit einem größeren Anteil (China: 74 %; Hong Kong: 65 %) und denjenigen mit einem niedrigeren Anteil statushoher Akteure (Polen: 39 %; Taiwan: 27 %).

Der Anteil innenpolitischer Akteure in deutschen Auslandsnachrichten entsprach dem Durchschnitt aller Länder (21 % vs. 23 %), der Anteil der Akteure internationaler Politik lag darunter (11 % vs. 21 %), der Anteil von normalen Bürgern aber darüber (20 % vs. 15 %). Am höchsten war der Anteil innenpolitischer Akteure in Auslandsnachrichten in Israel (40 %) und in China (34 %), der Akteure internationaler Politik in Ägypten (81 %) und China (43 %), der einfachen Bürger in Portugal (26 %). Das Land mit den meisten sportlichen Akteuren in den Auslandsnachrichten war Chile (25 %). In Deutschland waren es 14 Prozent. Die meisten Akteure bei sozialen Themen kamen in den amerikanischen Fernsehnachrichten vor (21 %). Der Anteil der Akteure aus anderen Themenbereichen lag in den Auslandsnachrichten so gut wie durchweg unter zehn Prozent.

Zuletzt sei noch der Frauenanteil an den Akteuren der Auslandsnachrichten verzeichnet. In Deutschland waren es im Untersuchungszeitraum knapp ein Viertel (23 %). Auch dies entsprach in etwa dem Mittelwert aller 17 untersuchten Länder (21 %). Einen höheren Wert erreichten Taiwan (32 %), Singapur (29 %), Belgien (26 %), Kanada und Polen (je 25 %), einen niedrigeren Chile (16 %), die USA (15 %), Japan (15 %), Ägypten (11 %) und China (9 %). Frauen sind in Deutschland – wie in der Mehrzahl der anderen Länder – in Inlands- und Auslandsnachrichten der untersuchten Sender gleich stark vertreten, in den USA, in Brasilien, Singapur und Chile liegt ihr Anteil in den Inlandsnachrichten jedoch höher. Wo gleich viele Frauen in Inlands- und Auslandsnachrichten auftreten, gilt in der Regel Entsprechendes auch für Männer. Um rund 10 % höher ist der Männeranteil jedoch in den Auslandsnachrichten in Brasilien, Chile, Singapur und den USA.

Was die in den Fernsehnachrichtensendungen verwendeten Darstellungsformen betrifft, so fallen die *Tagesschau* und *RTL Aktuell* im internationalen Vergleich nirgendwo durch besondere Auffälligkeiten heraus. Beim Vorkommen einer ganzen Reihe von Merkmalen nehmen sie eine mittlere Position ein. 28 % der Beiträge wurden beispielsweise in einem Block präsentiert, in den USA war dies bei 67 % der Fall, in Portugal kam dies so gut wie gar nicht vor. In 11 % der deutschen Fernsehnachrichten trat ein Reporter im „stand up" auf, was in Polen in 36 % der Beiträge (Maximum), in Hong Kong in einem Prozent (Minimum) der Fall war. Ähnlich ist es beim Einsatz von gedrucktem Text und Tabellen. Überdurchschnittlich häufig im Vergleich der 17 Länder verwendeten *Tagesschau* und *RTL Aktuell* hingegen Standfotos (48 % zwischen maximal 54 % in Kanada und minimal 6 % in Portugal), grafische Repräsentationen (16 % zwischen maximal 50 % in den USA und minimal 1 % in Belgien und Ägypten), Landkarten (19 % zwischen maximal 53 % in den USA und minimal 1 % in Singapur) und Logos (14 % zwischen maximal 27 % in Belgien und ohne Verwendung in China). Die Präsentationsformen wurden insgesamt am meisten und vielfältigsten von den Fernsehsendern in den USA genutzt. Deshalb bildet dieses Land, wie eine Clusteranalyse bei den Präsentationsformen zeigte, eine eigene Gruppe. Die deutschen Fernsehsender gehören hingegen einer Gruppe an, in denen vor allem Fotos dominant sind. Andere Länder, die dieser Gruppe zuzuordnen sind, sind Kanada, Polen sowie Taiwan und Singapur (je ein kommerzieller Sender). In der Mehrzahl der untersuchten Länder kamen die Präsentationsformen zumeist nur in begrenztem Umfang vor und hinterließen einen eher nüchternen Eindruck von den Fernsehnachrichtensendungen (vgl. Wilke und Heimprecht 2013).

Auf der Basis der im Rahmen des Projekts durchgeführten Inhaltsanalyse haben Chan und Lee (2013) die Frage geprüft, ob sich öffentlich-rechtliche („public service") Auslandsnachrichten von denen kommerzieller Stationen unterscheiden.

3.5 Die deutschen Nachrichtensendungen im internationalen Vergleich

Tab. 3.36 Anzahl signifikanter Befunde für Unterschiede zwischen öffentlich-rechtlichen und kommerziellen Fernsehnachrichten. (Quelle: Chan und Lee 2013)

Länder	Signifikante Befunde zur Stützung der Hypothesen	Signifikante Befunde, die den Hypothesen widersprechen
Taiwan ($n = 185$)	8	–
Deutschland ($n = 341$)	7	–
Schweiz ($n = 591$)	5	1
USA ($n = 179$)	4	–
Belgien ($n = 508$)	3	–
Kanada ($n = 326$)	3	1
Israel ($n = 371$)	3	1
Japan ($n = 192$)	3	1
Brasilien ($n = 252$)	2	1
Polen ($n = 187$)	2	–
Portugal ($n = 449$)	2	1
Italien ($n = 292$)	1	1
Chile ($n = 450$)	–	1

Dies konnte wegen der in einigen Fällen fehlenden Organisationstypen nur für 13 Länder geschehen. Dazu wurden mehrere Hypothesen folgender Art aufgestellt: Das kommerzielle Fernsehen bringt (1) mehr „soft news", es enthält (2) mehr Gewalt und setzt (3) bestimmte audio-visuelle Effekte häufiger ein als „public service"-Kanäle; das kommerzielle Fernsehen betont (4) mehr persönliche Konflikte als soziale Konflikte und seine Nachrichten sind (5) kürzer und (6) episodischer; public service-TV (7) bringt mehr Auslandsnachrichten, berichtet (8) über eine größere Anzahl von Ländern, (9) über mehr internationale Organisationen und enthält (10) mehr multinationale Berichte. Anhand dieser zehn Hypothesen wurden für 13 Länder 130 statistische Tests durchgeführt. In 43 Fällen stützten die Daten die Hypothesen, in acht Fällen zeigten sie das Gegenteil und in 79 Fällen waren die Befunde nicht signifikant (Nullhypothese). Im Einzelnen können die Befunde hier zwar nicht dargestellt werden. Wohl aber sei das Endergebnis präsentiert, wofür Chan und Lee die 43 signifikanten und die acht nicht signifikanten Ergebnisse nach Ländern aufgegliedert haben (vgl. Tab. 3.36).

Die meisten Bestätigungen für die Hypothesen ließen sich in Taiwan ermitteln, doch ist dieses Land ein Sonderfall. Einerseits hatte das Land seit Jahrzehnten eine ausschließlich und auch heute noch dominant kommerzielle Fernsehlandschaft. Der „public service"-Kanal PTV nahm seinen Betrieb erst 1998 auf und spielt bis heute nur eine marginale Rolle. Von all den anderen Ländern war Deutschland dasjenige, in dem die meisten Hypothesen über den Unterschied zwischen öffentlich-rechtlichem und privatwirtschaftlichem Fernsehen zutrafen (zumindest was die Tagesschau und *RTL Aktuell* angeht). Das war insgesamt sieben Mal der Fall. Genau genommen galt dies für die o.g. Hypothesen (1) bis (4) und (8) bis (10). Zugleich wurde bei keiner Hypothese das Gegenteil nachgewiesen. Daraus ist zu folgern, dass in keinem der untersuchten Länder der internationalen Studie die Differenz zwischen öffentlich-rechtlichem und privatem Fernsehen so groß war wie in Deutschland. Das hat gewiss damit zu tun, dass die Nachrichten der *Tagesschau* vom klassischen Programmauftrag einer staatsfern organisierten und der gesellschaftlichen Kontrolle unterworfenen öffentlich-rechtlichen Rundfunkanstalt geprägt sind und *RTL Aktuell* davon in einiger Hinsicht abweichen muss. Die „public service"-Kanäle in anderen Ländern sind damit schwerlich vergleichbar, weder in ihrer Tradition, der Organisationsform und Finanzierung, noch hinsichtlich der Marktanteile. Der untersuchte „public service"-Kanal in Chile befindet sich beispielsweise im Besitz des Staates, hat aber gleichwohl eine „öffentliche" Mission. In anderen Ländern, wie in Brasilien, ist es ähnlich.

Im internationalen Vergleich schneiden die deutschen Fernsehnachrichten insgesamt nicht schlecht ab. Das gilt zumindest für die *Tagesschau* und *RTL Aktuell*. Cum grano salis lässt sich das aber auch auf *heute* und die *Sat.1 Nachrichten* übertragen. Zwar sind diese Nachrichtensendungen und deren jeweilige Beiträge relativ kurz. Aber der Anteil der Auslandsnachrichten und die Zahl der Länder, aus denen berichtet wird, sind relativ groß. Dies spricht für ein weltoffenes Land. Wenn sich bei den Themen eine durchschnittliche Verteilung zeigt, so kann dies positiv vielleicht als Indiz inhaltlicher Vielfalt gewertet werden. Auch bei den formalen Gestaltungsmitteln fallen die deutschen Sendungen nicht durch spezifische Besonderheiten auf, wie dies etwa in den USA der Fall ist. Das verfügbare formale Instrumentarium wird mehr oder weniger genutzt, wie es einem professionellen Nachrichtenjournalismus entspricht. Dabei unterscheiden sich aber die öffentlich-rechtliche *Tagesschau* und die privat-kommerzielle Sendung *RTL Aktuell* hierzulande so stark wie solche Sendungen nirgendwo sonst in der Welt. Dabei haben wir zudem vorher gesehen, dass die privaten Anbieter in ihren Nachrichten inzwischen vermehrt auch dynamische Illustrationsformen verwenden, also mehr Augen- und Ohrenkitzel bieten, um die Zuschauer an den Bildschirm zu fesseln.

Das Publikum

4.1 Eine publikumsorientierte Perspektive auf Auslandsnachrichten

Dass sich die Produktion, die Inhalte und die Rezeption von Auslandsnachrichten zu einem wichtigen Forschungsfeld in der Kommunikationswissenschaft entwickelt haben, geht zu einem großen Teil auf normative Ansprüche gegenüber Auslandsnachrichten zurück. Den Massenmedien wurde in den 1960er und 1970er Jahren eine hohe Bedeutung als Mittel zur „Völkerverständigung" beigemessen, nachdem ihnen in den Jahrzehnten zuvor eher propagandistische Zwecke zugeordnet wurden. So sollten sie nun helfen, einen weiteren Weltkrieg zu verhindern und Interesse und Verständnis für die jungen postkolonialen Länder auf der Weltkarte zu wecken (vgl. die „policy implications" in Galtung und Ruges klassischem Beitrag von 1965). Das Publikum stellt bei einer solchen Perspektive den Fluchtpunkt aller Überlegungen dar, denn wenn man schon Massenmedien als Mittel zur Völkerverständigung einsetzen möchte, dann kann dies nur über die Rezipienten dieser Medien gelingen. Die Wirkung wurde dabei eher indirekt erwartet, indem mittels Information über das Ausland Missverständnisse und Vorurteile auf breiter Ebene abgebaut werden, die auf Unkenntnis oder Fehlinformationen beruhen.

Der hohen Bedeutung des Publikums in der so skizzierten Perspektive wird die Forschung bis heute jedoch kaum gerecht. Die meist zitierten Studien zu Auslandsnachrichten fokussieren theoretisch wie methodisch auf die Medieninhalte (vgl. als Übersicht Weber 2008; Golan 2010) und allenfalls auf die Kommunikatoren als Gatekeeper oder als Akteure, die ein spezifisches ‚Weltbild' durch ihre Berichterstattung mit gestalten (vgl. Chang und Lee 1992). Eine solche einseitige Fokussierung auf Produktion und Inhalte scheint einem einfachen – und inzwischen überholt geltenden – Transfermodell der Kommunikation entsprungen: Wenn nur die Gatekeeper die richtigen und wichtigen Informationen in die Medieninhalte einbringen, dann werden diese schon irgendwie beim Rezipienten ankommen, und Auslandsnachrichten erfüllen ihren Zweck. Kennt man die Inhalte, ist letztlich eine weitere Betrachtung des Publikums überflüssig – so die einfache Idee. Allenfalls überprüft man noch einmal, ob die intendierten Inhalte wirklich „angekommen" sind, etwa im Sinne des ursprünglichen Agenda-Setting Ansatzes (vgl. Wanta et al. 2004).

Ein Grund für die Tendenz zu einer vereinfachenden Denkweise mag auch darin liegen, dass die Inhalte wesentlich leichter methodisch zugänglich sind als die Nutzersicht: Das Basismaterial der Analysen liegt oft in bereits auswertbarer Form vor (insbesondere bei Analysen von Printangeboten), während Zugang zu den Auffassungen und Handlungen des Publikums erst durch Befragungen oder Beobachtungen erlangt werden muss. Dies ist bei umfangreicheren Stichproben nicht nur aufwändig, sondern auch teuer. Insofern erscheint es auf den ersten Blick bequemer, sich nicht mit den Menschen auseinanderzusetzen, die Medieninhalte rezipieren.

Hinzu kommt freilich auch eine traditionelle disziplinäre Aufgabenteilung, bei der sich die Journalismusforschung eher den Kommunikatoren und Inhalten widmete, während das Medienpublikum von der Rezeptions- und Wirkungsforschung betrachtet wurde – dann freilich mit dem Ziel, allgemeinere Logiken der Rezeption (mit Rekurs auf psychologische Ansätze) zu finden und weniger in Hinblick auf konkrete journalistische Angebote.

Unabhängig von den Gründen ist die genannte Schwerpunktbildung misslich: Nicht umsonst warnt die Methodenliteratur davor, von Inhaltsanalysen umstandslos auf Produktion und/oder Rezeption der Inhalte zu schließen. Früh weist beispielsweise darauf hin, dass Inhaltsanalysen u. a. dazu dienen, „Aussagen über Kommunikatoren und Rezipienten" zu erhalten, die „nicht bzw. nicht mehr erreichbar sind" (2007, S. 41) – das soll jedoch nicht die Kommunikator- oder Rezipientenforschung ersetzen.

Die Folgen für das wissenschaftliche gesicherte Wissen bezüglich des Publikums von Auslandsnachrichten sind deutlich: Für welche Nachrichten und welche Länder sich die Nutzer interessieren und wie sie sich diese Nachrichten aneignen, dazu gibt es wenige Befunde. Wenn doch, dann sind diese sehr basal. Das Bild vom Publikum wird durch ein enges, basispsychologisches Modell abgebildet: Man versucht, den Rezipienten soweit zu verstehen, als dies hilft, ihm die gewünschten Inhalte beizubringen. Häufig müsse man dabei dessen Interessen entgegenwirken, wie Sande (1971, S. 235) schreibt: „try to counteract the effects of the news factors".

Vor diesem Hintergrund wird in diesem Kapitel eine publikumsorientierte Perspektive eingenommen, die direkt bei den Nutzern und deren Sichtweisen ansetzt. Zu klären sind dabei zunächst einfach erscheinende Fragen: Zu welchem

Grad interessieren sich die Deutschen für Auslandsnachrichten? Welche Arten von Inhalt finden sie am ansprechendsten? Wie viel Zeit verbringen sie tatsächlich mit Auslandsnachrichten? Und schließlich: Für welche Länder und Kontinente interessieren sie sich? So einfach diese Fragen erscheinen mögen, so relevant sind die Antworten für unser Verständnis von der Nutzung und den Folgen für das Bild der Welt bei den Zuschauern. Bevor wir uns der Beantwortung dieser Fragen widmen, soll im folgenden Abschnitt zunächst die Methode der zugrundeliegenden (Teil-)Studie vorgestellt werden.

4.2 Methode

Das Ziel der Rezipientenbefragung ist es, die Nutzungsgewohnheiten, Sichtweisen und Einstellungen der Fernsehnutzer, insbesondere in Hinblick auf Auslandsnachrichten, bevölkerungsrepräsentativ zu erheben. Hierzu wurde eine großzahlige Telefonbefragung mit einem standardisierten Fragebogen realisiert. Als Teil des größeren internationalen Projekts, in das die deutsche Befragung eingebettet war, waren die meisten Fragebogenblöcke vorgegeben bzw. mit internationalen Partnerstudien synchronisiert (für die internationalen Daten vgl. Cohen 2013).

Der Fragebogen gliederte sich in mehrere Frageblöcke. Erhoben wurden standardmäßig soziodemographische Variablen (Alter, Geschlecht, Geburtsland, Bildung in Jahren[1], Beruf, Einkommen, Haushaltsgröße), allgemeine Angaben zur Fernsehnutzung (Nutzungshäufigkeit, genutzte Sender für Nachrichten, Nutzungsdauer Nachrichten) und zur Nutzung anderer Medien (Zeitung und Internet), Gründe für den Konsum von Fernsehnachrichten, diverse Fragen zur Nutzung und Wahrnehmung von Nachrichten über Deutschland sowie von Auslandsnachrichten, Nutzungsinteresse bezüglich bestimmter Themen und Länder bei Auslandsnachrichten, Wahrnehmung des Weltgeschehens, sowie Fragen zum politischen Interesse und zur Parteipräferenz. Die Fragen erlauben einen Vergleich unterschiedlicher Nutzergruppen in Hinblick auf die Nachrichtennutzung allgemein und im Medienvergleich, sowie eine Differenzierung zwischen Inlands- und Auslandsnachrichten.

Die Grundgesamtheit der mit diesem Instrument realisierten deutschen Befragungsstudie umfasste alle in Privathaushalten lebenden Deutsch sprechenden Personen im Alter ab 18 Jahren in der Bundesrepublik. Vom 2. bis einschließlich 17.

---

[1] „Geburtsland" und „Bildung in Jahren" sind -abweichend von üblichen nationalen Erhebungsstandards aufgrund der Synchronisierung mit den internationalen Vergleichsstudien erhoben worden.

Dezember 2009 wurden insgesamt 999 volljährige Personen befragt.[2] Die Ziehung der repräsentativen Stichprobe erfolgte nach dem ADM-Telefonstichproben-Design. Die jeweilige Befragungsperson wurde pro Haushalt zufällig nach der Geburtstagsmethode ausgewählt. Die Ausschöpfung der Stichprobe lag bei rund 60 %, einem für Telefonbefragungen guten Wert. Die Befragten sind im Durchschnitt 49,1 Jahre alt (s = 16,3), wobei das Alter von 18 bis 89 Jahren reicht. 52,1 % der Stichprobe sind Frauen.

4.3 Befunde für die gesamte Stichprobe

4.3.1 Medien-, Fernseh- und Nachrichtennutzung

Bezüglich der Nutzung von Auslandsnachrichten sind zunächst einige Grundfragen zu klären – u. a. wie stark diese überhaupt rezipiert werden. Um zwischen Viel- und Wenigsehern zu differenzieren, und die Nachrichtennutzung hierzu in Relation zu setzen, wurde zunächst die Nutzungshäufigkeit des Fernsehens allgemein erhoben. Auf die Frage an wie vielen Tagen pro Woche sie fernsehen, antworteten 56,0 % der Befragten[3] „an 7 Tagen", der Mittelwert liegt bei 5,2 Tagen (SD = 2,4). Auf die Antworten zwischen „an 0 Tagen" und „an 6 Tagen" entfielen jeweils zwischen 4,0 und 8,1 %, wobei auf Nachfrage 4,6 % der Befragten angaben, grundsätzlich kein Fernsehen zu schauen. Die Daten belegen, dass das Fernsehen tatsächlich von einem Großteil der deutschen Bevölkerung häufig, ja sogar täglich, genutzt wird – es ist für die allermeisten eine conditio sine qua non ihrer medialen und gesellschaftlichen Existenz. Auch wenn es Konkurrenzmedien gibt, ist das Fernsehen immer noch in vielerlei Hinsicht das Leitmedium Nummer eins (vgl. v. Pape und Quandt 2010). Allerdings ist die Nachrichtennutzungszeit eher gering: Unter den Fernsehzuschauern wurde eine durchschnittliche Nutzungszeit von TV-Nachrichten von 24,1 min am Tag angegeben (s = 34,7). Vergleichsstudien kommen regelmäßig auf eine durchschnittliche Fernsehnutzungsdauer, die um ein vielfaches höher liegt (vgl. z. B. Ridder und Engel 2010). Dies überrascht allerdings auch nicht, da das Nachrichtenangebot im Volumen begrenzt ist (vgl. Krüger 2007, 2008, 2009, 2010, 2011) und auch das Nutzungsinteresse an tagesaktuellen Informationen üblicherweise auf einen Kern von Nachrichten fokussiert ist. Insofern macht eine län-

---

[2] Die computergestützten Telefoninterviews (CATI) wurden im Auftrag der Universität Hohenheim von forsa, Gesellschaft für Sozialforschung und statistische Analysen mbH, durchgeführt.

[3] Anteile beziehen sich auf gültige Antworten (d. h. Personen, die eine Angabe gemacht haben), sofern nicht anders angegeben.

4.3 Befunde für die gesamte Stichprobe

Tab. 4.1 Anteile regelmäßiger Nutzer der Nachrichtenangebote für Nachrichten der am meisten genutzten Sender (%)

Sender	Regelmäßige Nutzer des Nachrichtenangebots
ARD	70,0
ZDF	51,6
RTL	31,1
Sat.1	12,4
Pro Sieben	9,9
n-tv	7,9
N24	5,0

Basis: $n = 922$ Befragte, die eine Angabe gemacht haben

gere Nutzung für die allermeisten Zuschauer wenig Sinn, zumal diese in Hinblick auf die dargebotenen Inhalte auch schnell repetitiv würde (sowohl innerhalb der Sender als auch im Sendervergleich). Ergo: Anders als bei Unterhaltungsangeboten sind Vielseher, die quasi ‚rund um die Uhr' Nachrichten konsumieren, eher selten.

Neben der reinen Nachrichtenmenge interessiert natürlich auch, ‚welche' Nachrichten konsumiert werden. In der vorliegenden Studie wurde jedoch nicht nach Einzelsendungen differenziert, da (im internationalen Vergleich) eher die organisationale Herkunft der Nachrichten interessierte – im Besonderen, ob die Nachrichten von öffentlich-rechtlichen oder privat-kommerziellen Anbietern stammen. Diese Differenzierung folgte im Rahmen der komparativen Studie der Logik, dass sowohl das systemische bzw. staatliche als auch das organisational-strukturelle Umfeld zu unterschiedlichen Nachrichtenangeboten führen kann bzw. sich die Angebote unterschiedlicher Herkunft in einer Reihe von Aspekten unterscheiden.[4]

Konkret sollten die Befragten die Fernsehsender angeben, auf denen sie normalerweise Nachrichten schauen. Sie konnten dabei bis zu drei Sender nennen. Tatsächlich gaben 36,3 % drei Sender an, 34,9 % nannten zwei Sender, 21,0 % lediglich einen Sender, 7,7 % konnten oder wollten keinen Sender angeben. Die Präferenzen sind für die deutschen Anbieter höchst unterschiedlich verteilt (vgl. Tab. 4.1).

Der am häufigsten genannte Sender ist Das Erste/ARD – mehr als zwei Drittel der Befragten, die mindestens einen Sender genannt hatten, sehen *Tagesschau/Tagesthemen* (70,0 %), gefolgt von den Nachrichtensendungen des ZDF (51,6 %), die immer noch rund die Hälfte rezipiert. Der am häufigsten genannte privat-kommerzielle Sender ist RTL, dessen Nachrichten noch von rund einem

---

[4] Im Rahmen der internationalen Vergleichsstudie (vgl. Cohen 2013) wurden zudem auch staatliche Anbieter erfasst, die es aber in Deutschland nicht gibt. So konnte einerseits das nationale Umfeld (z. B. nach Hanitzsch 2007 oder Hallin und Mancini 2004) und die organisationale Herkunft innerhalb dieses Umfeldes erfasst werden.

Drittel der Befragten konsumiert werden (31,1 %). Wesentlich seltener genannt werden Sat.1 (12,4 %) und Pro7 (9,9 %). Die expliziten Nachrichtensender n-tv und N24 kommen auf noch geringere Anteile – nämlich 7,9 bzw. 5,0 %. Alle anderen Sender wurden von unter 5 % der Befragten genannt.

Somit zeigt sich für Deutschland eine klare Dominanz der öffentlich-rechtlichen Anbieter im Bereich der Fernsehnachrichten. Dies lässt sich natürlich einerseits auf Angebotsmenge und -qualität zurückführen – wenngleich die Unterschiede weniger stark sind als dies die Befragungsdaten implizieren (vgl. hierzu auch Kap. 3). Andererseits liegen einer solchen Nutzung vermutlich auch langjährige, habitualisierte Nutzungsmuster zugrunde, die selbst von Spezialanbietern wie n-tv oder N24 nicht durchbrochen werden können.

Freilich gilt dies vor allem für die innermediale Konkurrenz zwischen den Sendern. Konkurrenzverhältnisse existieren jedoch nicht nur systemisch zwischen öffentlich-rechtlichen und privaten Sendern, sondern auch zwischen einzelnen Sendern. Um die Aufmerksamkeit der Nutzer buhlen neben dem Fernsehen auch Print, Hörfunk und neuerdings auch Online-Angebote. Gerade letztere werden von traditionellen Nachrichtenanbietern teilweise skeptisch beäugt: Zwar sieht man hier durchaus Möglichkeiten, sich einen zusätzlichen Verbreitungsweg zu erschließen, der die Nutzerschaft möglicherweise sogar erweitert, jedoch werden auch Kannibalisierungs- und Substitutionseffekte befürchtet. Zudem ist die mediale Erweiterung beispielsweise für öffentlich-rechtliche Anbieter nicht unumstritten – es geht dabei um die Frage, ob hier nicht der Rahmen des Programmauftrags überschritten wird.

Um sich auch solchen Fragestellungen zu widmen, wurden im Rahmen der Studie Daten zur Mediennutzung über den Kernbereich des Fernsehens hinaus erhoben. Dieser intermediäre Vergleich zeigt, dass sowohl die allgemeine Nutzung der Medien als auch die spezifische Nachrichtennutzung deutlich voneinander abweichen. Wie bereits erwähnt, verweigern sich weniger als fünf Prozent der Befragten der Fernsehnutzung. Der weiteste Kreis an Zeitungslesern – dies sind all jene Personen, die prinzipiell Zeitung lesen – liegt bei 81,0 % aller Befragten und somit bereits deutlich unter der Personenmenge, die prinzipiell durch das Fernsehen erreicht wird. Das Internet liegt zwar noch auf dem dritten Platz, ist aber nicht mehr weit von der Zeitung entfernt – immerhin 76,2 % sind zumindest gelegentlich online. Bei der spezifischen Nachrichtennutzung sieht es jedoch anders aus: Ein Großteil der Befragten (92,5 %) konsumiert Nachrichten im Fernsehen. Im Gegensatz dazu gaben immerhin 46,4 % der befragten Online-Nutzer an, das Netz grundsätzlich nicht als Nachrichtenquelle heranzuziehen. Werden die jeweiligen Medien jedoch für Nachrichten genutzt, unterscheiden sich die Nutzungszeiten nur marginal: Nachrichteninteressierte Fernsehzuschauer verwenden im Schnitt 24,1 min für

4.3 Befunde für die gesamte Stichprobe

Nachrichten pro Wochentag, Zeitungsleser etwas mehr, nämlich 29,6 min, und die an Nachrichten interessierten Netznutzer 25,2 min.[5]

Allerdings bedeutet dies noch nicht, dass sich die Qualität und Intensität der Rezeption für bestimmte Themen annähert. So wurden die Teilnehmer der Studie in einem andernorts ausführlicher publizierten Teilprojekt (vgl. v. Pape und Quandt 2010) auch zur Nutzung der Nachrichtenmedien im Wahlkampf befragt – hierbei handelt es sich um einen wesentlich spezifischeren Rückgriff auf Informationen als bei der allgemeinen Frage nach der Nachrichtennutzung im Allgemeinen. Die Ergebnisse sind für das Internet eher ernüchternd: Selbst bei den Online-Nutzern griffen nur 46,8 % der Nutzer auf das Netz zurück, um sich über den Wahlkampf zu informieren – dafür jedoch 88,4 % auf das Fernsehen und 74,6 % auf die Zeitung. Und fragt man nach dem Hauptinformationsmedium, geben nur 12,7 % der Online-Nutzer das Internet an, jedoch 51,7 % das Fernsehen, weit vor der Zeitung (21,9 %) oder dem Radio (10,6 %). Insofern lässt sich auf dieser Datenbasis konstatieren: „Das Internet [...] ist momentan noch keine Konkurrenz zum immer noch stabilen Leitmedium Nummer eins, nämlich dem Fernsehen" (v. Pape und Quandt 2010, S. 394). Wenn überhaupt, so hat das Netz bei den Jüngeren eine höhere Wichtigkeit – immerhin 32,7 % der 18–24jährigen Online-Nutzer benannten es als ihre Hauptinformationsquelle im Wahlkampf; dies jedoch auf Kosten aller Medien, mit Ausnahme des Fernsehens. Auch bei der jüngsten Erwachsenengruppe bleibt dies eine stabile Größe und wird von der Hälfte der Befragten als die wichtigste Informationsquelle zu diesem spezifischen Thema benannt.

Zusammenfassend kann man also für die allgemeine Medien- und Nachrichtennutzung festhalten, dass das Fernsehen immer noch eine zentrale Informationsfunktion erfüllt. Zum einen, weil es eine extrem hohe Reichweite hat und letztlich fast die gesamte Bevölkerung in Deutschland erreicht. Zum anderen, weil es von diesen großen Nutzergruppen auch tatsächlich für Nachrichten herangezogen wird und auch hier im intermedialen Wettbewerb andere Medien schlägt. Zwar haben Online-Angebote gerade bei Jüngeren deutlich aufgeholt, doch selbst bei den Online-Nutzern hat das Fernsehen immer noch einen zentralen Stellenwert im Nachrichtenmix. Betrachtet man die von den Befragten genutzten Programme, zeigt sich eine Dominanz öffentlich-rechtlicher Anbieter gegenüber der privat-kommerziellen Konkurrenz, und hierbei auch gegenüber spezialisierten Angeboten, die

---

[5] Bezugsgruppen sind diejenigen Nutzer, die die jeweiligen Medien für Nachrichten heranziehen. Erhoben wurde die konkrete Nutzung des jeweiligen Mediums am Vortag der Erhebung, die von Dienstag bis Freitag durchgeführt wurde. Somit war die Referenz jeweils ein normaler Wochentag. Freitag bis Sonntag weisen typischerweise andere Nutzungsmuster auf, da hier weniger bzw. gar nicht einer Erwerbsarbeit nachgegangen wird, die Alltagsstruktur eine jeweils andere ist, und sich auch das Angebot von den anderen Tagen unterscheidet.

Tab. 4.2 Stärke des Interesses an Auslandsnachrichten insgesamt (%)

	Sehr stark	Stark	Mittel	Wenig	Überhaupt nicht
Anteil an Befragten	11,1	34,1	43,5	8,4	2,5

Basis: n = 997 Befragte, die eine Angabe gemacht haben

weiterhin ein Nischendasein führen. Die Angebote von ARD und ZDF können am ehesten noch ein klassisches ‚massenmediales' Potenzial entfallen, d. h. große Bevölkerungsanteile mit ihren Nachrichten erreichen. Allerdings ist dies mitnichten eine Gewähr dafür, dass auch die im Programm enthaltenen Auslandsnachrichten (vgl. hierzu auch die in diesem Band beschriebenen Daten der Inhaltsanalyse in Kap. 3) auch von einem interessierten Publikum rezipiert werden – denn nicht jeder, der ein Programm verfolgt, hat ein gleiches Interesse an allen Angebotsteilen. Der Frage, ob die Zuschauer überhaupt Informationen zu Geschehnissen mit Auslandsbezug sehen wollen, gehen wir daher im nächsten Abschnitt nach.

4.3.2 Interesse an Auslandsnachrichten

Das Interesse an Auslandsnachrichten wurde durch folgende Frage erhoben: „Im allgemeinen, wie stark interessieren Sie sich für Auslandsnachrichten?". Die Befragten konnten sich auf einer fünfstufigen Likert-Skala (vgl. Tab. 4.2).

Nur etwa 11 % der Befragten bekunden ein geringeres oder überhaupt kein Interesse für Auslandsnachrichten, gegenüber rund 45 % mit starkem oder sehr starkem Interesse. Dieser Wert ist bemerkenswert hoch vor dem Hintergrund, dass in der Forschung allgemein von einem niedrigen Interesse ausgegangen wird (vgl. Altmeppen 2010; Tai und Chang 2002). Der Mittelwert bezogen auf die genannte Skala liegt gerundet bei M = 2,6 (also insgesamt eher zustimmend) mit einer Standardabweichung von SD = 0,9.

Allerdings ist der Wert isoliert betrachtet nur von geringer Aussagekraft, da sich daraus nicht der relative Wert von Auslandsnachrichten ableiten lässt, wie er sich für die Befragten im Vergleich zu heimischen Nachrichten ergibt. Ein solcher Vergleich ist mit unseren Daten nicht in Bezug auf Auslandsnachrichten insgesamt möglich, da das allgemeine Interesse an Inlandsnachrichten nicht abgefragt wurde.

Zwei weitere Fragen erlauben jedoch Rückschlüsse auf das Interesse: Zum einen wurden die Teilnehmer befragt, ob sie weniger, mehr oder genauso viele Auslandsnachrichten wünschen, wie sie sie aus ihrem gewohnten Nachrichtenprogramm kennen. Die Antwort auf diese Frage fiel zugunsten der Auslandsnachrichten aus,

4.3 Befunde für die gesamte Stichprobe

Tab. 4.3 Interesse an unterschiedlichen Themen bei Inlands- und Auslandsnachrichten (%)

Thema	Inland Interesse	Fallzahl	Ausland Interesse	Fallzahl
Innenpolitik	59,9	998	21,3	967
Verbrechen und Gewalt	32,9	995	15,2	970
Sport	33,4	999	16,2	969
Beziehungen zu anderen Ländern	58,6	997	33,3	967
Wirtschaft, Handel, Finanzen	50,4	997	34,3	969
Unfälle, Naturkatastrophen	45,1	997	34,1	969
Gesundheit, Bildung, Kultur, Religion	68,4	999	34,3	969

Basis: Anteil der Befragten mit starkem oder sehr starkem Interesse

aber in weniger starkem Ausmaß: 18,1 % der gültigen Antworten entfallen auf „mehr Auslandsnachrichten", 11,0 % auf „weniger". Die Mehrheit von 70,8 % der Befragten, die sich zu dem Thema geäußert haben, ist zufrieden mit dem Angebot.

Als weiterer Hinweis wurde das Interesse an Auslands- und Inlandsnachrichten zu unterschiedlichen Themen abgefragt. Die Antworten auf diese Frage lassen indirekt Rückschlüsse auf das jeweilige, grundsätzliche Interesse zu; weiter dürfte der Effekt der sozialen Erwünschtheit reduziert sein, da die Frage nach unterschiedlichen Nachrichteninhalten die Befragten von der Thematik der Auslands- oder Inlandsnachrichten abgelenkt haben dürfte. Hier zeigt sich insgesamt ein deutlich geringeres Interesse an Auslandsnachrichten als an Inlandsnachrichten: In keiner Rubrik erscheinen die Auslandsnachrichten als interessanter denn die Inlandsnachrichten (vgl. Tab. 4.3).

Relevant ist auch die Frage, welche einzelnen Themenbereiche die Deutschen im Hinblick auf Auslandsberichterstattung interessieren. Die Rangfolge der Themen wird angeführt von einem Block, der beinahe gleichauf liegt: „Wirtschaft, Handel und Finanzen" (34,3 %), „Soziale Themen wie Gesundheit, Bildung, Kultur, Religion" (34,3 %), „Unfälle und Naturkatastrophen" (34,1 %) sowie „Beziehungen zu anderen Ländern" (33,3 %). Es folgt mit deutlichem Abstand die Innenpolitik anderer Länder (21,3 %), der Sport (16,2 %) und „Verbrechen und Gewalt" (15,2 %). Vergleicht man die Reihenfolge der Themen mit der Reihenfolge der für Inlandsnachrichten populärsten Themen, so zeigen sich Gemeinsamkeiten und Unterschiede: Die Themen „Verbrechen und Gewalt" (32,9 %) und „Sport" (33,4 %) werden von der Bevölkerung auch im Inland insgesamt als am wenigsten interessant klassifiziert. Unterschiede ergeben sich dagegen in der Reihenfolge der stärker interessierenden Themen: Wie bereits erwähnt, liegen bei Auslandsnachrichten „Wirtschaft, Handel und Finanzen", „Soziale Themen wie Gesundheit, Bildung, Kultur,

Tab. 4.4 Interesse an unterschiedlichen Themen bei Inlands- und Auslandsnachrichten (Mittelwerte und Standardabweichung)

Thema	Inland M	SD	Ausland M	SD
Innenpolitik	2,4	1,1	3,2	0,9
Verbrechen und Gewalt	2,9	1,0	3,4	0,9
Sport	3,2	1,3	3,7	1,1
Beziehungen zu anderen Ländern	2,4	1,0	2,9	0,9
Wirtschaft, Handel, Finanzen	2,6	1,1	3,0	1,0
Unfälle, Naturkatastrophen	2,7	1,0	2,9	0,9
Gesundheit, Bildung, Kultur, Religion	2,2	0,9	2,9	1,0

Religion", „Beziehungen zu anderen Ländern" und „Unfälle, Naturkatastrophen" gleichauf; nur „Innenpolitik" liegt zurück. Bei Inlandsnachrichten dominieren hingegen die sozialen Themen (68,4 %) vor Innenpolitik (59,9 %) und Beziehungen zu anderen Ländern (58,6 %), und Wirtschaftsnachrichten (50,4 %) sowie Katastrophennachrichten (45,2 %) folgen. Die größten Differenzen im Interesse zwischen Inlands- und Auslandsnachrichten ergeben sich im Bereich Soziales und in der Innenpolitik, also bei den Themen, die bei Inlandsnachrichten sehr wahrscheinlich die Rezipienten betreffen – und bei Auslandsnachrichten mit hoher Wahrscheinlichkeit nicht. Die geringsten Klüfte zeigen sich bei dem eher kulturunabhängigen, menschlich grundlegenden Themenbereich der Unfälle und Naturkatastrophen.

Freilich gilt über alle Kategorien hinweg, wie bereits angedeutet: Die Abweichungen zwischen den verschiedenen Themen mit Bezug auf das Inland versus denselben Themen mit Bezug auf das Ausland sind durchgängig signifikant (Signifikanztest: $p<0{,}05$, vgl. zu den Mittelwerten auch Tab. 4.4), und stets rangieren die Inlandsnachrichten vor den Auslandsnachrichten. Insofern belegt diese genauere Prüfung das auch in der Literatur genannte geringere Interesse am Ausland im Verhältnis zu den Inlandsnachrichten.

Der überwiegende Teil der Befragten orientiert sich am Nahbereich der relevanten inländischen Themen, bei denen auch eine gewisse persönliche Betroffenheit plausibel ist. Zwar sind Handel und Finanzen, aber auch die Beziehungen zu anderen Ländern selbst bei überwiegendem Auslandsbezug noch von moderatem Interesse, doch hier ließe sich argumentieren, dass der Fernsehzuschauer gegebenenfalls mit indirekten Auswirkungen auf den nationalen Raum in einem Gefüge internationaler Beziehungen rechnet. D. h. hier dient das Interesse möglicherweise zur Ausleuchtung der Weltbühne als Hintergrund für ein Geschehen, das auch nationale und – vielleicht vermittelt auch persönliche – Wirkungen haben könnte.

Allerdings darf man bei solchen interessen- und betroffenheitsgeleiteten Begründungen nicht vergessen, dass die eigentlichen Geschehnisse in der Welt natürlich auch Rückwirkungen auf die Rezipienten und ihre Erwartungen haben. So ließe sich das vergleichsweise hohe Interesse an Unglücken und Katastrophen im Ausland – neben der reinen Sensationslust, die hier sicherlich auch eine Rolle spielt – in Teilen dadurch erklären, dass hierzu häufig berichtet wird bzw. umgekehrt solche Ereignisse eher seltener im Inland stattfinden. Insofern spiegelt die Interessenlage des Publikums in gewissem Maße die Realitätskonstruktionen der Berichterstattung sowie externe Ereignisse wieder (vgl. hierzu die in diesem Band beschriebene Inhaltsanalyse in Kap. 3); und umgekehrt bildet die Berichterstattung wiederum in Teilen Interessen der Nutzer bzw. von Journalisten erwartete Interessen der Nutzer ab (vgl. Kap. 5).

4.3.3 Interesse an Ländern

Auch wenn das Interesse an Berichterstattung über das Ausland generell hinter den entsprechenden Themen der Inlandberichterstattung zurücksteht, sind doch deutliche Unterschiede in Bezug auf die jeweiligen Nationen, über die berichtet wird, zu erwarten. Denn bestimmte Länder stehen beim Rezipienten im Fokus – und andere sind aus dessen Perspektive gänzlich irrelevant.

Im Rahmen der Repräsentativbefragung (und des begleitenden internationalen Projekts) wurde das Interesse an einzelnen Ländern durch die folgende Frage erhoben: „Auslandsnachrichten berichten ja über unterschiedliche Länder. Zu welchen Ländern finden Sie die Berichte am interessantesten?"

Die Befragten konnten bis zu fünf Länder frei nennen. Jedoch waren nicht alle Befragten an so vielen Ländern interessiert oder konnten diese benennen. Im Durchschnitt wurden 2,8 Länder von den Befragten genannt (SD = 1,8).

Betrachtet man die Verteilung des Interesses auf die Länder insgesamt, so ergibt sich zunächst der Eindruck einer massiven Konzentration auf wenige Nationen (vgl. Tab. 4.5 sowie Abb. 4.1): An erster Stelle kommen 2009 die USA (58,3 %). Mit großem Abstand folgt Frankreich (33,1 %), und wiederum mit deutlich geringerem Interesse Russland (23,3 %), das Vereinigte Königreich (23,0 %) und China (20,0 %). Die Liste der zehn Länder mit dem höchsten Interesse wird vervollständigt durch Italien, Spanien, Afghanistan, Österreich und die Schweiz. Das Gesamtspektrum der interessierenden Länder ist eng begrenzt: Nur 14 Länder sind für mehr als fünf Prozent der Befragten relevant, nur 27 Länder interessieren zumindest ein Prozent der Befragten.

Man kann diese je nach Position als Limitierung, Homogenität oder Konzentration des Interesses auffassen. Es gibt plausible Erklärungen dafür, warum die ‚Welt' der Fernsehnachrichten tatsächlich so klein ist.

Tab. 4.5 Anteil der Befragten, die ein Interesse an Berichten aus dem betreffenden Land bekunden (%)

Rang	Land	Anteil der Befragten	Rang	Land	Anteil der Befragten
1	USA	58,3	13	Iran	6,3
2	Frankreich	33,1	14	Türkei	5,3
3	Russland	23,3	15	Israel	4,8
4	Vereinigtes Königreich (UK)	23,0	16	Niederlande	4,4
5	China (Volksrepublik)	20,0	17	Japan	4,1
6	Italien	15,2	18	Tschechien	2,8
7	Spanien	9,8	19	Dänemark	2,7
8	Afghanistan	9,7	20	Schweden	2,7
9	Österreich	8,2	21	Indien	2,4
10	Schweiz	8,0	22	Australien	2,0
11	Irak	7,9	23	Griechenland	1,8
12	Polen	6,6	24	Belgien	1,6

Basis: $n=999$ Befragte, bis zu 5 Nennungen möglich

In der Forschung zu Nachrichtengeographie bestehen einige Faustregeln dazu, welche Eigenschaften den Nachrichtenwert eines Landes in einem anderen Land begünstigen (vgl. Weber 2008; von Pape et al. 2012). Damit lässt sich auch das Interesse des deutschen Publikums weitgehend erklären. Dazu wird seit Galtung und Ruges Studie (1965) der Elitestatus gezählt, der nach unterschiedlichen Studien von Macht (insbesondere wirtschaftliche und militärische), sozioökonomischem Status und Bevölkerungsgröße abhängt (vgl. Hagen et al. 1998; Weber 2008; Westerståhl und Johansson 1994). Der Elitestatus trifft in besonderem Maße auf die USA zu; aber auch die nachfolgenden Länder – Frankreich, Russland, China, Vereinigtes Königreich, gegebenenfalls auch Italien und Spanien – haben je nach Betrachtungsweise einen solchen Status inne.

Die Positionierungen der anderen Länder auf vorderen Rängen lassen sich durch militärische Konflikte erklären, die zum Erhebungszeitraum im Dezember 2009 eine große Rolle spielten (Afghanistan, Irak), sowie durch eine Konfliktgefahr (Iran, Israel). Auf die Bedeutung dieses Faktors in den Auslandsnachrichten – welcher ohnehin schon als ein eigener Nachrichtenfaktor gesehen wird (vgl. Staab 1990) – weisen etwa Westerståhl und Johansson (1994) hin.

Räumliche Nähe bzw. Regionalismus kann erklären, warum sämtliche Nachbarländer Deutschlands auf die vorderen Ränge des Interesses der Deutschen gelangen, und warum Frankreich einen so herausragenden zweiten Platz einnimmt. Natürlich spielen hier auch die Historie, Verbindungen zwischen den Nachbar-

4.3 Befunde für die gesamte Stichprobe

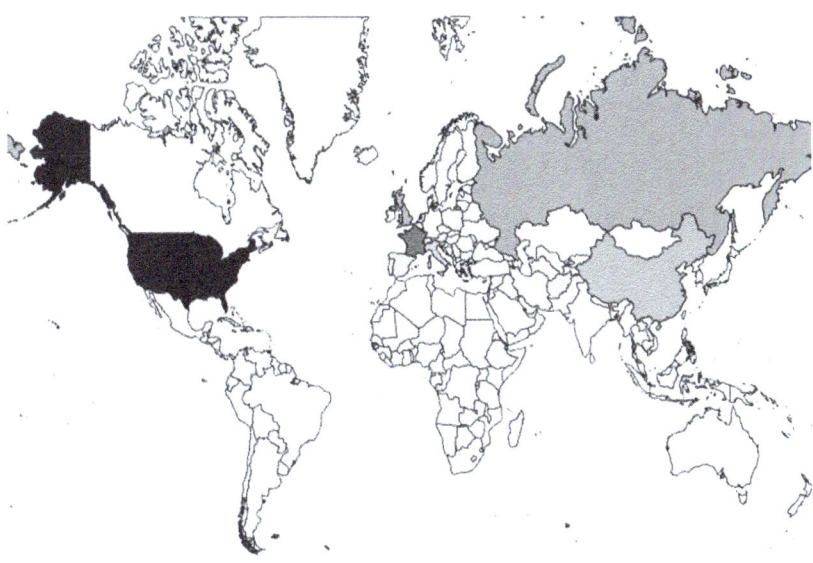

Abb. 4.1 „Heatmap" des Länderinteresses unter den Befragten. (Die Farbgebung der Ländern verweist auf den Anteil der Nennungen der jeweiligen Nationen (linear skaliert von weiß = 0 % bis schwarz = 58 %).)

Ländern und direkte Erfahrungen der Befragten mit den entsprechenden Nationen eine Rolle. Räumliche Nähe ist in diesem Sinne nicht allein geographisch gedacht, sondern als ein wesentlich umfassenderer Begriff zu verstehen.

Diejenigen Top-Länder, die mit diesen Regeln noch nicht erklärt wurden, lassen sich meist entweder durch die akute Ereignis- und Nachrichtenlage im Erhebungszeitraum erklären (Griechenland machte etwa im November/Dezember 2009 zum ersten Mal Schlagzeilen mit seinem Staatsdefizit, nachdem die im Oktober 2009 gewählte Regierung Papandreou dies offengelegt hatte) oder durch besondere Beziehungen zwischen Deutschland und dem Zielland, wie etwa im Fall der Türkei als Ursprungsland von ca. drei Millionen in Deutschland lebenden Menschen.

Bemerkenswert ist auch, welche Länder auf den hinteren Rängen stehen. Dies ist etwa der Fall für zwei der zehn bevölkerungsreichsten Länder der Welt, nämlich Indonesien (Rang 33 mit 0,5 %) und Nigeria (Rang 46 mit 0,2 %).[6] D. h. ‚Größe'

---

[6] Länder mit derselben Zahl an Nennungen erhielten denselben Rangplatz. Im Falle von Nigeria waren dies z. B. 8 Länder, die ebenso viele Nennungen erhielten – in absoluten Zahlen genau 2 Nennungen bei 999 Befragten.

Tab. 4.6 Anteil der Befragten, die erhöhtes Interesse an einem Land aus dem jeweiligen Kontinent bekundet haben (%)

Kontinent	Anteil der Befragten
Europa	60,6
Nordamerika	58,6
Asien	40,1
Afrika	2,4
Australien & Ozeanien	2,2
Südamerika	1,2

Basis: $n = 999$ Befragte

bzw. ‚Bevölkerungszahlen' allein erklären nicht, warum manche Länder für die Befragten interessant sind (oder auch nicht) – hier bedarf es weiterer Eigenschaften, wie oben diskutiert.

Betrachtet man schließlich die räumliche Verteilung der interessierenden Länder auf Kontinente (vgl. Tab. 4.6), so führen Europa und Nordamerika auf praktisch gleichem Niveau (60,6 bzw. 58,6 %), wobei sich Europa aber aus zahlreichen Ländern, Nordamerika nur aus zweien zusammensetzt (von denen die USA fast das gesamte Interesse beisteuern; s. o.). Das Interesse an Asien ist mit 40,1 % noch relativ hoch, während Länder in Afrika, Australien/Ozeanien und Südamerika fast überhaupt nicht genannt wurden. Zugespitzt könnte man formulieren: Die Welt, für die sich der deutsche TV-Nachrichtenzuschauer interessiert, besteht in der Hauptsache aus der Nordhalbkugel. Der Rest des Erdballs ist nicht im Fokus des Interesses der Befragten – und dies spiegelt auch in gewisser Weise die Ergebnisse der Inhaltsanalyse wieder (vgl. Kap. 3), denn es wird auch kaum über diese Regionen berichtet.

Dieses Ergebnis lässt sich auf verschiedene Arten interpretieren. So könnte man hier eine sehr gute Passung zwischen Zuschauerinteressen und Berichterstattung konstatieren – d. h. die Medien liefern bedarfsgerecht das Nachrichtenmaterial, das auch nachgefragt wird und von Interesse für die Zuschauer ist. Angesichts knapper Sendezeiten und ökonomischer Erwägungen macht dies für beide Seiten Sinn. Man könnte hier jedoch ebenso eine Vernachlässigung von Weltregionen sehen, die dauerhaft bestehende Macht- und Wirtschaftsverhältnisse sowohl in der Berichterstattung als auch in den Köpfen der Zuschauer zementiert. Denn wenn bestimmte Länder gar nicht oder nur sehr selten in den Medien auftauchen, werden sie möglicherweise auch in der Wahrnehmung der Zuschauer als unbedeutend eingestuft. Und Journalisten lassen solche Länder eher aus, für die sie kein Zuschauerinteresse vermuten. Hierdurch kommt gegebenenfalls eine Abwärtsspirale der Interessenlenkung in Gang, durch die ganze Regionen aus der Berichterstattung gedrängt werden. Hier besteht die Gefahr, dass dann auch für den Zuschauer relevante Informationen nicht mehr aufgegriffen werden, da er schon gar nicht mehr von deren Existenz erfährt – und Berichterstattungsvielfalt könnte zugunsten eines Mainstreamings der Inhalte eingeengt werden.

4.3.4 Nutzungsmotive und Einstellungen zu Auslandsnachrichten

Die bislang referierten Inhalte lassen nur indirekte Schlüsse zu, warum sich die Zuschauer Auslandsnachrichten zuwenden – oder eben auch nicht. Daher widmete sich ein weiterer Teil der Befragung diesem Aspekt direkt.

Traditionell wird die Zuwendung zu Medien in der Kommunikationswissenschaft über Nutzungsmotive erklärt. Die Literatur zu Auslandsnachrichten verweist aber auch darauf, dass die Einstellungen zu den Medieninhalten und den Objekten der Berichterstattung die Zuwendung beeinflussen können. Somit wird plausibel von einer Kombination aus Motiven und Einstellungen ausgegangen, welche im Zusammenspiel das Interesse und letztlich die Zuwendung beeinflussen. In Bezug auf Auslandsnachrichten werden in der Forschung insbesondere solche Faktoren angeführt, die das Interesse abschwächen können – auch ausgehend von der weiter oben genannten Einsicht, dass Auslandsnachrichten die Zuschauer eher weniger ansprechen (vgl. Kap. 4.3.2). Das heißt das dahinterstehende Denkmodell ist jenes einer Dämpfung eines grundsätzlichen Interesses durch eher negativ empfundene Eigenschaften der Berichterstattung bzw. der Berichterstattungsgegenstände. Als mögliche Gründe für Desinteresse an Auslandsnachrichten insgesamt werden fehlende Involviertheit aufgrund der räumlichen Entlegenheit, das Gefühl einer Überforderung aufgrund von mangelndem Hintergrundwissen, Unbehagen mit den konfliktlastigen Inhalten oder Gleichgültigkeit gegenüber den scheinbar ständig gleich bleibenden Meldungen genannt (vgl. PEW 2002, S. 28).

Zwei Skalen dienten zur Untersuchung im Rahmen der Repräsentativbefragung: Eine fokussiert auf die (positiv formulierten) Motive zur Nutzung von Auslandsnachrichten, eine zweite auf die (eher dämpfenden) Einstellungen zu Auslandsnachrichten insgesamt. Beide folgen dem bekannten Befragungsmuster (5stufige Likert-Skalen). Aufgrund der Einbindung in den Rahmen eines internationalen Großprojektes und der zur Verfügung stehenden Zeit wurden dabei nur Kernpunkte aus dem jeweiligen Bereich mit jeweils vier Items fokussiert.

Die Motivskala (vgl. Tab. 4.7) zeigt eine hohe Zustimmung zu den entsprechenden Aussagen: 90,4 % der Personen, die sich zu ihren Motiven geäußert haben, stimmen der Aussage voll oder eher zu, dass „Fernsehnachrichten helfen, über aktuelle Ereignisse in Deutschland auf dem Laufenden zu bleiben", und 84,1 % stimmen der

Tab. 4.7 Motive zur Nutzung von Auslandsnachrichten (Mittelwerte und Standardabweichungen)

Motive	Fallzahl (gültige Antworten)	M	SD
Fernsehnachrichten geben Gesprächsstoff für Unterhaltungen mit anderen.	919	2,2	1,1
Fernsehnachrichten helfen, über aktuelle Ereignisse und Themen in Deutschland auf dem Laufenden zu bleiben.	919	1,4	0,7
Fernsehnachrichten helfen, über aktuelle Ereignisse und Themen im Ausland auf dem Laufenden zu bleiben.	919	1,6	0,9
Fernsehnachrichten können unterhaltsam sein.	919	2,9	1,2

entsprechenden Aussage bezogen auf das Ausland voll oder eher zu. Diese Werte überraschen nicht, ist das jeweilige Item doch letztlich direkt an die Bedeutung von ‚Nachrichten' im ursprünglichen Sinne angelehnt. Geringere Zustimmung gibt es für die Aussage, dass „Fernsehnachrichten Gesprächsstoff für Unterhaltungen mit anderen" liefern – 62,5 % der Befragten stimmen dieser Aussage eher oder voll zu.

Während die drei informationsorientierten Items hohe oder sehr hohe Zustimmung erfahren – und Nachrichten damit immer noch die klassische Funktion der aktuellen Informationsvermittlung zugwiesen wird, die auch eine wichtige Grundlage für gesellschaftlichen Dialog bildet, ist die Zustimmung für die letzte Aussage vergleichsweise gering: Nur 36,2 % der Befragten stimmen eher oder voll zu, dass Fernsehnachrichten „unterhaltsam" sein können. Trotz Boulevardisierung wird hier nicht die zentrale Aufgabe der Nachrichten gesehen – im Gegenteil: Immerhin 34,2 % widersprechen dieser Aussage in der Tendenz oder vollständig.

Für die Einstellungsitems, die entlang der Erwartungen aus der Literatur eher im Sinne einer „Dämpfung" des Interesses formuliert sind, findet sich überraschend wenig Zustimmung (vgl. Tab. 4.8). So kann von einer grundsätzlichen Indifferenz gegenüber dem Geschehen im Ausland keine Rede sein: Nur 12,2 % geben an, vom Geschehen im Ausland nicht oder eher nicht betroffen zu sein, gegenüber 65,4 %, die dieser Aussage in der Tendenz oder mit Nachdruck widersprechen. Auch ein Mangel an Vorwissen wird von den meisten Befragten nicht empfunden (nur 21,1 % stimmen eher oder voll zu, während 46,1 % zumindest in der Tendenz widersprechen). Höher ist die Zustimmung für die Aussage, es werde zu viel über Kriege, Gewalt und Katstrophen berichtet (35,9 % Zustimmung gegenüber 36,8 % Ablehnung) sowie für die Aussage, es passiere immer das Gleiche (37,1 % Zustimmung, 36,6 % Ablehnung).

Zusammenfassend lässt sich also konstatieren, dass ein Großteil der Befragten immer noch die klassische Funktion von TV-Nachrichten in der Vermittlung ak-

Tab. 4.8 Einstellungen zu Auslandsnachrichten (Mittelwert und Standardabweichungen)

Einstellungen	Fallzahl (gültige Antworten)	M	SD
Ereignisse im Ausland betreffen mich nicht.	985	3,8	1,1
Es wird zu viel über Kriege, Gewalt und Katastrophen im Ausland berichtet.	987	3,0	1,3
Ich habe nicht genügend Vorwissen, um Ereignisse im Ausland zu verstehen.	986	3,4	1,2
Es scheint als passiert immer das Gleiche und nichts ändert sich.	977	3,0	1,4

tueller Informationen sieht, wohingegen es für eine grundsätzlich negative Einstellung gegenüber Auslandsnachrichten wenig Anhaltspunkte gibt. Freilich sind diese sehr globalen Aussagen eher mit Vorsicht zu behandeln und haben für sich genommen nur begrenzten Erkenntniswert. Sie werden vor allem dann relevant, wenn einzelne Gruppen miteinander verglichen werden: So erscheint es auf Basis der Literatur durchaus plausibel, dass klassische soziodemographische Faktoren wie Alter und Geschlecht (vgl. Elvestead 2009), aber auch Bildung (vgl. Beaudoin 2004) einen Einfluss auf Interesse, Zuwendung und Nutzung haben. Auch ist mehrfach darauf hingewiesen worden, dass die generelle Mediennutzung ein wichtiger Faktor für das spezifische Interesse an Auslandsnachrichten sein kann (vgl. Korzenny et al. 1987; Perry 1990; Semetko et al. 1992). Insofern ist es notwendig, den Einfluss dieser Faktoren nochmals näher zu betrachten und unterschiedliche Gruppen von Befragten miteinander zu vergleichen – dies erfolgt im nächsten Teilkapitel.

4.4 Gruppenvergleiche

Wie bereits erwähnt, erscheint es auf Basis der Literaturlage plausibel zu sein, dass sich einzelne Nutzergruppen in Hinblick auf die Zuwendung, Nutzung und Verarbeitung von Auslandsnachrichten unterscheiden. Klassisch wird dabei entlang grundlegender Faktoren wie Alter, Geschlecht, Bildung und Einkommen differenziert. Dies ist durchaus diskutabel – natürlich gibt es andere Personen-Eigenschaften, die gegebenenfalls in Hinblick auf das interessierende Phänomen relevanter sind oder trennschärfere Unterscheidungen erlauben. Bezüglich Auslandsnachrichten wären beispielsweise eine kosmopolitische Einstellung, ein Migrationshintergrund, berufliche Interessen usf. plausible Differenzierungskriterien. Allerdings ist die Erhebung dieser Eigenschaften kein Standard in (anderen) Befragungen – weswegen man dann zwar möglicherweise in Bezug auf die Stichprobe eine sehr gute Differenzierung von Gruppen erreichen würde, man diese aber nicht in Bezug auf Vergleichsstudien und sonstige Befragungen setzen könnte. Zudem sind soziodemographische Variablen natürlich auch aus Gründen der Unterscheidung dieser Gruppen entlang gesellschaftlicher Interessen relevant. So ist wohl sofort einsichtig, warum es für eine Gesellschaft relevant ist, ob beispielsweise das Interesse am Ausland vom Einkommen oder Bildungsgrad der Bürger abhängig ist. Im Folgenden werden einzelne Gruppenvergleiche in Hinblick auf die wichtigsten Zielvariablen der Befragung gezogen, bevor abschließend in einem Gesamtmodell geprüft wird, welche Faktoren im Gesamtbild tatsächlich den größten Einfluss haben.

4.4.1 Einfluss des Lebensalters auf die Nutzung von Auslandsnachrichten

An der vorliegenden Befragung nahmen Personen ab 18 Jahren teil. Diese wurden für die folgenden Analysen (und die parallel laufende internationale Vergleichsstudie; vgl. Cohen 2013) in Altersgruppen unterteilt, die weitestgehend 10 Jahre umfassen. Eine Ausnahme sind die jungen Erwachsenen (18–24 Jahre) und die Rentner (65+), die entsprechend üblicher Kategorisierungen entlang Lebensphasen in abweichende ‚große' Gruppen (d. h. mit differierenden Altersspannen) zusammengefasst wurden.

Die Analyse (vgl. Tab. 4.9) zeigt, dass sich in Bezug auf das Interesse an Auslandsnachrichten nur geringe Unterschiede zwischen den Gruppen ergeben. Das niedrigste Interesse ist bei der Gruppe der jungen Erwachsenen zu finden, das stärkste in jener der 55–64jährigen. Freilich bewegt man sich hier im Bereich minimaler Differenzen, die auch zufälligen Schwankungen geschuldet sein können. Die Varianzanalyse (ANOVA) zeigt, dass keine statistische Signifikanz mit $F(5, 982) = 1{,}761$, $p = 0{,}118$ besteht.[7] Anders formuliert: Das Alter hat auf Basis der Datenlage keinen Einfluss auf das generelle Interesse an Auslandsnachrichten – dies ist über alle Gruppen hinweg recht homogen und etwas stärker als ein „mittleres Interesse" (d. h. der Wert liegt leicht unterhalb des Skalenmittels 3,0 auf der Likert-Skala).

Neben dem allgemeinen Interesse für Auslandsnachrichten wurden auch die Länder offen erfragt, für die sich die jeweiligen Befragten interessieren. Die meisten Länder nennen die 55–64jährigen (im Schnitt 3,1), was mit dem leicht erhöhten Interesse an Auslandsnachrichten korrespondiert. Allerdings sind die Gruppendif-

---

[7] Bei der ANOVA werden hier – auch angesichts der Fallzahl – bei Signifikanz zusätzlich die Werte für η^2 angegeben. Zur Einschätzung der Effektgröße, sofern relevant, wird hier der üblichen Konvention nach Cohen (1988) gefolgt.

4.4 Gruppenvergleiche

Tab. 4.9 Interesse an Auslandsnachrichten nach Altersgruppen (Mittelwerte mit Standardabweichungen)

Altersgruppe	Fallzahl	M	SD
18–24	77	2,8	0,9
25–34	119	2,5	0,9
35–44	222	2,6	0,8
45–54	206	2,6	0,9
55–64	161	2,4	0,9
65+	203	2,6	0,9
Gesamt	988	2,6	0,9

ferenzen auch bei den Ländernennungen statistisch nicht bedeutsam: Auch hier zeigt die Varianzanalyse keine Signifikanz mit $F(5,985) = 1,196$, $p = 0,309$. Sprich: Die Befragten nennen im Schnitt ungefähr drei Länder ($M = 2,8$), für die sie sich interessieren – unabhängig vom Lebensalter.

Die Altersgruppen differenzieren auch nicht in Hinblick auf die meisten Motive und Einstellungen zu Auslandsnachrichten. Die Gruppenvergleiche weisen keine statistisch relevanten Unterschiede aus für die Aussagen „Fernsehnachrichten geben Gesprächsstoff für Unterhaltungen mit anderen" ($F(5, 906) = 1,247$, $p = 0,285$), „Fernsehnachrichten helfen, über aktuelle Ereignisse und Themen in Deutschland auf dem Laufenden zu bleiben". ($F(5, 906) = 1,200$, $p = 0,307$) sowie „Fernsehnachrichten können unterhaltsam sein" ($F(5, 906) = 1,556$, $p = 0,170$). Lediglich beim Motiv „Fernsehnachrichten helfen, über aktuelle Ereignisse und Themen im Ausland auf dem Laufenden zu bleiben" ergibt sich ein signifikanter Unterschied ($F(5, 906) = 2,584$, $p = 0,025$). Hierzu tragen vor allem die jungen Befragten der Altersgruppe 18–24 Jahre bei, die mit einem mittleren Wert von 1,9 etwas weniger der Aussage zustimmen als die anderen Altersgruppen. Die Effektstärke ist mit $\eta^2 = 0,014$ gemäß Cohen (1988) eher klein. Das Ergebnis unterstützt den bereits identifizierten Trend: Die jüngste Altersgruppe scheint etwas geringeres Interesse an Auslandsnachrichten zu haben und fühlt sich über die Ereignisse im Ausland auch nicht so viel informiert. Freilich ist der Alterseffekt insgesamt eher gering einzuschätzen.

Während die Motiv-Items schon grundsätzlich durch die insgesamt hohe Zustimmungswerte nur wenig Varianz zwischen den Gruppen zulassen, da sich ein Deckeneffekt einstellt (vgl. Kap. 4.3.4), könnte man bei den Einstellungen höhere Diskrepanzen erwarten. Tatsächlich zeigen diese sich nur bei einzelnen Aussagen. Signifikante Unterschiede ergeben sich in Hinblick auf die Aussage „Ereignisse im Ausland betreffen mich nicht" ($F(5, 973) = 3,079$, $p = 0,009$) sowie „Es wird zu viel über Kriege, Gewalt und Katastrophen im Ausland berichtet" ($F(5, 975) = 2,300$,

$p = 0,043$). Bei der ersten Aussage ist der Effekt mit $\eta^2 = 0,016$ etwas größer als jener bei der zweiten Aussage mit $\eta^2 = 0,014$. Für das erstgenannte Item gilt: Jüngere Altersgruppen zeigen insgesamt eine geringere Zustimmung zu der Aussage als die älteren Befragten – möglicherweise Ausdruck einer etwas kosmopolitischeren, „modernen" Einstellung jüngerer Menschen in einer globalisierten Welt. Beim zweiten Item kam es zu uneinheitlichen Schwankungen zwischen den Gruppen. Eine etwas höhere Zustimmung im Verhältnis zum Gesamtmittel (M = 3,0) fand sich bei der Gruppe der 34–44jährigen (M = 2,8) und bei den Rentnern (M = 2,9). Angesichts des uneinheitlichen und geringen Effekts lässt sich hier nur spekulieren: Möglicherweise finden sich in der ersten Gruppe viele Personen in Familien mit Kindern, welche das Niveau an Gewalt und Katastrophen aus dieser Situation heraus prononcierter wahrnehmen. Die Rentnergruppe wiederum ist bei Aussagen über Krieg, Gewalt und Katastrophen üblicherweise etwas stärker ablehnend und nimmt solche Inhalte auch als bedrohlicher wahr. Allerdings sind die Effekte, wie bereits erläutert, gering einzustufen. Hierzu passt auch, dass die anderen Einstellungsitems kein signifikantes Ergebnis zeigen („Ich habe nicht genügend Vorwissen, um Ereignisse im Ausland zu verstehen" mit ($F(5, 974) = 1,430$, $p = 0,211$ sowie „Es scheint als passiert immer das Gleiche und nichts ändert sich" mit ($F(5, 965) = 1,314$, $p = 0,255$). Insgesamt lässt sich damit konstatieren, dass sich die Altersgruppen nur minimal in Hinblick auf das generelle Interesse, die Zahl der interessierenden Länder, die Motive und die Einstellungen bezüglich Auslandsnachrichten unterscheiden. Kurz gesagt: Das Lebensalter spielt in Hinblick auf TV-Auslandsnachrichten nur eine untergeordnete Rolle.

4.4.2 Einfluss des Geschlechts auf die Nutzung von Auslandsnachrichten

Ob sich Männer und Frauen in Hinblick auf die Nutzung von Auslandsnachrichten unterscheiden, ist eine weitere Frage, der im Rahmen der Studie nachgegangen wurde. Grundsätzlich ist das Vorgehen dabei dasselbe wie bei den Altersgruppen. Die Analysen zeigen, dass das Geschlecht ein Differenzierungskriterium ist: Das Interesse an Auslandsnachrichten ist bei Männern stärker ausgeprägt als bei Frauen ($F(1, 994) = 9,569$, $p = 0,002$). Es handelt sich um einen sehr signifikanten, aber kleinen Effekt ($\eta^2 = 0,010$): Bei den Männern (M = 2,5) ist das Interesse im Schnitt rund 0,2 Skalenpunkte stärker ausgeprägt als bei den Frauen (M = 2,7).

Auch die Zahl der Nennung von Ländern, an denen die Befragten Interesse haben, ist bei den männlichen Befragten (M = 3,0) größer als bei weiblichen Befragten (M = 2,6). Dieser Unterschied ist höchst signifikant ($F(1, 997) = 10,424$, $p = 0,001$). Die Effektstärke ist ebenfalls klein ($\eta^2 = 0,010$).

In Hinblick auf die Motiv-Items ergeben sich zwischen Männern und Frauen keine statistisch bedeutsamen Unterschiede – was angesichts der respektablen Fallzahlen in den beiden Geschlechtergruppen durchaus bemerkenswert ist. Die Motivlagen zur Nutzung von Auslandsnachrichten sind somit bei Männern und Frauen identisch.

Etwas anders sieht es bei den Einstellungen aus: Zwei der Fragen erbringen signifikante Unterschiede zwischen den beiden Geschlechtern. Die Männer (M = 3,7) lehnen deutlich stärker als Frauen (M = 3,1) die Aussage ab, dass sie „nicht genügend Vorwissen" hätten, „um Ereignisse im Ausland zu verstehen". Das Ergebnis ist höchst signifikant ($F(1, 984) = 57{,}987$, $p < 0{,}001$), der Effekt mittlerer Stärke ($\eta^2 = 0{,}056$). Dieser doch deutliche Unterschied basiert höchst wahrscheinlich auf gesellschaftlich geprägten Selbsteinschätzungen – sprich: die Frauen sehen sich selbst diesbezüglich etwas kritischer (oder je nach Sichtweise: weniger selbstbewusst) als die Männer. Es gilt zu betonen, dass nicht das tatsächliche Vorwissen abgefragt wurde; d. h. es handelt sich lediglich um die eigene Sicht der Befragten. Über die Frage, inwiefern die Einschätzungen bezüglich des Vorwissens zutreffen, oder ob hier Männer oder Frauen sich selbst über- oder unterschätzen, ließe sich lediglich spekulieren – dies war nicht Ziel der Analyse.

Auch für die Aussage „Es scheint als passiert immer das Gleiche und nichts ändert sich" zeigt sich ein signifikanter Unterschied zwischen den Geschlechtergruppen ($F(1, 975) = 6{,}698$, $p = 0{,}010$). Der Effekt ist jedoch nur sehr schwach ($\eta^2 = 0{,}007$) – hier stimmen die Frauen (M = 2,7) etwas mehr der genannten Aussage zu (M = 2,9).

Insgesamt lässt sich konstatieren, dass in einigen Aspekten statistisch bedeutsame Unterschiede zwischen Männern und Frauen bestehen. Ein etwas höheres Interesse an den Auslandsnachrichten im Fernsehen bei den Männern geht einher mit einer positiveren Wahrnehmung des eigenen Vorwissens und einem individuell etwas breiteren Spektrum an interessierenden Ländern.

4.4.3 Einfluss von Bildung und Einkommen auf die Nutzung von Auslandsnachrichten

In der vorliegenden Studie wurde die formale Bildung abweichend von vielen nationalen Studien zunächst durch Bildungsjahre operationalisiert. Der Grund hierfür liegt insbesondere in der internationalen Vergleichbarkeit. Die Bildungsjahre wurden in eine Niedrig- (1–12 Jahre), Mittel- (13–16 Jahre) und Hoch-Bildungsgruppe (17–30 Jahre) eingeteilt, die man in ähnlicher Form auch in anderen Ländern bestimmen kann. Erstgenannte Gruppe umfasst in Deutschland in der Hauptsache

Personen ohne Abitur, während letztere insbesondere die Akademiker bzw. Personen mit einem Hochschulabschluss umfasst. Die mittlere Bildungsgruppe umfasst etwas weniger als die Hälfte der Befragten ($n = 450$), in die niedrige ($n = 268$) und die hohe ($n = 267$) Bildungsgruppe entfallen jeweils etwas mehr als ein Viertel.

Die Analysen zeigen deutliche Unterschiede zwischen den Bildungsgruppen. Das Interesse an Auslandsnachrichten nimmt mit steigendem Bildungsgrad deutlich zu – die Varianzanalyse zeigt einen statistisch höchst signifikanten Unterschied zwischen den Gruppen (F(2, 982) = 21,134, $p < 0,001$). Der Effekt ist mit $\eta^2 = 0,041$ eher mittlerer Stärke. Die Daten verweisen auf eine einheitliche Richtung des Bildungseffekts: Während die niedrigste Bildungsgruppe nur wenig über dem mittleren Interesse auf der Likert-Skala liegt (M = 2,8), zeigt die mittlere Bildungsgruppe bereits ein höheres Interesse (M = 2,6) und die höchste Bildungsgruppe nochmals eine Steigerung (M = 2,3). Kurz gefasst: Je höher das Bildungsniveau, desto größer das Interesse an Auslandsnachrichten im Fernsehen.

Auch beim Länderinteresse zeigt sich ein klares Ergebnis: Die Zahl der genannten Ländern, für die sich die Befragten interessieren, nimmt von der niedrigen (M = 2,3) über die mittlere (M = 2,9) bis hin zur oberen Bildungsgruppe (M = 3,2) deutlich zu. Auch dieser Unterschied ist höchst signifikant (F(2, 984) = 18,349, $p < 0,001$) und als kleiner bis eher mittlerer Effekt zu taxieren ($\eta^2 = 0,036$). Es gilt: Je höher das Bildungsniveau, desto breiter das Interesse am Ausland.

Bei den Motiven hingegen zeigt sich kein einziger signifikanter Unterschied zwischen den drei Gruppen: Alle Befragten weisen hier ein ähnliches Antwortverhalten auf. Erneut zeigt sich, dass diese Items wenig differenzieren, was in Teilen auch auf den bereits erwähnten Deckeneffekt zurückzuführen ist. Anders sieht es hingegen bei den Einstellungs-Items aus: Hier ergeben sich deutliche Unterschiede zwischen den Gruppen (vgl. Tab. 4.10), die alle höchst signifikant sind. Die jeweils kleinen bis eher mittleren Effekte zielen in dieselbe Richtung: Je höher das Bildungsniveau, desto stärker der Widerspruch in Bezug auf die (negativ formulierten) Einstellungsitems.

Höher Gebildete lehnen die Aussage stärker ab, dass sie „Ereignisse im Ausland nicht betreffen". Sie sind auch weniger deutlich der Meinung, dass „zu viel über Kriege, Gewalt und Katastrophen im Ausland berichtet wird". Sie lehnen die Aussage, dass sie „nicht genügend Vorwissen [haben], um Ereignisse im Ausland zu verstehen", stärker ab als die jeweils niedriger gebildeten Gruppen. Auch stimmen sie der Aussage, dass „es scheint als passiert immer das Gleiche und nichts ändert sich", nicht so stark zu wie die niedrig gebildeteren Gruppen. Insgesamt ist hier also ein klarer Unterschied zwischen den Bildungsgruppen zu erkennen, der sich beispielsweise in höherem Interesse aber auch höherem Selbstvertrauen in die eigenen Kenntnisse zum Thema ausdrückt.

4.4 Gruppenvergleiche

Tab. 4.10 Einstellungen bezüglich Auslandsnachrichten nach Bildungsgruppen (Mittelwerte)

Einstellungen	Niedriges Bildungsniveau	Mittleres Bildungsniveau	Hohes Bildungsniveau
Ereignisse im Ausland betreffen mich nicht.[a]	3,6	3,8	4,1
Es wird zu viel über Kriege, Gewalt und Katastrophen im Ausland berichtet.[b]	2,7	3,0	3,2
Ich habe nicht genügend Vorwissen, um Ereignisse im Ausland zu verstehen.[c]	3,0	3,4	3,7
Es scheint als passiert immer das Gleiche und nichts ändert sich.[d]	2,6	2,9	3,2

Signifikanztests: $p \leq 0{,}001$, mit (a) $F(2, 972) = 14{,}584$, $\eta^2 = 0{,}029$; (b) $F(2, 975) = 10{,}504$, $\eta^2 = 0{,}021$; (c) $F(2, 973) = 18{,}562$, $\eta^2 = 0{,}037$; (d) $F(2, 964) = 12{,}671$, $\eta^2 = 0{,}026$

In Deutschland ist das Bildungsniveau eng mit den Einkommensverhältnissen verknüpft (in ähnlicher Form gilt dies auch für die meisten anderen Länder). Insofern ist anzunehmen, dass sich die eben genannten Ergebnisse auch in den Analysen zu den Einkommensverhältnissen widerspiegeln. In der Befragung konnten sich die Befragten acht Einkommensgruppen zuordnen – von einem Haushaltseinkommen unter 1000 € in 1000er-Schritten bis zu einem Einkommen von mehr als 7000 €.

In Hinblick auf das allgemeine Interesse an Auslandsnachrichten zeigt sich dann auch – analog zum Bildungsniveau – ein signifikanter Unterschied zwischen den Einkommensgruppen ($F(7, 850) = 5{,}370$, $p < 0{,}001$, $\eta^2 = 0{,}042$). Beide Faktoren sind bekanntlich miteinander verbunden. Anhand der Daten lässt sich auch eine Richtung des Einkommenseffekts erkennen (vgl. Tab. 4.11): Grundsätzlich nimmt das Interesse an Auslandsnachrichten mit dem Einkommen zu – auch wenn der Zusammenhang nicht streng linear ist.

Bei der Zahl der interessierenden Ländern ergibt sich ebenfalls ein signifikanter Unterschied ($F(7, 853) = 4{,}264$, $p < 0{,}001$, $\eta^2 = 0{,}034$). Auch hier weisen die Daten eine Richtung auf – allerdings nur sehr grob: Die niedrigeren Einkommensgruppen nennen zwar weniger Länder als drei Hocheinkommensgruppen (von im Schnitt $M = 2{,}5$ in der niedrigsten Gruppe bis zu $M = 3{,}2$ in der Gruppe $4000 < 5000$ €). Die Gruppe $5000 < 6000$ € fällt jedoch etwas aus dem Rahmen ($M = 3{,}7$), während die beiden höchsten Einkommensgruppen im Schnitt fast gleich viel Länder ($M = 3{,}3$) nennen.

Die Analyse der Motivskala parallelisiert die Ergebnisse aus der Analyse der Bildungsgruppen: Es ergibt sich kein signifikanter Unterschied zwischen den Grup-

Tab. 4.11 Interesse an Auslandsnachrichten nach Einkommensgruppen (Mittelwerte und Standardabweichungen)

Einkommensgruppe	Fallzahl	M	SD
Weniger als 1000 €	126	2,7	0,9
1000<2000 €	218	2,7	0,9
2000<3000 €	233	2,7	0,8
3000<4000 €	127	2,4	0,9
4000<5000 €	61	2,3	0,8
5000<6000 €	39	2,4	0,8
6000<7000 €	22	2,3	0,8
7000 € und mehr	32	2,0	0,6
Gesamt	858	2,6	0,9

pen. Wenig überraschend sieht es bei den Einstellungs-Items anders aus: Hier ergeben sich bei allen Items höchst signifikante Unterschiede. Lediglich bei der Aussage „Es wird zu viel über Kriege, Gewalt und Katastrophen im Ausland berichtet" zeigt die Varianzanalyse keine statistisch signifikanten Differenzen ($F(7, 844) = 1,484$, $p = 0,169$). Die Aussagen „Ereignisse im Ausland betreffen mich nicht." ($F(7, 843) = 4,737$, $p < 0,001$, $\eta^2 = 0,038$), „Ich habe nicht genügend Vorwissen, um Ereignisse im Ausland zu verstehen." ($F(7, 843) = 5,266$, $p < 0,001$, $\eta^2 = 0,042$) und „Es scheint als passiert immer das Gleiche und nichts ändert sich." ($F(7, 837) = 3,644$, $p < 0,001$, $\eta^2 = 0,030$) erbringen hingegen deutliche Unterschiede. Diese Unterschiede verlaufen in die erwartete Richtung, denn generell gilt: Je höher das Einkommen, desto stärker die Ablehnung der negativ formulierten Einstellungs-Items (mit kleineren Abweichungen einzelner Gruppen von der streng linearen Zunahme der Ablehnung).

Tatsächlich zeigt sich also, dass die Richtung der Zusammenhänge bei Einkommen und Bildung parallel verläuft, was noch einmal die enge Verbindung zwischen diesen beiden Personenvariablen unterstreicht. Freilich bleibt die Frage, welcher Einflussfaktor auf das Interesse an Auslandsnachrichten der relevantere ist. Dieser soll im folgenden Abschnitt nachgegangen werden.

4.4.4 Einflussfaktoren auf die Nutzung von Auslandsnachrichten im Vergleich

In den vorherigen Abschnitten wurden zunächst einige Aspekte der Nutzung von Auslandsnachrichten für die Gesamtheit der Befragten betrachtet. Sodann wurden

4.4 Gruppenvergleiche

wichtige (soziodemographische) Gruppen in Hinblick auf das Interesse, die Motive und Einstellungen zu Auslandsnachrichten verglichen. Offen geblieben ist dabei allerdings, welcher Einflussfaktor im Besonderen das Interesse der deutschen Bevölkerung an den Auslandsnachrichten beeinflusst. Zwar sind bereits in den Gruppenvergleichen einige plausible Thesen hierzu diskutiert worden, doch es bedarf einer weitergehenden Analyse, um den Beitrag der Personenvariablen im Vergleich abschätzen zu können.

Hierzu wird im Folgenden eine lineare Regression mit einigen wichtigen Einflussgrößen (d. h. unabhängigen Variablen im Modell) durchgeführt. Abhängige Variable ist dabei das Interesse an Auslandsnachrichten, das (wie bereits erläutert) mittels 5stufiger Likert-Skala erhoben wurde. Neben den bereits diskutierten soziodemographischen ‚Standard'-Variablen – Geschlecht, Alter, Bildung und Einkommen – wurden zusätzlich das Interesse für Politik (5stufige Likert-Skala) sowie relevante Aspekte der Mediennutzung erhoben.

Das politische Interesse ist plausiblerweise ein wichtiger Einflussfaktor – dies belegte bereits die Analyse zu den differenzierten Themeninteressen der Nutzer (vgl. Tab. 4.3), aber auch die rezipientenorientierte Forschung zur Nachrichtennutzung bzw. zu Nachrichtenwerten und Personeneigenschaften (vgl. Eilders 1997; Fretwurst 2008). Die Mediennutzung wurde ebenfalls in vorigen Studien als relevante Einflussgröße der Nutzung von (Auslands-) Nachrichten identifiziert (vgl. u. a. Korzenny et al. 1987; Perry 1990; Semetko et al. 1992). Als spezifische Mediennutzung wurde die generelle Nachrichtennutzung im Fernsehen (Minuten pro Tag), das Lesen von Zeitungen (Minuten pro Tag) sowie die Nutzung von Nachrichten im Internet (Minuten pro Tag) erhoben. Verzichtet wurde auf die Nutzung von Nachrichten im Radio, da dieses heutzutage kaum noch den Charakter eines dezidiert zu Nachrichtenzwecken genutzten Mediums hat. Als ‚Nebenbeimedium' erreicht es zwar ein Publikum mit meistenteils stündlichen Nachrichten, doch ist hier kaum von spezifischer Varianz innerhalb der Hauptnutzergruppen aktueller Formatradio-Sender auszugehen.[8] Bei den anderen drei Formen der Mediennutzung kann man eine Differenz zwischen unterschiedlichen Nutzertypen bzw. Nutzungsintensitäten erwarten – plausibler Weise gibt es hier Hoch- und Niedrignutzer, die sich deutlich unterscheiden.

Für die Analyse wurden die abhängige Variable sowie das Politikinteresse umgepolt, um eine einfache Interpretation der Werte zu ermöglichen: Positive β-Werte

---

[8] Anders formuliert: Nutzer von aktuellen Formatradio-Sendern hören fast ausnahmslos stündlich kurze, sich weitgehend wiederholende Nachrichtensendungen von nur wenigen Minuten. Eine nennenswerte Ausnahme sind die (wenigen) Nutzer dezidierter Nachrichten-Radios. Jedoch wurde aus Gründen der Vergleichbarkeit mit der internationalen Referenzstudie und forschungspragmatischen Überlegungen (Länge des Fragebogens bei einer Telefonbefragung) auf eine spezifische diesbezügliche Frage verzichtet.

Tab. 4.12 Einfluss auf das Interesse an Auslandsnachrichten (lineare Regression)

Prädiktoren	B	β	t-Statistik	p-Wert
Geschlecht[a]	0,061	0,037	0,947	0,344
Alter (Jahre)	−0,001	−0,021	−0,498	0,618
Bildungsjahre	0,028	0,126	3,214	0,001
Einkommenskategorien	0,032	0,071	1,788	0,074
Nachrichten im Fernsehen (Min.)	0,002	0,075	1,963	0,050
Zeitung gelesen (Min.)	0,001	0,034	0,784	0,433
Nachrichten im Internet (Min.)	0,002	0,091	2,432	0,015
Interesse für Politik	0,283	0,331	8,031	0,000

Für die vorliegende Analyse wurde die abhängige Variable umgepolt, um ein intuitives Verstehen der Werte zu ermöglichen. Der Wert „1" zeigt dann (umgekehrt zur ursprünglichen Skala) ein niedriges Interesse an, der Wert „5" ein hohes Interesse. Ebenso wurde die Variable „Interesse für Politik" umgepolt – d. h. ein positiver β-Wert zeigt an, dass bei einer Zunahme des Interesses für Politik auch das Interesse an Auslandsnachrichten zunimmt.
$n = 600$, $R^2 = 0{,}185$
[a] 1 = männlich, 2 = weiblich

zeigen ein Ansteigen des Interesses an Auslandsnachrichten bei einer der jeweiligen unabhängigen Variablen.

Die Ergebnisse zeigen, dass es in Hinblick auf die betrachteten Einflussfaktoren erhebliche Unterschiede gibt (vgl. Tab. 4.12). Das Regressionsmodell kann insgesamt 18,5 % der Varianz erklären. Allerdings haben nur vier Variablen einen signifikanten Einfluss auf das Interesse an Auslandsnachrichten: die Bildung, die Nutzung von Fernsehnachrichten, die Nutzung von Online-Nachrichten, sowie das generelle Interesse für Politik.

Die Analyse zeigt zunächst, dass Bildung einen deutlichen Einfluss auf das Interesse an Auslandsnachrichten hat – mit jedem einzelnen Jahr Bildung nimmt das Interesse um 0,028 Skalenpunkte zu. Die anderen soziodemographischen Variablen erreichen hingegen keine statistische Signifikanz. Auch wenn in den vorangegangenen Abschnitten Differenzen zwischen einzelnen Gruppen festgestellt wurde – deren Binnendifferenz ist für das Interesse an Auslandsnachrichten insgesamt kaum von Bedeutung. Allerdings ist dies nach der Untersuchung der Gruppenunterschiede auch nicht mehr so überraschend: Die Bildungseffekte waren bereits dort deutlicher als jene anderer soziodemographischer Variablen, welche für die verschiedenen Aspekte der Rezeption von Auslandsnachrichten eher irrelevant erscheinen.

Anders sieht es hingegen mit dem Politikinteresse aus: Dieses hat einen höchst signifikanten und auch sehr ausgeprägten Einfluss im Regressionsmodell. Personen mit einem um einen Skalenwert höheren Interesse haben auch ein um 0,3

Einheiten höheres Interesse an Auslandsnachrichten. Dies bestätigt die genannten früheren Studien, die das Politikinteresse eng mit der Nutzung von Auslandsnachrichten verbunden sehen (vgl. Eilders 1997; Fretwurst 2008).

Zu guter Letzt haben auch zwei Mediennutzungsvariablen einen statistisch signifikanten Einfluss auf den Regressand: Wer länger Nachrichten im Fernsehen nutzt, der ist auch stärker an Auslandsnachrichten interessiert – pro Minute TV-Nachrichtennutzung nimmt das Interesse an Auslandsnachrichten um 0,002 Einheiten zu. Allerdings ist dieser Effekt gerade noch statistisch signifikant. Ähnlich stark wirkt sich die Nutzung von Online-Nachrichten aus. Der Beitrag der Variable ist klar statistisch signifikant. Dies bedeutet: Vielnutzer von Online-Nachrichten interessieren sich auch stärker für Auslandsnachrichten.

4.5 Nutzer und Nutzung von Auslandsnachrichten – ein Zwischenfazit

Auslandsnachrichten wurden in der Literatur bislang vor allem als Medieninhalt oder als Produkt des Handelns journalistischer Gatekeeper betrachtet. Eine publikumsorientierte Sichtweise hat bislang deutlich weniger Zuspruch gefunden. Das vorliegende Kapitel hat diese eher seltene Perspektive eingenommen: Es wurden die Ergebnisse einer bevölkerungsrepräsentativen Befragung zur Nutzung von Auslandsnachrichten vorgestellt.

Die Befragung belegte zunächst die weiterhin ungebrochene Bedeutung des Fernsehens als ein zentrales Medium im Alltag der Nutzer, auch in Hinblick auf Nachrichten. Auslandsnachrichten rangieren allerdings im Interesse der Zuschauer hinter den nationalen Themen. In der Literatur wird mitunter sogar ein großes Desinteresse am Ausland angenommen – dies konnte die Befragung aber nicht bestätigen. Zumindest auf Basis der Selbstauskünfte der Befragten stoßen Berichte zum Ausland immer noch auf große Aufmerksamkeit. Die Motivations- und (dämpfenden) Einstellungsitems zur Nutzung belegen ebenfalls, dass Auslandsnachrichten durchaus auf vielfältige Art gewünscht werden. Inhaltlich können insbesondere Wirtschaftsthemen, Soziales, Beziehungen zwischen Ländern und Berichte über Unglücke und Katastrophen die Zuschauer interessieren.

Das Bild der Welt, welches durch Auslandsnachrichten vermittelt wird, ist ein sehr spezifisches und in vielerlei Hinsicht limitiertes – dies hat erneut bereits die Inhaltsanalyse gezeigt. Andererseits entspricht dies auch der Nutzersichtweise, denn diese Beschränkung auf wenige Länder zeigt sich auch beim Nationeninteresse der Rezipienten: Einige wenige Nationen ziehen fast die gesamte Aufmerksamkeit auf sich. Neben den USA sind dies einige wirtschaftlich und politisch relevante, europäische Akteure sowie China. Afrikanische und südamerikanische Nationen sowie Ozeanien und Australien sind hingegen überhaupt nicht im Fokus der Nutzer. Vereinfacht gesagt, ist die Südhalbkugel quasi ausgeblendet: Sie taucht kaum in den Nachrichten auf (vgl. Kap. 3), noch interessieren sich die Zuschauer für sie.

Allerdings zeigen die Analysen, dass zwischen unterschiedlichen Nutzergruppen durchaus Unterschiede bestehen. Während das Alter der Befragten nur eine untergeordnete Rolle spielt, zeigen sich zwischen Bildungs- und Einkommensgruppen einige Differenzen. Auch das Geschlecht der Befragten macht einen Unterschied bei einigen Befragungskategorien. Durchaus bedenklich ist vor allem der Bildungseffekt in Hinblick auf das Interesse an Auslandsnachrichten, hat doch die Nachrichtennutzung selbst wiederum bildende Funktion. Hier kann es möglicherweise zu Wissenskluft-Effekten (vgl. Tichenor et al. 1970) kommen, wie sie in der Kommunikationswissenschaft bereits vielfach untersucht wurden. Allerdings wären zur weiteren Abklärung, ob es hier zu einer wachsenden Wissenskluft kommt, umfassendere Längsschnitt-Analysen notwendig. Ein solch aufwändiger Forschungsansatz konnte im Rahmen der vorliegenden Arbeit nicht realisiert werden.

Zudem muss festgehalten werden, dass die Bildung zwar einen relevanten Einfluss auf das Nutzerinteresse an Auslandsnachrichten hat, andere soziodemographische Variablen in der Gesamtschau aber eher eine untergeordnete Bedeutung besitzen. Als relevant haben sich hingegen das allgemeine Politikinteresse und spezifische Formen der (Nachrichten-)Mediennutzung erwiesen. Generell bringt eine höhere Nutzung von Fernseh- und Onlinenachrichten auch ein höheres Interesse an Auslandsnachrichten mit sich. Dies ist nicht unbedingt eine Selbstverständlichkeit – selbst von Nachrichtenschaffenden wird ja mitunter bezweifelt, dass Berichte über andere Nationen und das Ausland selbst für intensive Nachrichtennutzer von Belang sind.

Diese Sichtweise der ‚Profis' auf Auslandsnachrichten wird im letzten empirischen Teil des hier beschriebenen Projekts näher analysiert – hierfür wurden Gespräche mit Journalisten in ausgewählten TV-Nachrichtenredaktionen geführt.

Die Journalisten 5

Unter Mitarbeit von Theresa Steffens

Dieses Kapitel ist den journalistischen Kulturen der beiden deutschen TV-Nachrichtenredaktionen mit den größten Reichweiten gewidmet, nämlich der *Tagesschau* als öffentlich-rechtlichem Angebot der ARD und dem privaten Angebot *RTL Aktuell*. Innerhalb dieser Kulturen sollen zentrale Faktoren identifiziert werden, die Einfluss auf die Themenselektion von Redakteuren der Auslandsnachrichten haben. Außerdem soll dargestellt werden, ob die Redakteure ihre Sendungen selbst gut kennen und zutreffend die Zuschauerinteressen bezüglich Auslandsnachrichten einschätzen können.

Als Heuristik für den ersten Teil dient Hanitzsch' (2007) Dimensionierung von Journalismuskulturen, die jedoch um eine Unterscheidung der Handlungsebene erweitert wird. Empirische Basis sind Tiefeninterviews mit verantwortlichen Journalisten, darunter Peter Klöppel als Chefmoderator von *RTL Aktuell* und Chefredakteur der RTL Nachrichtenredaktion sowie Kai Gniffke als Chefredakteur der *Tagesschau* und erster Chefredakteur bei ARD-aktuell. Als Vergleichsfolie wurden diese Interviews eingebettet in eine Analyse von 47 Journalisten privater und öffentlich-rechtlicher bzw. staatlicher Fernsehsender aus elf anderen Ländern, die an der übergreifenden „Foreign News"-Studie teilgenommen haben. Der Schwerpunkt der Auswertung liegt auf Aussagen der Journalisten zu ihrem beruflichen Selbstbild, ihrem Bild vom Publikum, den die journalistische Arbeit prägenden Ressourcen und Einschränkungen und den wahrgenommenen journalistischen Normen.

In den beiden unmittelbar folgenden Abschnitten wird zunächst Hanitzsch' Theorie erläutert und in Bezug auf unterschiedliche Handlungsebenen ausdifferenziert.Nach einer Darstellung der Methode folgt dann die Präsentation der Er-

Tab. 5.1 Konstituenten und Hauptdimensionen von Journalismuskultur

Konstituenten	Hauptdimensionen	Ausprägungen	
Institutionelle Rollen	Interventionismus	(+) Intervention vs.	Passiv (–)
	Machtdistanz	(+) Gegenpol vs.	Loyal (–)
	Marktorientierung	(+) Konsument vs.	Staatsbürger (–)
Epistemologien	Objektivismus	(+) Korrespondenz vs.	Subjektivität (–)
	Empirismus	(+) Empirisch vs.	Analytisch (–)
Ethische Ideologien	Relativismus	(+) Kontextuell vs.	Universell (–)
	Idealismus	(+) Mittel vs.	Zweck (–)

Eigene Darstellung nach Hanitzsch (2007, 376).

gebnisse. Die Befunde aus dem internationalen Vergleich stellen die Grundlage für die differenziertere Analyse der deutschen Redaktionen dar.

5.1 Die sieben Dimensionen journalistischer Kultur

Um einen Vergleich journalistischer Kulturen zu ermöglichen, schlägt Hanitzsch (2007) ein theoretisch fundiertes Konzept der Journalismuskulturen vor, das vergleichend in unterschiedliche kulturelle Kontexte eingesetzt werden kann. Journalistische Kultur wird dabei nicht allein auf jene externen Faktoren beschränkt, die vor allem die performativen Schemata, also die Ausführung der journalistischen Arbeit, beeinflussen. Vielmehr werden auch kognitive Schemata berücksichtigt, die Wahrnehmungen und Interpretationen der einzelnen Journalisten steuern sowie evaluative Schemata, die professionelle Weltsichten, Rollenverständnisse und Ideologien beinhalten. Letztere sind für die Betrachtung journalistischer Kulturen besonders hilfreich, da sie Selbstverständnisse und Selbstbeschreibungen und somit die journalistische Orientierung beinhalten.

Um die Facetten journalistischer Kulturen in einem Modell abzubilden, wurden zunächst drei Konstituenten ausgewählt, die wiederum in sieben Hauptdimensionen aufgeteilt werden können (vgl. Tab. 5.1).

Die institutionellen Rollen beschreiben die von den Journalisten wahrgenommenen Funktionen von Journalismus für die Gesellschaft und prägen so das Rollen- und Berufsverständnis. Epistemologien beziehen sich auf den Wahrheitsanspruch, also auf die Kriterien einer akzeptierten Beweisführung und beschreiben somit das erkenntnistheoretische Fundament der journalistischen Kultur. Ethische Ideologien zielen auf moralische Werte und ihre Geltungskraft ab; neben den eigentlichen Werten wie beispielsweise Vollständigkeit und Ausgewogenheit stellt sich hierbei vor allem die Frage nach dem Umgang mit Standards und Wertvorstellungen in ethisch problematischen Situationen.

5.1 Die sieben Dimensionen journalistischer Kultur

Diese drei Konstituenten können in sieben idealtypische, bipolare Hauptdimensionen zerlegt werden:

- *Institutionelle Rollen* beinhalten dabei die Hauptdimensionen Interventionismus, Machtdistanz und Marktorientierung. Interventionismus gibt an, wie stark sich die Journalisten für gesellschaftliche Werte oder eine Mission engagieren, und erstreckt sich vom aktiv eingreifenden Pol („Intervention") zum passiven Pol (Journalisten legen auf Prinzipien wie Objektivität, Neutralität oder Unvoreingenommenheit wert). Die zweite Hauptdimension, Machtdistanz (in Anlehnung an Hofstede 1980), bezieht sich auf das Verhältnis von Journalisten und Machtzentren innerhalb einer Kultur. Dabei steht der positive Pol („Gegenpol") für ein Verständnis von Journalismus als Wächterfunktion oder „vierte Gewalt"; der negative Pol („Loyal") weist hingegen auf eine große Nähe von Journalismus und Machtzentren hin und äußert sich beispielsweise in Agitator-Journalismus, (Selbst-) Beschränkung oder (Selbst-) Zensur. Die dritte Hauptdimension Marktorientierung zielt auf die Unterscheidung der Markt- bzw. Gemeinwohlorientierung ab. Richtet sich der Journalismus an Konsumenten aus (positiver Pol) und folgt somit der Marktlogik, so fokussiert sich die Berichterstattung meist auf alltägliche, banale und praktische Bedürfnisse; die Orientierung am Staatsbürger (negativer Pol) betont hingegen die öffentliche Aufgabe des Journalismus, also die Informations- und Bildungsfunktion.
- *Epistemologien* umfassen die Hauptdimensionen Objektivismus und Empirismus. Ersteres beschäftigt sich mit der Frage, ob eine objektive Erkenntnis möglich ist; der Pol „Korrespondenz" geht von der Existenz einer objektiven, ultimativen Wahrheit aus, während der Pol „Subjektivität" eine konstruktivistische Perspektive einnimmt. Empirismus beschäftigt sich mit der Frage, wie die Wahrheit von Aussagen begründet und legitimiert wird. Die empirische Begründung (positiver Pol) basiert dabei auf faktischen Anhaltspunkten, während sich eine analytische Begründung (negativer Pol) auf Argumente, Glaubwürdigkeit und Überzeugungskraft von Journalisten stützt.
- Die *ethischen Ideologien* werden schließlich in die Hauptdimensionen Relativismus und Idealismus aufgeteilt. Relativismus beschäftigt sich mit der Anerkennung grundlegender ethischer Regeln, auf deren Basis Journalisten ihre Entscheidungen treffen. Der Pol „Kontextuell" gibt dabei an, dass die Geltung von Werten und Regeln in Abhängigkeit des jeweiligen Kontextes ermittelt wird, während der Gegenpol („Universell") von kontextunabhängigen, konstanten und umfassenden ethischen Regeln ausgeht. Die siebte Hauptdimension des Idealismus bezieht sich auf die Normorientierung in ethischen Konflikten, die sich aus einer Diskrepanz in der Bewertung von Zweck und Mitteln des Han-

delns ergeben kann. Sie wird aufgespannt von zwei Polen, die durch die Bereitschaft zum Abwägen von Zweck und Mitteln in ethischen Konfliktsituationen beschrieben werden können. Der stark idealistisch geprägte Pol („Mittel") lehnt ein solches Abwägen ab und insistiert folglich auf einer Beschränkung auf moralisch „richtige" Mittel. In Anlehnung an Max Weber (1976, 12) kann man hier von wertrationalem Handeln sprechen. Der wenig idealistisch geprägte Pol („Zweck") zeichnet sich durch die Bereitschaft aus, im Sinne eines zweckrationalen Handelns ethisch problematische Mittel durch ein erstrebenswertes Ziel aufwiegen zu lassen.

5.2 Differenzierung nach Handlungs- und Wahrnehmungsebenen

Die Werte und das Handeln einzelner Journalisten sind stark mit übergeordneten Strukturen verzahnt (vgl. Scholl und Weischenberg 1998): Diese reichen vom unmittelbaren Arbeitsumfeld einer Redaktion über die Rahmenbedingungen bei einem Konzern bis hin zu nationalen oder länderübergreifenden Handlungsweisen und Werten. Diese Ebenen getrennt zu betrachten ist in dem Maße wichtig, in dem die Ebenen sich in Hinblick auf die journalistische Kultur unterscheiden: Was auf einer höheren Ebene als monolithische journalistische Kultur erscheinen mag, ergibt auf der niedrigeren Ebene ein – mehr oder weniger – heterogenes Bild: Nicht alle Journalisten sind gänzlich auf der Linie ihrer Redaktion, noch sind sämtliche Redaktionen eines Konzerns als homogener Block zu betrachten. Dies ergibt sich schon allein daraus, dass Journalisten im Laufe ihrer Biographie die Redaktionen wechseln.

Aus diesem Grund wurde Hanitzsch' Typologie um eine Unterscheidung in Mikro-, Meso- und Makro-Ebene erweitert: So finden sich auf der Systemebene (S) allgemeine Wertvorstellungen, wie das gesellschaftliche Rollenverständnis des Journalismus, aber auch politische Einflüsse und gesetzliche Restriktionen. Die institutionelle Perspektive (I) bezieht sich auf die Selbstkonzeption und das Selbstverständnis der untersuchten Fernsehsender, aber auch auf die von ihnen vorgegebenen (meist finanziellen und personellen) Ressourcen und Beschränkungen. Auf der individuellen Ebene der Journalisten (J) können schließlich Fragmente der journalistischen Kultur durch die persönliche Perspektive der Journalisten auf ihre alltägliche Arbeit aufgezeigt werden.

Abbildung 5.1 zeigt, wie die Journalisten (J) als Individuen in die Institution (I) eingebettet sind; diese stellt wiederum ein Teil des Systems (S) dar. Auf allen Ebenen sind zudem Werte (V) und Beschränkungen (C) vorhanden, die Auswirkungen auf

Abb. 5.1 Einflüsse der verschiedenen Werte und Restriktionen auf die darunter liegenden Ebenen

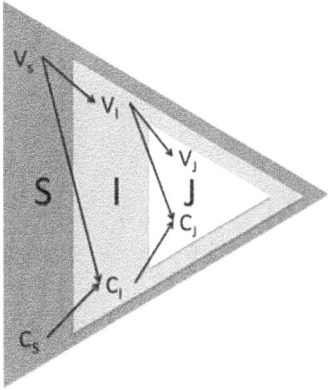

die Werte und Restriktionen der eingebetteten Ebenen haben, wie die Pfeile zeigen. In Hinblick auf journalistische Kulturen bedeutet dies, dass die Handlungen von Journalisten nicht nur von ihren persönlichen Einstellungen und Werten, sondern auch vom Selbstbild und den Restriktionen ihrer Institution beeinflusst werden. Da diese Institutionen ihrerseits politischen und rechtlichen Restriktionen des Systems und Wertvorstellungen der Gesellschaft unterliegen, haben diese ebenfalls indirekt Auswirkungen auf die Arbeit der Journalisten.

5.3 Methode

Kernziel der Analyse ist die Identifikation zentraler Faktoren der unterschiedlichen journalistischen Kulturen bei *Tagesschau* und *RTL Aktuell*, die Einfluss auf die Themenselektion von Redakteuren der Auslandsnachrichten in diesen Sendern haben. Basis der Auswertung bilden die Aussagen aus den fünf mit deutschen Journalisten geführten Tiefeninterviews. Im Fall von *RTL Aktuell* wurden dafür Peter Klöppel (Chefmoderator der Sendung und Chefredakteur), Gerhard Kohlenbach (Redaktionsleiter und Chef vom Dienst) und Carlo Schlender (Reporter) interviewt; im Fall der *Tagesschau* Kai Gniffke (Chefredakteur der *Tagesschau* und erster Chefredakteur bei ARD-aktuell) und Christine Bauer (Redakteurin in der Planung von ARD-aktuell mit Schwerpunkt auf Auslandsnachrichten).

Als Vergleichsfolie zur Deutung der Unterschiede wurden die Auswertungen ergänzt durch eine Analyse von Interviews mit insgesamt 46 Journalisten, die in elf anderen Ländern durchgeführt wurden.[1] Zwar sind die Stichproben zu gering, um

---

[1] Die Interviews wurden jeweils von den Partnern des internationalen Forschungsprojekts durchgeführt.

Tab. 5.2 Länder und Sender, in denen Interviews durchgeführt wurden

Land	Zahl der befragten Journalisten	TV-Sender	Land	Zahl der befragten Journalisten	TV-Sender	Summe
Deutschland	2	ARD	China	2	CCTV	
	3	RTL	Hongkong	2	Cable TV	
Belgien	2	VTM		1	TVB	
	2	VRT		1	ATV	
Brasilien	3	TV Globo	Polen	2	Fakty TVN	
	1	TV Cultura		1	TVP SA	
Kanada	1	CTV	Portugal	2	TVI	
	2	CBC		2	RTP	
Chile	3	Mega	Schweiz	2	SF Tagesschau	
	5	TVN		1	Tele Züri1	
Israel	2	Channel 1	Taiwan	2	PTS	
	2	Channel 2				
Summe	28			18		46

als repräsentativ für die Gesamtheit der TV-Nachrichten-Journalisten in den jeweiligen Ländern zu gelten. Es wurden aber Führungspersonen aus den Redaktionen der bedeutendsten TV-Nachrichtenredaktionen kontaktiert. Den hier zitierten Stimmen kann also durchaus eine Aussagekraft auf nationaler Ebene zugesprochen werden. Die folgende Tabelle führt die Länder und die jeweiligen Sender auf.[2]

Die Fragen richteten sich auf das Selbstverständnis, die von den Befragten wahrgenommenen Normen und Restriktionen sowie die weiteren Einflüsse auf ihr Handeln, die die Journalisten wahrnahmen. Die Interviews wurden mithilfe einer strukturierten, qualitativen Inhaltsanalyse nach Mayring (2000) analysiert. Aus der entwickelten theoretischen Heuristik wurden zunächst Kategorien abgeleitet; diese wurden während der Analyse ergänzt. Die verwendeten Kategorien lassen sich in drei Bereiche unterteilen:

- Basiskategorien umfassen dabei das untersuchte Land, die Medienstruktur oder die Größe der Abteilung für Auslandsnachrichten;
- individuelle Kategorien beziehen sich auf die Position, die Bildungsabschlüsse und die Berufserfahrung (vor allem im Ausland) der befragten Redakteure;

---

[2] Für detaillierte Informationen zu den teilnehmenden Ländern und Sendern (vgl. Cohen 2013).

- kulturelle Kategorien beinhalten neben den sieben Dimensionen nach Hanitzsch das Bild, das die Befragten von ihrem Publikum haben, ihr Selbstverständnis, die Legitimierung der Nachrichtenauswahl und die wahrgenommenen äußeren Bedingungen der journalistischen Arbeit.

Durch die Inhaltsanalyse konnten die relevanten Analysedimensionen zur Konstruktion einer Typologie journalistischer Kulturen identifiziert werden (vgl. Patton 2002; Kluge 2000; Kuckartz 2010). Die nach der Gruppierung von Einzelfällen folgende induktive Suche nach Mustern (innerhalb der Ausprägungsbereiche der kulturellen Kategorien) wurde von der Suche nach Gemeinsamkeiten und Unterschieden geleitet, um eine möglichst große externe Heterogenität sowie interne Homogenität zu gewährleisten. Anschließend wurden relevante Beziehungen identifiziert, die in die Typenbildung einflossen. Zunächst wurden fünf Typen anhand der Dimensionen journalistischer Kultur nach Hanitzsch gebildet; durch die zusätzliche Beachtung äußerer Bedingungen (Ressourcen und Restriktionen) konnten die fünf identifizierten Typen in drei Typen mit Subtypen unterschieden werden.

5.4 Ergebnisse: Journalistische Kulturen im internationalen Vergleich

5.4.1 Typologie journalistischer Kulturen

Tab. 5.3 gibt einen Überblick der Fundstellen zu Beschränkungen des journalistischen Handelns sowie zu Ausprägungen der journalistischen Kultur auf Basis von Hanitzsch' sieben Dimensionen. Sie zeigt jedoch lediglich Tendenzen für die unterschiedlichen Länder an, da institutionelle und individuelle Unterschiede hier noch nicht berücksichtigt werden. Die Spalten stehen für die zwölf Länder, die im Gesamtsample vorkommen: Deutschland, Belgien, Brasilien, China, Chile, Hongkong, Israel, Kanada, Polen, Portugal, Schweiz und Taiwan. Diese sollen auf Basis der Befunde in übergeordnete „Typen" zusammengefasst werden. Die Zeilen spiegeln die sieben Hauptdimensionen journalistischer Kultur nach Hanitzsch wider. Ergänzend wurden noch finanzielle und normative Restriktionen auf journalistisches Handeln berücksichtigt. Ein „+" in einer Zelle steht dafür, dass die Leitfadeninterviews starkes Vorkommen der jeweiligen Ausprägungen journalistischer Kultur bzw. der jeweiligen Restriktionen zum Ausdruck brachten (also starke Marktorientierung, starke Machtdistanz, usw.). Ein „-" steht dafür, dass die empirischen Befunde eher auf schwache Ausprägungen schließen lassen (schwache Marktorientierung usw.). Ein „o" stellt dar, dass die Fundstellen auf ein Mittelmaß der jeweiligen

Tab. 5.3 Typologie journalistischer Kulturen: Ergebnisse auf Makro-Ebene

Typ	1						2					3
Subtyp	1a				1b		2a				2b	
Land	Belgien	Deutschland	Kanada	Schweiz	Brasilien	Polen	Chile	Portugal	Taiwan	Hongkong	Israel	China
Beschränkungen finanziell	-	-	-	-	o	o	+	+	o	o	+	o
normativ												
Dim. journali. Kultur Marktorientierung	-	-	-	-	-	-	o	+	o	o	+	+
Machtdistanz											-	
Idealismus	+	+	+	+	+		-	-		-		
Objektivismus	+	+		+	+		-	-	o		-	-
Empirismus	+	+	+	+	+	+	+	+	o	-	-	-
Relativismus												
Interventionismus	+	+	+	+	+		+	+	+	+	+	-

Sortiert nach Marktorientierung bzw. Typen.

5.4 Ergebnisse: Journalistische Kulturen im internationalen Vergleich

Ausprägungen hindeuten. Fehlt ein Zeichen in einer Zelle, so wurde nichts Wesentliches in Bezug auf diese Dimension journalistischer Kultur bzw. diese Restriktion gesagt.

Zunächst betrachten wir die Zeilen der Tabelle, also die Dimensionen journalistischer Kultur und die Beschränkungen für journalistisches Handeln. Zur Unterscheidung in Typen setzen wir bei der Dimension der Marktorientierung an. Hier lassen sich die Länder mit niedriger Marktorientierung von jenen unterscheiden, bei denen eine mittlere bis hohe Marktorientierung zu finden ist. Passend dazu findet sich ein gegensätzliches Bild in Bezug auf den Objektivismus: In jenen Ländern mit niedriger Marktorientierung (Deutschland, Belgien, Schweiz, Kanada, Brasilien und Polen) ließen sich nur positive Ausprägungen an Objektivismus feststellen; in den Ländern mit mittlerer (z. B. Chile) bis hoher Marktorientierung (z. B. Portugal) finden sich dagegen Hinweise auf neutrale Ausprägungen von Objektivismus oder subjektivistische Tendenzen (so etwa in Chile und Portugal).

Ausprägungen der Dimensionen Machtdistanz und Relativismus konnten lediglich in den Interviews mit chinesischen Journalisten gefunden werden, was vermutlich darauf zurückzuführen ist, dass es sich bei China um die einzige Diktatur innerhalb des Samples handelt. Die Hauptdimension Interventionismus konnte in dieser Studie nicht als distinktive Kategorie eingesetzt werden; es fanden sich lediglich Aussagen, die dem aktiv eingreifenden Pol der Dimension zugeordnet werden konnten.

Auf der Suche nach einem geeigneten Merkmalsraum für die Typologie der Länder (und also einer Möglichkeit, die Spalten der Typologie zusammenzufassen) wurden die Staaten nach unterschiedlichen Kriterien wie Weltregionen oder politischen Systemen sortiert, und nach tiefer liegenden Mustern gesucht. Dabei wurde stets betrachtet inwieweit die Ordnung der Spalten zu Blöcken mit gemeinsamen Ausprägungen in Bezug auf die Zeilen führte. Eine Anordnung der Ergebnisse nach Kontinenten offenbart eine deutliche Kluft zwischen Europa und Amerika auf der einen und Asien und dem Mittleren Osten auf der anderen Seite. So orientieren sich europäische und amerikanische Journalisten eher am Staatsbürger und befürworten Objektivismus und Empirismus, während in Asien und im Mittleren Osten Unterhaltung und Zerstreuung des Publikums im Vordergrund stehen und subjektive und analytisch geprägte Berichterstattung eine höhere Akzeptanz findet. Allerdings muss auch festgestellt werden, dass die Ergebnisse einiger Länder deutlich von dem sonst recht homogenen Bild ihrer Gruppe abweichen. Daher ist es notwendig, einen anderen Analyserahmen zu finden, der eine möglichst große externe Heterogenität und interne Homogenität der gebildeten Typen zulässt.

In einer großen Gruppe der untersuchten Länder (Belgien, Deutschland, Kanada, Schweiz, Brasilien und Polen) heben sich die Redaktionen durch eine starke Orientierung an den Staatsbürgern ab und folgen somit einer öffentlichen Aufgabe.

Dieses bildungs- und informationsorientierte Selbstverständnis von Journalisten begründet den Typ 1. Es kommt in Aussagen wie den folgenden zum Tragen:

> Es gibt eine gesellschaftliche Verantwortung und es muss für euch relevant sein, dass ihr wisst, wer beispielsweise in Ruanda zum Präsidenten gewählt wird. (Typ 1, Deutschland, RTL)

> Education, public health, even in foreign countries, is very important. I see this subject as part of our duty. A public channel must cover these themes daily. (Typ 1, Brasilien, öffentlich-rechtlicher bzw. staatlicher Sender (TV Cultura)).

Die übrigen Länder, die sich stärker an der Marktlogik orientieren, wurden anhand der zugrundeliegenden Bedingungen unterteilt in die Typen 2 (Chile, Portugal, Taiwan, Hongkong, Israel) und 3 (enthält nur den Sonderfall China). Während sich Länder des Typs 2 eher aus ökonomischen Gründen am Konsumenten orientieren, werden in China zusätzlich normative Restriktionen als Begründung angegeben:

> They [stations in other countries] don't have to listen to specific instructions while we have to. [...] Any reactionaries will not be shown on TV unless the central government leaders approve. We only cover them when the tone is set. (China, CCTV)

Zudem kam lediglich in den Interviews mit chinesischen Journalisten die Dimension (fehlender) Machtdistanz in Form von Loyalitätsbekundungen zur Sprache: „We stand by the side of government and avoid any trouble".

Die Unterscheidung in die drei genannten Typen lässt sich auch anhand anderer Hauptdimensionen journalistischer Kultur bestätigen: Die Orientierung am Staatsbürger des Typs 1 (Marktorientierung) hängt offenbar mit einem hohen Objektivismus zusammen, und Journalisten aus diesen Ländern betonen idealistische Werte stärker, als dies bei Typ 2 und in China der Fall ist. Weiterhin lässt sich feststellen, dass die Forderung nach Empirismus von Typ 1 über Typ 2 bis hin zum Fall von China stetig abnimmt, was sich mit der Art der Nachrichtenselektion in Verbindung bringen lässt.

> Weil wir wirklich absolut, absolut, absolut seriös sind und das ist nicht nur dahingesagt, das ist wirklich so; wir prüfen wirklich genau, was wir machen und was wir nicht machen und auch, was unsere Quellenangaben angeht, wie wir mit Bildern zum Beispiel umgehen... (Typ 1a, Deutschland (ARD))

> It is to a certain extent the result of operational routine. The news channels did not seriously consider what they really want to do in international news. The U.S. news feeds quickly. Footages are easily available. It [U.S. news] has everything, is quick, and is easy to work on. (Typ 2a: Hongkong, privater Sender (Cable TV))

5.4 Ergebnisse: Journalistische Kulturen im internationalen Vergleich

> The official line from the Xinhua News Agency news bulletin. You can learn from their news release of which one can be broadcasted and which one cannot. (China, staatlicher Sender (CCTV))

Die hier dargestellten grundlegenden Typen ergeben sich vor allem aus der Betrachtung der Unterschiede in den Hauptdimensionen Marktorientierung und Objektivismus. Unter Berücksichtigung des Bildes, das die Befragten von ihrem Publikum haben, der damit zusammenhängenden Legitimierung der Nachrichtenauswahl und der (vor allem finanziellen) Bedingungen, lassen sich diese Typen in weitere Subtypen unterteilen.

Innerhalb des Typs 1 lassen sich Unterschiede vor allem in Hinblick auf die Ressourcen finden: Typ 1a (Deutschland, Belgien, Schweiz und Kanada) bildet gut ausgestattete Sender mit einer öffentlichen Bildungs- und Informationsaufgabe ab, Typ 1b (Brasilien und Polen) beinhaltet vor allem Sender, die bei der Erfüllung ihrer öffentlichen Aufgabe mit niedrigen personellen Ressourcen und finanziellen Beschränkungen zu kämpfen haben. Es lässt sich festhalten, dass Typ 1b an Typ 1a orientiert ist, die nötigen Mittel jedoch mitunter fehlen.

> We began to pay more attention to the pedagogic format of the news explaining more the events, informing better. (Typ 1b: Brasilien, öffentlich-rechtlicher bzw. staatlicher Sender (TV Cultura))

Typ 2 (Chile, Portugal, Taiwan, Hongkong, Israel) umfasst vor allem Sender mit niedrigen Ressourcen und einer stärker ausgeprägten Marktorientierung:

> Our audience is more interested in and appealed to the news which contains sensational elements. Therefore, for foreign news, we prefer soft news. In a word, we tend to select foreign news with higher potential for rating. Taiwanese audiences like ‚juicy‘ news stories, that is, the kind of news that attracts people's attention. (Typ 2a, Taiwan, privater Sender (TVBS))

Innerhalb dieses Typs lassen sich die zwei Subtypen entlang ihrer Perspektive unterscheiden: Typ 2a mit Chile, Portugal, Taiwan und Hongkong weist einen starken ethnozentrischen Blickwinkel auf („It's us and only us is that exist"; Portugal, privater Sender). Davon unterscheiden sich die israelischen Sender deutlich; ihre starke Außenorientierung begründet Typ 2b:

> The people are tired of politics, crime, Palestinians, corruption, poverty. That is, everything that the newscasts deal with all the time and people are interested in what is happening elsewhere (Typ 2b, Israel, privater Sender (Channel 2)).

Tab. 5.4 Typologie journalistischer Kulturen: Ergebnisse auf Meso-Ebene

Typ	1a öffentl./staatl.	1a privat	1b öffentl./staatl.	1b privat	2a öffentl./staatl.	2a privat	2b öffentl./staatl.	2b Privat	3 staatl.
Marktorientierung	-	-	-	-	-	+	o	+	+
Machtdistanz								-	
Objektivismus	+	+	+	o	-			-	-
Empirismus	+	+	+	+	+	o		-	-
Relativismus									-
Idealismus	+	+	+			-		-	
Interventionismus	+	+	+	+	+	+	+	+	

Sortiert nach Typen.

5.4.2 Ergebnisse auf institutioneller Ebene

Betrachtet man die Ergebnisse der unterschiedlichen institutionellen Formen der untersuchten Sender innerhalb der Typologie (vgl. Tab. 5.4), so zeigt sich, dass Typ 1 eine hohe interne Homogenität aufweist.

Innerhalb des Typs 1a (Deutschland, Belgien, Schweiz und Kanada) sind die dargestellten Tendenzen privater und öffentlich-rechtlicher bzw. staatlicher Sender sogar deckungsgleich. Unterschiede bei Polen und Brasilien (Typ 1b) zeigen sich lediglich darin, dass Befragte öffentlich-rechtlicher bzw. staatlicher Sender keine Aussagen machten, die den Hauptdimensionen Idealismus und Objektivismus zugeordnet werden konnten. Einige Aussagen deuten außerdem darauf hin, dass die privaten Sender des Typs 1b besser ausgestattet sind als öffentlich-rechtliche bzw. staatliche Sender und sich daher eher in der Lage sehen, ihre öffentliche Aufgabe zu erfüllen.

> At this moment, due to budget limitations – we need to recall that [our station] is a public station – we do not have ways of expanding our international coverage. (Typ 1b, Brasilien, öffentlich-rechtlicher bzw. staatlicher Sender (TV Cultura)).

Für Typ 2 zeigen sich auf institutioneller Ebene hingegen deutliche Unterschiede. Öffentlich-rechtliche bzw. staatliche Sender des Typs 2a (Chile, Portugal, Taiwan, Hongkong) tendieren ebenfalls zu einer Orientierung am Staatsbürger, während sich diese in Israel (Typ 2b) in diesem Punkt uneinig sind; private Sender beider Subtypen orientieren sich hingegen deutlich an der Marktlogik.

> We try to keep up the spirit of what a public broadcaster is, of what's its mission, to be pluralist, to represent all sectors [...] we as broadcasters have the obligation of bringing these stories closer to the people, of educating them a little. Even if it sounds a little arrogant, but educating them a little about international news so that people have more knowledge and when they hear about them we generate a little proximity. Because when there's more information, there's also more interest. (Typ 2a, Chile, öffentlich-rechtlicher Sender (TVN))

> Now, of course, at the moment you offer the story the editor says ‚this sells more, that sells more', of course. I won't lie to you, the fact that something gives us more rating [is an important element]. And many times stories are privileged solely because of their images or their impact. (Typ 2a, Chile, privater Sender (Mega))

Entsprechende Ergebnisse lassen sich auch in Hinblick auf die Hauptdimensionen Objektivismus und Idealismus finden, die von den öffentlich-rechtlichen bzw. staatlichen Sendern des Typs 2 stärker betont werden.

Die Sonderstellung der Ergebnisse aus Interviews mit chinesischen Journalisten (Typ 3) wird bereits durch das Vorhandensein ausschließlich staatlicher Sender betont; zudem zeigen sich deutliche Abweichungen von den Ergebnissen aller anderen Typen. Einige wenige Ähnlichkeiten finden sich im Vergleich mit Israel (Typ 2b); dabei unterscheiden sich jedoch die zugrundeliegenden Bedingungen. So versuchen chinesische Journalisten, sensible Themen aus politischen Gründen zu vermeiden.

> Peace above all. The turmoil in Africa and Egypt is like an infectious disease spreading across countries. [...] These are potential sources of social unrest. So News Broadcasting does not cover that news. News as such was censored as maintaining stability is of top priority in China. Our inner peace is as important as external one. (China, staatlicher Sender (CCTV))

Im Gegensatz dazu verwenden ihre israelischen Kollegen unterhaltende Inhalte und Elemente vor allem, um den Zuschauern Ablenkung und Zerstreuung zu bieten.

> I don't really know how much the public wants to see a daily report on Darfur. When they think about foreign news they think about beautiful pictures from around the world, at least some of the people think so, something that would take our mind off the daily shit. (Typ 2b, Israel, öffentlich-rechtlicher Sender (Channel 1)).

5.4.3 Ergebnisse auf individueller Ebene

Die einzigen deutlichen Unterschiede, die sich auf der individuellen Ebene finden ließen, betrafen die Bildung und Berufserfahrung der Interviewten innerhalb der Journalisten von Typ 2. So unterstellen Journalisten ohne formale journalistische Ausbildung ihren Zuschauern tendenziell eher eine konsumorientierte Haltung.

> Science and technology, gadgets, Apple, Google, Bill Gates, medicine – people are connected to such things. (Typ 2b, Israel, öffentlich-rechtlicher Sender (Channel 1), keine formelle journalistische Ausbildung)

> Our audience is more interested in and appealed to the news which contains sensational elements. Therefore, for foreign news, we prefer soft news. Taiwanese audience like ‚juicy' news stories, that is, the kind of news that attracts people's attention. (Typ 2a, Taiwan, privater Sender (TVBS), keine formelle journalistische Ausbildung)

Diese Ergebnisse lassen zudem die Vermutung zu, dass die Befragten in Typ 2 je nach Berufserfahrung (vor allem in Hinblick auf Auslandserfahrung) Teile verschiedener Formen journalistischer Kultur adaptieren. Dies offenbart sich in der Tendenz zur stärkeren Kritik an Restriktionen des eigenen Senders und reflektiert zugleich eine Diskrepanz zwischen dem individuellen Berufsverständnis und den institutionellen Beschränkungen.

> Social things? Social interests? People don't give a damn about it, only if there were some violence or demonstrations it went on the line-up, and even if it did it must have some good images. (Typ 2a, privater Sender (TVI), Befragter studierte in den USA und arbeitete bei CNN)

> Usually I don't consider it, but they [coordinators] do this analysis every day and often this is responsible for newscast line-up, things really important lose their importance, sometimes the criterion of importance comes to second place, whenever possible, the privilege goes to the spectacularity of the images. This is curious, but it's consistent, the decisions about the line-up of the TV newscast today is mainly taken according share audiences from yesterday. (Typ 2a, öffentlich-rechtlicher bzw. staatlicher Sender (RTP), Befragter arbeitete bei BBC).

5.5 Ergebnisse: Journalistische Kultur bei Tagesschau und RTL Aktuell

Nachdem die Ausprägungen und Formen journalistischer Kultur im internationalen Vergleich herausgearbeitet worden sind, rückt der Fokus nun auf die Befunde zu den beiden deutschen Nachrichtenredaktionen von *Tagesschau* und *RTL Aktuell*.

5.5 Ergebnisse: Journalistische Kultur bei Tagesschau und RTL Aktuell

An dieser Stelle kann festgehalten werden, dass die deutschen Redaktionen sich durch eine gute Ausstattung auszeichnen sowie durch eine geringe Marktorientierung und einen relativ hohen Grad an Idealismus, Objektivismus und Empirismus. Weiter zeigt sich, dass die Unterschiede zwischen den beiden deutschen Sendungen *RTL Aktuell* und *Tagesschau* verhältnismäßig gering ausfallen, wenn man als Vergleich die Unterschiede zwischen diesen Sendungen einerseits und den Angeboten aus anderen Ländern andererseits heranzieht. Auch ein Vergleich zu den Differenzen innerhalb der untersuchten Sender-Dyaden eines anderen Landes (bzw. der Triade im Fall von Hongkong) legt nahe, dass *RTL Aktuell* und *Tagesschau* sich in ihrer journalistischen Kultur relativ wenig unterscheiden: So wurden in Chile und Portugal jeweils deutlich größere Unterschiede zwischen der Redaktion des öffentlich-rechtlichen und des privaten Nachrichtenprogramms konstatiert. Diese relative Homogenität in der journalistischen Kultur scheint sich allerdings nicht in den Inhalten von *RTL Aktuell* und *Tagesschau* niederzuschlagen. Dazu konstatieren Chan und Lee (2013) nämlich aus ihrer im Rahmen des zugrunde liegenden Projekts durchgeführten Inhaltsanalyse verhältnismäßig starke Unterschiede zwischen den deutschen Sendungen (etwa im Anteil an „soft news" und im Anteil an Berichterstattung zu internationalen Organisationen). Die beiden deutschen Redaktionen scheinen also im Gespräch über ihr Handeln vergleichsweise näher bei einander zu liegen als im Produkt ihres Handelns. Dies ließe sich als Hinweis auf nationale Unterschiede in der Verbindlichkeit journalistischer Kulturen für das berufliche Handeln von Journalisten auslegen, aber eine solche Interpretation auf der Metaebene journalistischer Kultur würde wohl die Datenbasis der Tiefeninterviews überreizen.

Der internationale Vergleich erlaubt aber nicht nur eine erste Einschätzung des quantitativen Ausmaßes der Unterschiede zwischen den Redaktionen von *Tagesschau* und *RTL Aktuell*. Er ermöglicht auch eine Einschätzung ihrer qualitativen Bedeutung, indem er Extrapolation zulässt. In diesem Sinne wird von manchen Beobachtern von „amerikanischen Verhältnissen" im privaten Fernsehen hierzulande gesprochen, um aufzuzeigen, welche Konsequenzen eine marktorientierte Nachrichtenkultur hätte. Solche Behauptungen erscheinen nach unseren Befunden jedenfalls nicht gerechtfertigt.

Die Analyse erfolgt wiederum entlang der im Theorieteil eingeführten Dimensionen journalistischer Kultur[3].

---

[3] Aspekte der Hauptkategorien Machtdistanz und Relativismus kamen in den Interviews nicht zur Sprache und werden daher ausgeklammert.

Im internationalen Vergleich wiesen sowohl der öffentlich-rechtliche als auch der private Sender in Deutschland eine eher geringe *Marktorientierung* auf. Gleichsam sind beide Sender mit personellen wie finanziellen Ressourcen gut ausgestattet.

> Wir sind natürlich immer auch am Ende gebunden an das, was uns an Ressourcen auch zur Verfügung steht – sowohl an finanziellen Möglichkeiten, an technischen Möglichkeiten aber auch an personellen Möglichkeiten. Aber da habe ich eigentlich überhaupt keinen Grund zur Klage und bin immer noch froh, dass wir die Gnade haben, ich sage wirklich Gnade, weil, das ist ja etwas, was man ja eigentlich sich nicht so direkt verdienen kann, dass wir uns dieses große Korrespondentennetz noch leisten können. Das ist ein großes Glück und macht dann einfach auch Spaß Nachrichten zu machen. (*Tagesschau*)

Dennoch sind die öffentlich-rechtlichen Sender aufgrund der Gebührenfinanzierung besser ausgestattet und verfügen beispielsweise über ein deutlich größeres Korrespondentennetzwerk. Die Befragten des privaten Senders weisen ausdrücklich auf die wirtschaftlichen Grenzen hin, die ihrer Arbeit gesteckt sind.

> Man muss ja immer auch ein wenig, sagen wir mal, Wunschdenken und Realität gegeneinander abgleichen. Es gibt wenige Dinge, bei denen ich sagen würde: Da sollten wir noch mehr Geld reinstecken, weil wir da wahrscheinlich noch mehr rausholen würden. Ich würde mir wünschen, dass wir aus einem Krisengebiet wie Afghanistan noch mehr eigene Geschichten bekämen. Aber da treffen wir nun mal leider auch auf die Realität, dass es extrem teuer ist, gefährlich ist, sehr aufwändig ist, von dort zu berichten, und wir uns auch deswegen immer die Frage stellen müssen zwischen der Ökonomie unseres Handelns und dem Wunschdenken. (*RTL Aktuell*)

Eine besondere Verantwortung gegenüber den Rezipienten als Staatsbürger kommt in den Interviews mit Journalisten des öffentlich-rechtlichen Senders nur indirekt zur Sprache. Auf die Frage ob die *Tagesschau* eine besondere Rolle habe, wird allein auf die Reichweite des Senders verwiesen und nicht auf seinen öffentlich-rechtlichen Programmauftrag:

> Na ja, ich glaube, wir haben schon einen besonderen Status. Das kann man, glaube ich, sagen, ohne zu unbescheiden zu sein. Letzten Endes ist die Tagesschau allein von der Quantität der Nutzung her ein Format, das so viele Zuschauer mit der Hauptausgabe erreicht, wie die Hauptausgaben von ZDF, Sat.1 und RTL zusammengerechnet.[4]

---

[4] Diese Aussage ist als eine subjektive Einschätzung des Gesprächspartners zu verstehen. Hier gilt es zu ergänzen, dass die faktisch prüfbaren Marktanteile dem nicht entsprechen (vgl. in diesem Buch Kap. 2, Abb. 2.1 sowie Media Perspektiven Basisdaten 2011, 75).

5.5 Ergebnisse: Journalistische Kultur bei Tagesschau und RTL Aktuell 125

> Insofern sind wir uns schon auch einer besonderen Verantwortung bewusst. [...] Insofern, ja, haben wir eine besondere Stellung. Das glaube ich schon. (*Tagesschau*)

Als Richtmaß für das eigene Handeln in derartigen Situationen werden die Leitlinien korrekten journalistischen Handelns beschworen, und damit nicht besondere Vorgaben, die sich aus dem Programmauftrag ergeben würden.

> Wir haben dann versucht eben wirklich journalistisch einfach sauber zu bleiben, und einfach unseren Kenntnisstand weiterzugeben. (*Tagesschau*)

Dass die eigene Sonderrolle auch unabhängig von der Marktmacht auf normative Hintergründe zurückgeführt wird, deutet sich nur an. So etwa, wenn man betont, dass man Nachrichten so mache wie „es sich für eine Tagesschau gehört" und wenn man vom Zuschauermarkt als „Markt in Anführungszeichen" spricht.

> Also, da sind wir schon so ein bisschen „mir san mir"; wir machen unser Ding, so, wie wir glauben, dass es sich für eine Tagesschau gehört, haben schon eine klare Positionierung in diesem ganzen – Markt in Anführungszeichen -, die aber in den letzten 50 Jahren wenig verändert ist. Wir gehen nicht an dem, was die Leute auch interessiert, an dem Vermischten, vorsätzlich dran vorbei. (*Tagesschau*)

Die befragten Journalisten von *RTL Aktuell* heben im Kontrast zu sich selbst den Programmauftrag und die öffentlich-rechtliche Struktur ihres Konkurrenten, der *Tagesschau*, deutlich stärker hervor und deuten diese geradezu im Sinne von „Abhängigkeit".

> Aber so ganz grundsätzlich glaube ich einfach, dass wir nicht so politikhörig sind wie es die Öffentlich-Rechtlichen teilweise sind, die [...] viele Meldungen auch nehmen müssen aufgrund ihres Programmauftrages [...] Hier sind wir ja nicht gebunden, und wir versuchen einfach, die Nachrichten interessant und vielfältig zu gestalten. (*RTL Aktuell*)

Die Journalisten von *RTL Aktuell* betonen gleichwohl ihren eigenen, hohen Anspruch in Hinblick auf die Auslandsberichterstattung, der sich vor allem auf die Verantwortung und Aufklärungspflicht gegenüber den Zuschauern stützt und mit dem eine hohe Kompetenz zur verständlichen Vermittlung schwieriger Themen einhergehe.

> Wir könnten es uns leicht machen und sagen [...] wenn innerhalb eines Themas die Zahl der Menschen, die wegschalten, zunimmt, dann war das Thema nicht relevant für die Menschen, es hat sie, aus welchem Grund auch immer, nicht gefesselt. Könnte

man sagen. [...] Es gibt eine gesellschaftliche Verantwortung und [...] wir sind dann in der Aufklärungspflicht, [dem Publikum] diese Relevanz vielleicht aber auch zu erklären, weil sie ihm vielleicht gar nicht so einsichtig ist. (*RTL Aktuell*)

Dennoch zeigen die Aussagen der Journalisten von *RTL Aktuell* eine deutliche Tendenz zu serviceorientierten und unterhaltsamen Themen. So gibt ein Vertreter von *RTL Aktuell* an, dass sich die privaten Sender prinzipiell stärker an dem Wunsch der Zuschauer orientieren.

Es gab mal bei uns diesen Begriff ‚News to use', dass man auch so ein bisschen Lebenshilfe weitergibt. Das sind alles so Kriterien, die wir berücksichtigen. (*RTL Aktuell*)

Während also die Vertreter der *Tagesschau* in den Interviews nicht auf ihren Informations- und Bildungsauftrag eingehen, machen die Journalisten von RTL verstärkt darauf aufmerksam, dass sie sich ihrer gesellschaftlichen Verantwortung sehr wohl bewusst seien. Der Grad an Marktorientierung kommt eher in den Aussagen über den jeweils anderen zum Vorschein: Die Vertreter von RTL stellen den öffentlich-rechtlichen Programmauftrag gewissermaßen als Handicap für die Auswahl von interessanten, vielfältigen und verständlichen Nachrichten dar.

Ich glaube, es gibt einen ganz gravierenden Unterschied, dass wir versuchen, nicht nur die politischen Nachrichten bei uns in der Sendung zu haben, sondern wir versuchen auch, das in den Nachrichten zu haben, worüber die Menschen reden, was die Menschen betrifft, worüber man spricht. Wenn beispielsweise wir zwei Wochen lang 30° in Deutschland haben, dann ist das für uns sicherlich auch eher eine Geschichte, als es vielleicht für die Öffentlich-Rechtlichen ist. (*RTL Aktuell*)

Umgekehrt betonen die Journalisten der *Tagesschau* die Marktorientierung von *RTL Aktuell,* von der sie sich ihrerseits abzuheben trachten (was gelegentlich mit einer gewissen Fehlwahrnehmung des Konkurrenten einhergeht):

Ja, also, da wir nun mal eine Sendung sind, die sich sehr stark an Relevanz orientiert, kommen halt eben auch weltpolitisch wichtige Dinge relativ häufig vor [...] Bei uns geht es von vorne bis hinten nach Relevanz. Und bei denen geht es einfach, nach dem zweiten Beitrag spätestens, doch sehr stark ins Vermischte, was ein bewusstes Konzept bei denen ist, was ich gar nicht kritisiere, aber es ist einfach anders als bei uns. (*Tagesschau*)

Die Journalisten beider Sender zeigen Anzeichen für eine *idealistische Orientierung*. Sie haben eine deutliche Vorstellung von den Idealen journalistischer Arbeit

5.5 Ergebnisse: Journalistische Kultur bei Tagesschau und RTL Aktuell

und orientieren sich auch daran. Dies schlägt sich auch in den Konzepten der Sendungen nieder:

> Bei den Sendungen [...] gibt es das Hauptkriterium, das heißt Relevanz, danach wählen wir aus, von Themen, von denen wir glauben, dass sie eine große Bedeutung haben für die Zukunft von dieser Gesellschaft, aber eben auch der internationalen Politik [...] Wir machen es ja nicht wider besseres Wissen, sondern wir machen es so, weil wir es so für richtig halten. (*Tagesschau*)

Während bei der *Tagesschau* Relevanz gewissermaßen objektiv definiert wird, hat sie bei *RTL Aktuell* eine subjektive Dimension:

> Weil ich auch natürlich durch Beobachten der Tagesschau weiß, wie oft dort Themen politischer Natur aus dem Ausland kommen, von denen ich sagen würde: Ich frage mich, ob das die Zuschauer tatsächlich interessiert. Ob das jetzt [....] der zweite Wahlgang einer Präsidentenwahl in einem afrikanischen Land ist. Was alles Relevanz hat, gar keine Frage. Nur die Frage ist, die wir uns stellen müssen: Welche Relevanz hat das für unsere Zuschauer. (*RTL Aktuell*)

Quoten würden, so der Chefredakteur des privaten Nachrichtenformats, nur unter der Prämisse beachtet, dass die Zusammenstellung und Gewichtung der Sendungen zum eigenen Konzept, dem „journalistischen Kompass", passe. Demnach werden aktuelle Themen der Auslandsberichterstattung auch dann aufgenommen, wenn sie offensichtlich zu einem deutlichen Einbruch der Quote führen.

> Wenn Weltpolitik stattfindet, gibt es bei [uns] keine Quotendiskussion. Weltpolitik ist Weltpolitik, die wird gemacht, [...] auch wenn der Zuschauer sie nicht goutieren würde. Aber auch bei Themen – Lieblingsthema ist Israel, ist ein Abschalter, wir sind ja in der Lage, minutenmäßig zu verfolgen, was unsere Zuschauer so tun. Israel kostet im Schnitt 250.000 Zuschauer. Das Thema machen wir trotzdem. (*RTL Aktuell*)

In Hinblick auf die Epistemologie lassen sich kaum Unterschiede zwischen den Sendern feststellen. Alle befragten Journalisten erweisen sich insofern als Empiristen als sie auf überprüfbare Quellen einen großen Wert legen. Quellen werden grundsätzlich überprüft, und wenn möglich, werden eigene Quellen vor Ort hinzugezogen:

> Eine Quelle reicht nie. Es sei denn, es ist unser eigener Mann vor Ort oder unsere eigene Frau vor Ort. (*Tagesschau*)

Also die Devise ist ja grundsätzlich erst mal: Zwei Quellen braucht man mindestens. Man versucht natürlich, so viele wie möglich zu bekommen, weil oft sich auch die Agenturen manchmal selber widersprechen. Dann wird von hier auch eine eigene Recherche durchgeführt, dass man versucht, in den Ländern anzurufen, wenn es denn noch möglich ist [...] Wir versuchen, so viele Quellen wie möglich abzugreifen. (*RTL Aktuell*)

Insgesamt verfügt die *Tagesschau* über mehr Korrespondenten, doch *RTL Aktuell* setzt verstärkt auf reporterbasierte Stories.

Welcher Grad an Objektivismus den befragten Journalisten zuzusprechen ist, lässt sich auf dieser Basis nicht sicher beantworten. Als Arbeitshypothese kommt dem Objektivismus eine Bedeutung zu:

Also, wenn mir mein Korrespondent sagt, also zum Beispiel, der jetzt meinetwegen in Tel Aviv sitzt: „Das ist so. Ich weiß das", dann glaube ich das. (*Tagesschau*)

Dennoch halten die Befragten auch Heuristiken bereit für den Fall, dass man keinen Zugang zu der „Wahrheit" hat. Hier gilt dann etwa der Grundsatz „je mehr Quellen desto besser":

Also unsere Hauptquellen sind nach wie vor unsere Korrespondenten. Und ansonsten benutzen wir alles an Quellen, was es gibt. Also Agenturen natürlich, aber auch, na ja, es gibt ja heutzutage das Internet; also dann gucke ich schon mal – ich weiß noch, als in Madrid dieser Anschlag war, da habe ich natürlich schon auf der Internetseite von El País nachgeguckt – also alles, was es irgendwie gibt. Also je mehr Quellen, desto besser natürlich. (*Tagesschau*)

Im internationalen Vergleich unterscheiden sich die Journalisten in ihrer Bereitschaft zur Intervention so wenig, dass diese Dimension für die Typenbildung nicht herangezogen wurde. Zwischen den beiden deutschen Redaktionen taten sich dagegen durchaus kleine Unterschiede im Grad an *Interventionismus* auf. Während beide Redaktionen insgesamt eine moderat interventionistische Perspektive einnehmen (vgl. Esser 2008), scheint diese Rolle durch die Redaktion von *RTL Aktuell* etwas aktiver ausgelegt zu werden – etwa indem man Nachrichten kürzt oder nur einzelne Kernpunkte herausarbeitet.

Am Ende ist das und das passiert, die Relevanz für den Zuschauer mag gering sein, aber er sollte trotzdem auf dem Laufenden sein – dann machen wir das kürzer. Die öffentlich-rechtlichen Kollegen [...] fühlen sich da mehr in der Chronistenpflicht, also das größer zu machen. Das mag durchaus sein. Ich glaube nicht, dass wir, wenn ein wichtiges Ereignis war, wir es verschwiegen hätten. Ich glaube, dass wir es in der Tat vielleicht kürzer gemacht haben und nur an bestimmten Wendepunkten größer ansprechen. (*RTL Aktuell*)

Aus den Interviews mit Journalisten des öffentlich-rechtlichen Senders geht hervor, dass sie sich der Wirkungsmacht ihrer Arbeit sowie der damit einhergehenden Verantwortung bewusst sind. Daraus lässt sich vermuten, dass sie wahrscheinlich auch dazu bereit sind, die Berichterstattung aktiv in gewisse Bahnen zu lenken, falls es erforderlich sein sollte.

> Da wissen wir schon, wenn wir 10 Mio. Menschen abends sagen, da gibt es eine Terrorwarnung, dann kann das schon dazu beitragen, ein Land in Unruhe zu versetzen. So dass man da genau gucken muss, wie realistisch ist diese Bedrohung? Sollen wir das wirklich tun? Gerade bei der Finanzkrise, als es darum ging, ob das ganze Bankensystem zusammenfällt, waren wir uns auch schon bewusst, dass wir durchaus Panik schüren können, wir können aber auch beruhigen. (*Tagesschau*)

Zusammenfassend lässt sich festhalten, dass sich die Ergebnisse auf institutioneller Ebene vor allem in Hinblick auf die Ressourcensicherheit und die Hauptdimensionen Marktorientierung und – in geringerem Maße – Interventionismus unterscheiden (vgl. Tab. 5.5).

So erscheint es für die Selbstkonzeption des privaten Senders RTL bei den Nachrichten unabdingbar, sich nicht ausschließlich an der Logik des Marktes zu orientieren. Vielmehr geben die befragten Journalisten an, eine ähnliche Informations- und Bildungsfunktion zu übernehmen, wie sie den öffentlich-rechtlichen Sendern gesetzlich vorgeschrieben ist. Hierbei handelt es sich offenbar um eine Idealvorstellung, die von den Privaten noch überboten wird, indem sie sich – in Abgrenzung zu den öffentlich-rechtlichen Sendern – Verständlichkeit auf die Fahne schreiben. Dennoch wird die Vorgabe der Wirtschaftlichkeit immer wieder als Einschränkung wahrgenommen. Die daraus resultierende Orientierung an Quoten wird als Orientierung am Zuschauerinteresse dargestellt.

In Hinblick auf Interventionismus unterscheiden sich die Sender vor allem anhand der Begründungen für aktiv eingreifendes Handeln; während der öffentlich-rechtliche Sender seine Macht und die damit einhergehende Verantwortung anführt, werden von Befragten des Privatsenders die erwähnte Verständlichkeit und das Zuschauerinteresse genannt.

5.6 Einschätzung von Nachrichteninhalten und Zuschauerinteressen

Die mehrstufige Anlage der hier präsentierten Untersuchung eröffnet durch die Interviews mit den Fernsehjournalisten auch noch die Möglichkeit zu klären, wie gut diese ihre Produkte eigentlich kennen und ob sie ihr Publikum bezüglich des

Tab. 5.5 Ergebnisse auf institutioneller Ebene für Deutschland

		Öffentlich-rechtlich: Tagesschau	Privat: RTL Aktuell
	Ressourcen	+++ Extrem gute Ausstattung, Ressourcen müssen beachtet werden, sind aber gesichert	++ Gute Ausstattung, Wirtschaftlichkeit des Handelns setzt eher Grenzen
Dimensionen journalistischer Kultur	Marktorientierung	− − − Marktorientierung wird abgelehnt; auf den Programmauftrag wird nicht ausdrücklich verwiesen.	− Souveränität gegenüber Einschaltquoten wird betont, Orientierung an Zuschauerinteressen aber auch eingeräumt, Unabhängigkeit von normativen Vorgaben betont.
	Idealismus	++ Ausrichtung an dem, was als „richtig" empfunden wird	++ Ausrichtung am „journalistischen Kompass" (Idealbild)
	Empirismus	+++ Hohe Standards der Überprüfung	+++ Hohe Standards der Überprüfung
	Objektivismus	+ zumindest als Arbeitshypothese	+ zumindest als Arbeitshypothese
	Interventionismus	+ Verantwortung gegenüber der Gesellschaft bei besorgniserregenden Nachrichten	+ Kürzungen, um Verständlichkeit und Interesse zu gewährleisten

Erläuterung:+++starke positive Ausprägung der Dimension (bzw. große Ressourcen), − − − starke negative Ausprägung der Dimension (bzw. geringe Ressourcen), weniger „+" oder „−" Zeichen stehen für weniger starke Ausprägungen.

Interesses an Auslandsnachrichten einigermaßen gut einschätzen (können). Denn anders als in sonstigen Untersuchungen, wurden die „Macher" diesmal erst am Ende des Forschungsprozesses befragt, also nachdem die Ergebnisse der Inhaltsanalyse der Fernsehnachrichten und der Zuschauerbefragungen vorlagen. Während systematische Inhaltsanalysen in der journalistischen Praxis häufig unbekannt sind, kennt man in den Redaktionen üblicherweise zumindest die laufend erhobenen Einschaltquoten.

5.6 Einschätzung von Nachrichteninhalten und Zuschauerinteressen

Das gilt auch für die *Tagesschau* und *RTL Aktuell*, deren Journalisten befragt wurden. Nur deshalb konnte, wie schon zitiert, der RTL-Chefredakteur Peter Klöppel im Interview auch davon sprechen, dass das Thema Israel ein „Abschalter" sei und den Sender „im Schnitt 250.000 Zuschauer" koste (was nicht bedeute, dass man dem Thema keinen Platz einräume). In welchem Widerstreit man sich befinde, beschrieb einer seiner Kollegen wie folgt:

> Wenn man merkt, dass man mit einem Thema in der Kurve der Einschaltquoten jedes Mal einknickt, wie wir das beispielsweise in Israel merken, dann wird man sich natürlich überlegen: das wollen die Leute offensichtlich nicht immer sehen. Und wenn man dann über längere Jahre guckt und sieht, warum knickt hier eigentlich Israel jetzt zum Beispiel nicht ein, dann merkt man: Oha, die Leute wollen[...], also unsere Zuschauer wollen also etwas über Israel wissen. Zum Beispiel, wenn dort wirklich etwas passiert oder wenn es eine Neuerung gibt. (*RTL Aktuell*)

Auf die Ausgangsfrage, welchen Anteil Inlands- und Auslandsnachrichten in ihren Sendungen ausmachen, hatten die Journalisten in den 13 Ländern, die an der Befragung der internationalen Gesamtstudie beteiligt waren, überraschenderweise Schwierigkeiten, präzise Einschätzungen abzugeben. Insgesamt zeigte sich eher eine Tendenz, den Anteil der Auslandsnachrichten zu unterschätzen (vgl. Mujica und Hanitzsch 2013). Das trifft auch auf die Journalisten der genannten deutschen Sender zu. Generelle Angaben fielen auch ihnen nicht leicht, wobei vor allem auf die jeweilige Zeit- und Ereignisabhängigkeit der Berichterstattung und die dadurch bedingten laufenden Veränderungen („Wellenbewegung") hingewiesen wurde. Bei der *Tagesschau* belief sich die Unterschätzung des Anteils der eigenen Auslandsnachrichten auf zwischen 20 und 12 %, bei *RTL Aktuell* sogar auf 20 und 25 %. Der tatsächliche Auslandsanteil ist also beide Mal höher als man in der Redaktion annimmt, was bei beiden Sendern aber rationalisiert und positiv vermerkt wurde:

> Also ich hätte RTL Aktuell etwas niedriger eingeschätzt, aber ich freue mich, dass wir einen so hohen Anteil auch an Auslandsnachrichten haben. (*RTL Aktuell*)

> Aber ich freue mich über den hohen Auslandsnachrichtenanteil, weil wenn wir es heute noch nicht begriffen haben, dass wir in einer globalen, globalisierten Gesellschaft leben, wann begreifen wir es dann? Und wenn wir einen Beitrag dazu leisten können, dass die Menschen dann tatsächlich auch ihren Blick weiten, ja, dann tun wir das natürlich gerne. (*RTL Aktuell*)

> Wow. Das finde ich erstaunlich. ... Nein, hätte ich nicht gedacht. ... Finde ich aber gut. (*Tagesschau*)

> Ich bin positiv überrascht. ... Ich hätte wirklich gedacht, dass die Hauptstadtpolitik viel, viel dominanter ist und alles erschlägt. Insofern bin ich ganz happy. (*Tagesschau*)

Dass *RTL Aktuell* im Grunde nicht viel weniger Auslandsnachrichten bringt als die *Tagesschau*, wird in der Redaktion des Privatsenders ebenfalls als Qualitätsnachweis begrüßt:

> Ich hätte gedacht, ja, ja, hätte gedacht, das wäre etwas weniger... Freue mich über die Zahl insofern, da sie auch einen Vergleich zur Tagesschau als Qualitätsmerkmal [bedeutet]. [...] Das meine ich, wir spielen erste Liga auf Augenhöhe mit denen. (*RTL Aktuell*)

Erklärt wird die Unterschätzung des Anteils der Auslandsnachrichten mit professionellen Perspektivverzerrungen. Gesagt wurde beispielsweise:

> Ich glaube, die Tatsache, dass man das zu gering einschätzt, liegt am Bau der Sendung, dass wir häufig oder wahrscheinlich, meistens mit Inlandsthemen aufmachen. Ich könnte mir vorstellen, dass dadurch der Eindruck entsteht. (*Tagesschau*)

> Also, ich glaube, das liegt daran, wenn man Ausland plant, dann hat man das Gefühl, dass man ganz viele Themen machen kann, die eigentlich auch sehr wichtig sind, die aber keinen Platz haben, weil doch ein Inlandsthema dann irgendwie stärker gewichtet wird. (*Tagesschau*)

Teils zutreffend, teils aber auch zu niedrig greift das Urteil, welche Position die deutschen Sender bei den Auslandsnachrichten im internationalen Vergleich einnehmen. Laut unserer Inhaltsanalyse hatten die beiden reichweitenstärksten deutschen Nachrichtensendungen zusammen (nach Ägypten, was ein Sonderfall ist) den höchsten Auslandanteil (46 %). Die Einschätzungen der fünf befragten Journalisten zu dieser Frage lauteten wie folgt:

> Wir bringen mehr Auslandsnachrichten als andere Länder. Wir nehmen die erste Position ein. (*Tagesschau*)

> Ich vermute, dass wir da ein bisschen geringer liegen als der Länderdurchschnitt. (*Tagesschau*)

> Ich denke, dass wir uns [...] eher im oberen Mittelfeld befinden, weil Deutschland ja schon immer in seiner Nachrichtengebung auch eher eine internationaler ausgerichtete Nation gewesen ist. (*RTL Aktuell*)

> Also ich würde sagen, im oberen Drittel. (*RTL Aktuell*)

> Also oberes Drittel hätte ich gesagt, aber dass wir so gut dastehen, hätte ich nicht erwartet. (*RTL Aktuell*)

5.6 Einschätzung von Nachrichteninhalten und Zuschauerinteressen 133

Es ist anzunehmen, dass die Redakteure der Sendungen einigermaßen zutreffend angeben können, welche Länder primär in den Fernsehnachrichten vorkommen. Die Vorrangstellung der USA ist für alle offensichtlich (auch im internationalen Vergleich). Unterschiedliche Gründe werden aber dafür ins Feld geführt. Genannt werden nicht nur Nachrichtenfaktoren wie Nähe, Macht und ökonomische Bedeutung. Erklärungsbedürftig ist zumal, warum im Untersuchungszeitraum der Anteil der USA in *RTL Aktuell* doppelt so hoch war wie in der *Tagesschau*. Zum Teil wurde dafür in der RTL-Redaktion wieder auf den Ereignishintergrund (Primaries der amerikanischen Präsidentschaftswahlen) verwiesen. Als weitere potentielle Gründe führte man jedoch noch andere Dinge an: Die Masse des verfügbaren Bildmaterials, ja sogar dass der Chefredakteur Peter Klöppel selbst einmal USA-Korrespondent des Senders gewesen sei, ferner dass das RTL-Auslandsstudio in New York das größte des Senders ist, schließlich das Potenzial des riesigen Landes als „Nachrichtenressource":

> Dass wohl gerade bezüglich Amerika die Varianz der Typen von Nachrichten besonders groß ist, dass es nicht nur politisch eben hoch rangiert, beispielsweise Primaries, sondern dass es auch bei Human Interest ein besonders wichtiges Land ist [...]. (*RTL Aktuell*)

> Wie gesagt, bei USA ist das zum einen, weil das Land alles bietet. Es bietet Weltpolitik, es bietet Kuriositäten, und alles perfekt medial aufbereitet. Das kriege ich, das liegt ja fertig da. (*RTL Aktuell*)

> Also USA einfach aufgrund der weltpolitischen Bedeutung. Es hat auch, trotz der geografischen Entfernung einfach eine hohe kulturelle Nähe zu uns, mit sehr vielen Einflüssen auf den verschiedensten Gebieten, Politik, Kultur, Musik und, ich weiß nicht, Kunst und so was alles. Insofern sind die USA uns sehr, sehr nahe, und deshalb kommen die, glaube ich, am häufigsten bei uns vor. (*Tagesschau*)

Als weitere wichtige Länder in der Auslandsberichterstattung nannten die Journalisten in den Interviews europäische (Frankreich, Großbritannien, Russland, Spanien), wenn auch z. T. in wechselnder Rangfolge, ferner Israel sowie den Nahen und Mittleren Osten, auch Afghanistan (tatsächlich war hier der Anteil gering). Wachsende Bedeutung wird China zugemessen. Mit Verwunderung wurde der laut Inhaltsanalyse eher geringe Anteil von Frankreich kommentiert, während die Präsenz Italiens, vor allem aber diejenige Norwegens und Schwedens bei *RTL Aktuell* (bedingt durch Sportereignisse) Überraschung auslöste. Gleiches gilt bei der *Tagesschau* für den Befund, dass im Untersuchungszeitraum Japan in den Auslandsnachrichten mit einem höheren Anteil vertreten war als Frankreich. Dabei ist zu bedenken, dass die Journalisten generelle, gewissermaßen zeitübergreifende

Einschätzungen abgaben, die inhaltsanalytischen Daten aber aus einem genau datierten, begrenzten Untersuchungszeitraum stammten.

In den Interviews mit den Journalisten sollten diese außer den Sendungen selbst auch die Zuschauerinteressen einschätzen. Und zwar sollten sie zunächst angeben, wie hoch die Zuschauer vermutlich den Anteil der Auslandsnachrichten in den Sendungen wahrnehmen, und zum anderen, welchen Anteil sie sich wünschen. Dies war darauf angelegt herauszufinden, ob eine Übereinstimmung oder eine Diskrepanz zwischen Ist- und Soll-Wert besteht.

So wie die Journalisten den Anteil von Auslandsnachrichten in ihren Sendungen unterschätzten, unterstellten sie dies teilweise auch den Zuschauern. Tatsächlich schätzten gut ein Drittel bis zwei Fünftel der Zuschauer den Anteil der Auslandsnachrichten in *Tagesschau* (37 %) und *RTL Aktuell* (40 %) – zutreffend – auf mehr als 40 %. Der Rest glaubt, dass es weniger sind. Interessanterweise liegen die Wunschwerte für einen Anteil in dieser Höhe mit 44 % (*Tagesschau*) und 40 % (*RTL Aktuell*) nicht weit davon weg. Offenbar stimmt das faktisch Gegebene weitgehend mit dem Gewünschten überein, das Angebot scheint die Bedürfnisse zu erfüllen. In einem der Interviews wurde dies ausdrücklich als Ergebnis einer „Konditionierung" interpretiert (*Tagesschau*).

Bei der Antwort auf die Frage nach dem von den Zuschauern gewünschten Anteil von Auslandsnachrichten machten die Journalisten in den Interviews methodische Vorbehalte. Sie vermuteten, hier würden überhöhte Werte genannt, „weil es auch internationaler, weltmännischer und globalisierter und sozial erwünschter klingt." (*RTL Aktuell*)

Dem steht die Annahme einer Übersättigung durch den Anteil der Auslandsnachrichten zur Seite.

> Spontan, aus dem Bauch heraus würde ich sagen, sie würden ihn als zu hoch einschätzen. (*RTL Aktuell*)

> Ich glaube, dass sich die Menschen eher weniger Auslandsnachrichten wünschen. (*RTL Aktuell*)

Tatsächlich ist dies, wie die Zuschauerbefragung zeigt, aber nicht der Fall.

Weitgehend zutreffend beschreiben die Journalisten, über welche Länder die Zuschauer vor allem informiert werden wollen. Sie orientieren sich dabei – wie diese – am faktischen Nachrichtenangebot in den Sendungen. Vorrangig seien die Zuschauer an den USA und anderen europäischen Ländern interessiert (darunter wird wieder Frankreich hervorgehoben), weniger hingegen an den sich wiederholenden Vorgängen in Israel. In dem hohen Interesse an den USA sieht man bei RTL

5.6 Einschätzung von Nachrichteninhalten und Zuschauerinteressen 135

eine Rechtfertigung für den starken Stellenwert dieses Landes in den eigenen Auslandsnachrichten und einen Vorteil gegenüber der Konkurrenz:

> Dann sind wir deutlich näher am Puls des Zuschauers offensichtlich als die ARD bei der Auslandsberichterstattung. (*RTL Aktuell*)

Die Journalisten wurden ferner zur Bedeutung einzelner Themengebiete in der Sicht der Zuschauer befragt. Wurden im einen Fall diesbezüglich keine großen Unterschiede zwischen Inlands- und Auslandsnachrichten unterstellt, so in anderen Fällen schon. Beispielsweise messen die Journalisten der Innenpolitik anderer Länder in den Augen der Zuschauer geringere Bedeutung zu, andererseits wird deren Interesse an Unfällen und Katastrophen im Ausland überschätzt, teilweise auch an Kriminalität und Verbrechen (nicht so bei *RTL Aktuell*). Zutreffenderweise wird ein Interesse an sozialen Themen angenommen:

> Also Arbeit und Soziales sage ich mal als wichtigstes Thema. ... Im Ausland ist es, glaube ich dann eher so das, was man unter Sicherheitspolitik versteht, also Verteidigung und Rüstung, solche Dinge, und dann vielleicht erst an zweiter Stelle so Arbeit und Soziales, ja das wären so die Top. (*Tagesschau*)

> Ja, soziale Themen spielen eine wichtige Rolle. (*RTL Aktuell*)

Nicht falsch eingeschätzt wird ferner das nachrangige Interesse der Zuschauer für Inlandspolitik ausländischer Staaten:

> Innenpolitischer Streit im Ausland, der interessiert die Leute nicht mal im Inland. Also Streit, das kommt nicht so gut an. Die Leute wollen wissen, wenn sie sich mal eine Meinung gebildet haben, wo geht es hin. Und innenpolitischer Streit in ausländischen Staaten ist schon schwer vermittelbar, außer er führt zu Regierungskrisen, Rücktritten oder ähnlichem. (*RTL Aktuell*)

Es dürfte nach allem zuvor Gesagten kaum überraschen, dass die leitenden Redakteure der beiden Nachrichtensendungen, die hier in den Interviews befragt wurden, die ihnen abschließend gestellte Frage rundweg bejahen, ob sie mit der Art, wie über das Ausland in ihren Nachrichtensendungen berichtet wird, zufrieden sind:

> Was soll ich dazu sagen, wenn das mein Job ist, kann ich nur sagen, dass das natürlich gut ist. (*Tagesschau*)

> Ich bin sehr zufrieden, weil wir es geschafft haben, nicht nur Auslandsnachrichten als einen wichtigen Bestandteil unserer Nachrichtensendungen fest zu verankern, sondern sie auch qualitativ so gestalten, dass wir ein Gegengewicht setzen zu dem, was sich uns klassisch nur an Auslandsmaterial geliefert wird. Wir haben eigene Geschichten, wir haben den eigenen Blick auf Ereignisse durch unsere Auslandskorrespondenten: (*RTL Aktuell*)

Diese positive Selbsteinschätzung bedeutet freilich nicht, dass die Journalisten keine Wünsche hätten, was noch verbessert werden könnte:

> Ja, wenn ich Wünsche hätte, dann ginge es tatsächlich in die Richtung, dass wir die Krisenherde der Welt noch stärker berücksichtigen, ganz besonders auch in ihrer Ausstrahlung auf unser Handeln hier in Deutschland, politisches Handeln logischerweise auf der einen Seite, aber auch wirtschaftliche Konsequenzen. Daran arbeiten wir, aber wir sind, würde ich mal sagen, auch so realistisch, dass wir einsehen müssen, dass wir auch immer wieder, ja, über Geld reden und wir einfach nicht in dem Maße Geld zur Verfügung haben, wie das öffentlich-rechtliche Sender haben. Aber für das Geld, das wir zur Verfügung haben, finde ich, machen wir einen richtig guten Job. (*RTL Aktuell*)

> Ich würde gerne noch häufiger in schwelende und bestehende Konflikte Hintergrund-Berichterstattung einbauen können. Man muss ganz vorsichtig sagen ‚können', weil es natürlich auch eine Frage ist dessen, wie der Zuschauer es annimmt. Aber ich glaube, dass man immer wieder feststellt, dass wir oft vieles voraussetzen, was der Zuschauer gar nicht so schnell, wenn er Beiträge sieht, abrufen kann. Und da ist das manches Erklärende vielleicht, was dann wiederum bedeuten würde, dass man dem mehr Zeit einräumen muss. Das ist ja immer das ganz große Problem in den Nachrichtensendungen: Zeit. (*RTL Aktuell*)

> Also ich finde, wir könnten eigentlich manchmal noch mehr machen. Also ich finde, manche Sachen vernachlässigt man manchmal. […] Also auch manche Regionen in der Welt kommen eigentlich nie vor. […] Die Kontinuität fehlt natürlich ein bisschen. Aber es liegt natürlich auch ein wenig an dem Sendeplatz, den man hat, also das ist einfach begrenzt. (*Tagesschau*)

Die in diesem Kapitel präsentierten Befunde sind selbstverständlich vor dem Hintergrund zu bewerten, dass sie auf einer geringen Anzahl von Interviews basieren. Zwar wurde einiges unternommen, um dieses grundsätzliche methodische Problem zu entschärfen: Die hohe Qualität der Interviewpartner als hochrangige Vertreter der wichtigsten Nachrichtensender, die Einbettung des deutschen Vergleichs in die internationale Studie, die vor Überbewertung der Unterschiede schützt, und das rigide Analyseschema für die Codierung. Dennoch stellt die Generalisierung von

5.6 Einschätzung von Nachrichteninhalten und Zuschauerinteressen

Aussagen aus Leitfadeninterviews auf die Merkmale von Sendern, Medienstrukturen und deren Kulturen in Ländern und Gruppen von Ländern einen großen Schritt der Verallgemeinerung dar. Positiv gesehen ergibt sich daraus Anschlusspotential für Folgestudien mit größeren Stichproben oder anderem methodischen Ansatz, der von den hier beobachteten Unterschieden als Hypothesen ausgehen könnte.

Status Quo und Zukunft der Auslandsberichterstattung 6

In dem hier vorliegenden Band wurden die Ergebnisse eines breit angelegten Forschungsprojekts zu Auslandsnachrichten im deutschen Fernsehen vorgestellt, welches das Phänomen mittels unterschiedlicher perspektivischer Zugänge und Methoden zu ergründen versucht. Als deutscher Teil eines international vergleichenden Großprojektes konnten zudem die Erkenntnisse mit jenen aus anderen Ländern verglichen und eingeordnet werden, sofern diese für die Diskussion der deutschen Daten in der vorliegenden Publikation zielführend war (für weitergehende Vergleich vgl. die Publikation des Gesamtprojekts, Cohen 2013). Die Inhaltsanalyse der Nachrichteninhalte, die Befragung von Fernsehzuschauern und die Interviews mit den Machern haben dabei zum Teil bekannte Erkenntnisse zu Auslandsnachrichten empirisch bestätigt, zum Teil aber auch überraschende Ergebnisse erbracht.

Die *Inhaltsanalyse* belegte zunächst einige Grundeigenschaften deutscher Nachrichtensendungen: Diese sind – insbesondere auch im internationalen Vergleich – mit 12 bis 17 min im Schnitt recht kurz und bieten jeweils rund ein Dutzend Beiträge. Der Anteil von reinen Inlandsnachrichten ist dabei überraschend gering: Nur 36 bis 42 % der Beiträge konnten so klassifiziert werden. Allerdings gibt es neben reinen Inlands- und Auslandsbeiträgen Hybridformen, die Bezüge zum Aus- bzw. Inland in unterschiedlichsten Anteilen enthalten.

Thematisch unterscheiden sich die Angebote der Privaten von den Sendungen öffentlich-rechtlicher Anbieter: Während bei den Privaten Sport und Themen Innerer Ordnung (Bürgerkrieg, Demonstrationen, Terrorismus, Verbrechen) ganze vorne liegen, sind es bei den Öffentlich-Rechtlichen internationale Politik. Zudem liefern die privaten Anbieter mehr Unfall- und Katastrophenmeldungen sowie Human Interest Stories aus dem Ausland. Auffällig ist, dass bestimmte Themen – wie z. B. Wirtschaft/Handel oder Kultur – bei der Auslandsberichterstattung insgesamt kaum ins Gewicht fallen.

Die in den Nachrichten thematisierten Konflikte sind zum überwiegenden Teil sozialer und nicht privater Natur – hier unterscheiden sich Inlands- und Auslandsberichterstattung kaum. Allerdings werden bei Auslandsthemen seltener Lösungsmöglichkeiten als bei Inlandsnachrichten thematisiert. Hier bestehen auch Unterschiede zwischen Privaten und Öffentlich-Rechtlichen: Letztere thematisieren deutlich häufiger mögliche Lösungsoptionen. Damit tragen sie weniger zu einer Frustration über die Weltlage und eine negative Sicht vom Ausland bei.

In diesem Zusammenhang sind aber auch die Ergebnisse zur Darstellung von Gewalt relevant: So zeigen die Analysen, dass in Auslandsnachrichten deutlich mehr Gewalt dargestellt wird als in Inlandsnachrichten. Diese sind mit politischen oder politiknahen Themen verbunden – was dann doch zur Sichtweise beiträgt, dass die Weltlage insgesamt eher negativ und gewalttätig ist. Zudem wird damit gegebenenfalls auch eine Differenz in der Wahrnehmung von Inland und Ausland verstärkt – während das Inland als gewaltfreier und implizit sicherer gezeigt wird, scheint das Ausland grundsätzlich risikobehaftet und von aggressiver Politik durchzogen.

Die Analyse der Akteure zeigt auf, welche Personen in Auslandsnachrichten zuvorderst auftauchen. Entgegen der plausiblen Erwartung, dass dies vor allem Politiker seien, nimmt die Gruppe der Privatpersonen die vorderste Position ein – also der ‚Mann von der Straße' sowie Zeugen und Opfer von Ereignissen. Erst dann folgen Personen der Innenpolitik anderer Länder, Sportler sowie Personen, die dem Bereich internationale Politik zuzuordnen sind. Insgesamt sind die Akteure der Auslandsnachrichten allerdings eher Personen mittleren und hohen Status, was den Annahmen aus der bisherigen Nachrichtenforschung entspricht – die grundsätzlich davon ausgeht, dass ‚Elitepersonen' bevorzugt als Akteure auftreten. Die Thematisierung von Privatpersonen widerspricht dem im Übrigen nicht unbedingt: Diese werden ja zumeist als ‚Betroffene' gezeigt, oder als ‚Stimme des Volkes', nicht jedoch als aktiv Handelnde bzw. Protagonisten der Nachrichten.

Interessant erscheint im Rahmen der Personen-Analyse auch die Frage, aus welchen Herkunftsländern die Akteure stammen. Zunächst ist auffällig: Deutsche tauchen auch in den Auslandsnachrichten an vorderster Stelle auf – eine zentrale Vorgehensweise bei der sogenannten ‚Domestikation', d. h. der Herstellung von Inlandsbezügen und Relevanz für den deutschen Zuschauer. Diese Personalisierung ist auch häufiger anzutreffen als z. B. die Darstellung von Auswirkungen auf Deutschland. Sieht man aber von den deutschen Akteuren in der Auslandsberichterstattung ab, so finden sich hier vor allem US-Amerikaner, gefolgt von Briten, Russen, Franzosen und Italienern. Hier deutet sich schon an, dass die durch das Fernsehen erzeugten (im Wortsinne) ‚Weltbilder' kaum vollständig oder gemäß Parametern wie Bevölkerung oder geographischer Abdeckung den gesamten Erdball darstellen. Vielmehr sind politische und wirtschaftliche Strukturen wichtiger, zudem die geographische und kulturelle Nähe. Damit ist eine der wichtigsten Fragen der Nachrichtengeographie angesprochen, nämlich jene, wie die so erzeugten ‚Fernsehwelten' von anderen Betrachtungsweisen globaler Zusammenhänge abweichen, und inwiefern unser Bild vom Ausland geprägt ist von einer spezifischen Nachrichtenauswahl und Darstellung.

Überraschenderweise zeigt die Analyse der Nachrichtengeographie, dass im Untersuchungszeitraum immerhin mehr als ein Viertel der anerkannten souveränen Staaten Gegenstand der Berichterstattung waren – ein Ausweis für eine durchaus respektable Vielfalt der Auslandsberichterstattung im deutschen Fernsehen. Allerdings ist dies nur eine Seite der Medaille: Auf der anderen Seite tauchen z. B. auch große Ländern (im Analysezeitraum z. B. Mexiko) gar nicht bzw. so gut wie nie in der Berichterstattung auf. Zudem konzentriert sich ein Großteil der Berichte auf nur wenige Länder, die letztlich die Nachrichten bestimmen. Hier sind zuvorderst die Vereinigen Staaten (als verbleibende Supermacht und ‚Elitenation') zu nennen, die deutsche Auslandsnachrichten eindeutig dominieren. Danach folgen – nach der Analyse der Akteure wenig überraschend – Großbritannien und Russland. Auf einem vorderen Platz findet sich auch Italien. Bei den Nationen finden sich zudem Israel und Irak im Berichtszeitraum auf den vorderen Plätzen – Zeichen für die Thematisierung von politischen und militärischen Konflikten. Speziell der Irak würde ohne diesen Konfliktbezug wohl kaum Gegenstand der Berichterstattung gewesen sein. Israel hingegen ist auch durch die besondere deutsche Geschichte ein Dauerthema; wobei der Palästina-Konflikt hierzu ebenfalls beiträgt.

Neben den Inhalten der Berichterstattung sind aber auch formale Eigenschaften und die Präsentationsweise aussagekräftig. Der Grundtypus der Präsentation ist in Deutschland insgesamt einheitlich und eher klassisch: Ein Anchorman bzw. Moderator präsentiert für gewöhnlich die Nachrichten. Liveberichte sind eher selten, benutzt wird vorwiegend voraufgezeichnetes Material. Interessant hierbei: Fremdbeschafftes Materials wird nur selten ausgewiesen, d. h. die Quellen werden dem Publikum in der Regel nicht offen gelegt. Die grundsätzlich eher ‚konservative' Herangehensweise bei den formalen Eigenschaften zeigt sich auch bei der Nutzung von dynamischen Illustrationsformen: Entgegen der These einer Boulevardisierung von (Auslands-)Nachrichten, sind Animationen, Zeitlupe und Hintergrundmusik in jeweils nur rund 10 % der Beiträge eine Seltenheit. Zu bemerken ist jedoch, dass Private solche Mittel signifikant häufiger als die Öffentlich-Rechtlichen benutzen.

Zusammengefasst zeichnen die Ergebnisse der Inhaltsanalyse – auch im Vergleich mit den ebenfalls vorliegenden internationalen Daten (vgl. Cohen 2013) – ein in vielen Belangen positives Bild der Auslandsnachrichten im deutschen Fernsehen. Der Anteil der Auslandsnachrichten ist vergleichsweise hoch, das Spektrum an dargestellten Ländern ist höher als andernorts (auch wenn die Konstruktion der Welt immer noch spezifischen Regeln folgt, die keinesfalls alle Länder gleich behandeln). Auch sind die Darstellungsformen nicht besonders auffällig; im positiven Sinne sind beispielsweise bisher keine Anzeichen einer massiven Boulevardisierung erkennbar. Bemerkenswert sind jedoch auch deutliche Unterschiede zwischen Öffentlich-Rechtlichen und Privaten, wie sie in anderen Ländern so nicht zu finden waren – was aber auch damit zusammenhängt, dass die ‚Public Service Channels' anderer Länder zum Teil nur begrenzt mit den Öffentlich-Rechtlichen in Deutschland vergleichbar sind; es bestehen hier klare rechtliche und strukturelle Unterschiede.

Das hier dokumentierte Projekt umfasste neben der Inhaltsanalyse auch eine repräsentative *Befragungsstudie*. Somit können nicht nur die Auslandsnachrichten selbst in den Blick genommen werden, sondern auch die Einstellungen und Wahrnehmungen des Publikums. Finden sich die dargestellten ‚Fernsehwelten' also auch bei den Zuschauern wieder? Die Befragung liefert differenzierte Antworten hierzu, und auch zu diversen anderen Aspekten der Nutzung.

Zunächst einmal gilt es festzuhalten, dass Fernsehnachrichten auch im Internetzeitalter fest im Alltag der deutschen Bevölkerung verankert sind – über 90 % sehen sich diese an. Die *Tagesschau* ist dabei immer noch eine Institution: Sie führt in der Nutzung vor den ZDF-Nachrichten, während die Angebote der Privaten Anbieter deutlich seltener genutzt werden. Insofern besteht bei den Fernsehnachrichten immer noch eine traditionelle Dominanz der Öffentlich-Rechtlichen. Das spezifische Interesse an Auslandsnachrichten ist – zumindest auf Basis der Eigenauskunft der Zuschauer – erstaunlich hoch. Nur 11 % der Befragten gaben an, ein geringes oder gar kein Interesse an Auslandsnachrichten zu haben. Dies ist insofern überraschend, als dass in vielen Studien ein generell niedriges Interesse an Auslandsnachrichten gefunden wurde. Die Mehrheit der Zuschauer – rund 70 % – ist zudem mit der Menge an Auslandsnachrichten im Fernsehen zufrieden.

Allerdings muss man diese Ergebnisse differenziert sehen: Fragt man nach dem Interesse an Teilthemen von Nachrichtenangeboten, und zwar jeweils in Bezug auf Inlands- und Auslandsnachrichten, so zeigt sich ein deutliche Differenz. Derselbe Themenbereich ist mit Inlandsbezug jeweils deutlich interessanter für die Zuschauer als mit Auslandsbezug. Betrachtet man die unterschiedlichen Themeninteressen in Bezug auf Auslandsnachrichten, so zeigt sich zudem ein klarer Unterschied zu den tatsächlichen Angeboten, wie sie im Rahmen der Inhaltsanalyse erhoben wurden. Das höchste Interesse gilt nach Angaben der Zuschauer zunächst dem Bereich Wirtschaft/Handel, gefolgt von sozialen Themen, dann erst Unfälle/Katastrophen und schließlich den Beziehungen zu anderen Ländern. Von noch geringerem Interesse sind die Innenpolitik anderer Länder, Sport und schließlich Gewalt. Die Dis-

6 Status Quo und Zukunft der Auslandsberichterstattung 143

krepanz zwischen Angebot und geäußertem Wunsch ist auf mehrerlei Art erklärbar: So könnten sich die Anbieter tatsächlich in Bezug auf die Zuschauerinteressen täuschen oder aus journalistischen Erwägungen Themenschwerpunkte abseits des eigentlichen Interesses setzen. Es ist aber auch durchaus möglich, dass die Zuschauer bei der Befragung ‚sozial erwünscht' antworten, d. h. nicht ihre eigentlichen Interessen äußern, oder sich dieser überhaupt nicht bewusst sind.

Bei den genannten Länderinteressen in Bezug auf TV-Auslandsnachrichten zeigen sich Übereinstimmungen mit dem Angebot, aber auch überraschende Abweichungen. Interesse an den USA äußerten fast 60 % der Befragten – was angesichts der tatsächlichen Nachrichtenlage zu erwarten war. Über Frankreich wollen sich rund ein Drittel der Befragten informiert sehen, Russland spielte für etwas mehr als ein Fünftel eine Rolle, ebenso Großbritannien. Auch China und Italien sind noch für größere Teile der Befragten von Interesse. Die Liste stimmt in Abfolge und Größenordnung freilich nicht vollständig mit dem Angebot überein. Die Konzentration auf wenige Länder lässt sich auch beim Zuschauerinteresse über politischen und wirtschaftlichen Elitestatus, Nachbarschaft sowie (militärische) Konflikte bzw. Konfliktgefahr erklären. Die Häufigkeit von Ereignissen, aber auch die Größe und Bevölkerung spielen nur bedingt eine Rolle – auch im Fokus der Zuschauer tauchen einige bevölkerungsreiche, große Nationen nicht auf.

Betrachtet man die Nutzung und die diesbezüglichen Motive im Detail, so zeigt sich auch hier keine Indifferenz gegenüber dem Ausland: Grundsätzlich scheinen die Befragten interessiert zu sein, wobei das Motiv der Informationsvermittlung im Vordergrund steht. Die Vergleiche von unterschiedlichen Zuschauergruppen in Hinblick auf Nutzung und Motive lassen einige bemerkenswerte Differenzen zu Tage treten: Während Altersunterschiede hier kaum eine Rolle spielen, können Geschlechterunterschiede beim Interesse am Ausland und dem Länderinteresse festgestellt werden. Zudem zeigen sich deutliche Bildungs- und Einkommenseffekte: Bei höherer Bildung und höherem Einkommen nimmt das Interesse am Ausland und verschiedenen Ländern zu; außerdem sind die Einstellungen bezüglich Auslandsnachrichten deutlich weniger negativ.

Allerdings stehen die genannten Einflussfaktoren miteinander in Verbindung. Daher wurden in der hier vorliegenden Dokumentation in einem Gesamtmodell die unterschiedlichen Einflussfaktoren zusammen geprüft, und dabei zeigte sich, dass das Interesse an Auslandsnachrichten vor allem von der Bildung abhängig ist – andere soziodemographische Faktoren waren im Gesamtmodell nicht signifikant. Relevant waren auch der generelle Umfangs der Nutzung von Fernsehnachrichten, der Umfang der Nutzung von Online-Nachrichten, sowie das generelle Politikinteresse. Dieses Ergebnis unterstützt die Annahme, dass Auslandsnachrichten eher ein Angebot für die Höhergebildeten sind. Hier zeigt sich dann auch ein Problem, denn es sind entsprechende „Wissenskluft-Effekte" (vgl. Tichenor et al. 1970) zu erwarten – tragen die Auslandsnachrichten doch wiederum in vielfältiger Weise zur Erweiterung des Horizonts, der Erkenntnis – und letztlich der Bildung – der Zuschauer bei.

Insofern kann man die Ergebnisse der Publikumsbefragung positiv wie negativ interpretieren: Zeigen sie doch einerseits ein überraschend hohes Interesse am Ausland. Die Zuschauer zeigen prinzipiell ein hohes Interesse, das vor allem informationsgeleitet ist. Negative Einstellungen bezüglich Auslandsnachrichten sind geringer, als man dies auf Basis der Literaturlage hätte erwarten können.

Jedoch wird andererseits der Fokus der Zuschauer nur auf wenige Nationen gerichtet. Die gewünschten Fernsehwelten sind also ebenso wie die tatsächlichen Angebote eingeschränkt. Eigentlich plausible Relevanzfaktoren wie tatsächliche Ereignishäufigkeit, Größe oder Bevölkerungszahl spielen nur eine geringe Rolle; repliziert werden bekannte wirtschaftlich-politische Einflussstrukturen. Die Konzentration auf nur wenige Nationen ist freilich – aus Sichtweise der Zuschauer – rational, um Weltkomplexität zu reduzieren und das Geschehen zu ordnen. Allerdings kann man monieren, dass dies auch bestehende Strukturen weiterhin auch im Interesse der Zuschauer zementiert. Hier kommt erschwerend hinzu, dass der Einfluss von Bildung auf das Interesse am Ausland – und auch an einer Vielfalt von Ländern – wie erwartet von zentraler Bedeutung ist.

Doch wird von den Journalisten reflektiert, wer ihre Zuschauer sind und was diese an Auslandsnachrichten interessiert? Und haben die Journalisten einen objektiven Blick auf die eigenen Nachrichten? Um sich diesen Fragen zu widmen, wurden die Macher der (Auslands-) Nachrichten in einem letzten Teil in den Blick genommen. Die *Leitfaden-Interviews mit den Journalisten* waren zwar nur auf die Macher hinter *Tagesschau* und *RTL Aktuell* beschränkt; jedoch profitierte die Analyse von den in ähnlicher Weise durchgeführten Interviews mit den Journalisten in anderen Ländern, die als Vergleichsfolie dienen konnten.

Im internationalen Vergleich zeigte sich zunächst, dass die deutschen Journalisten eine vergleichsweise gute Arbeitssituation haben: Die (finanziellen) Ressourcen der Produktion stellen mehr Möglichkeiten zur Verfügung als andernorts; zudem ist die Marktorientierung relativ gering. Weiterhin gibt es keine normativen staatlichen Vorgaben bei der aktuellen Produktion, wie sie in manchen Staaten herrschen. Folgt man der Kategorisierung Hanitzsch (2007), so ist die journalistische Kultur der interviewten Fernsehjournalisten durch eine Orientierung an Idealismus, Objektivismus und Empirismus geprägt. In der Tendenz ist die Marktorientierung bei den Journalisten des privaten Anbieters RTL etwas höher als bei den öffentlich-rechtlichen *Tagesschau*-Nachrichten – doch bewegt man sich hier immer noch im selben Referenzrahmen journalistischer Kultur.

Vergleicht man die Ergebnisse der Inhaltsanalyse mit den Aussagen der Journalisten zum eigenen Programm, so zeigen sich überraschende Diskrepanzen: Die deutschen Fernsehjournalisten hatten – ähnliche wie Kollegen in anderen Ländern (vgl. Mujica und Hanitzsch 2013) – klare Schwierigkeiten, den Anteil an Fernsehnachrichten zutreffend einzuschätzen. Wie die internationalen Kollegen unterschätzten die Journalisten den Anteil, und zwar um 12–25 %. Der tatsächliche Anteil wurde von den Journalisten unisono als ‚freudige Überraschung' wahrgenommen – sprich: man findet einen hohen bzw. höheren Anteil von Auslandsnachrichten durchaus erstrebenswert.

In Bezug auf die Länder der Berichterstattung hatten die Journalisten zwar auch gewisse Schwierigkeiten, eine präzise Einschätzung der tatsächlichen Situation abzugeben; jedoch war die Diskrepanz zwischen Einschätzung und tatsächlicher Situation nicht gravierend. So wurden die USA als Hauptberichterstattungsland der Auslandsnachrichten klar identifiziert. Darüber hinaus nannten die Journalisten vor allem europäische Nationen als Länder, die in der Berichterstattung eine herausgehobene Rolle spielen – Frankreich, Großbritannien, Russland, Spanien - jedoch in z. T. wechselnder Rangfolge. Als weitere ‚Hotspots' der Berichterstattung wurden Israel sowie der Nahe und Mittlere Osten aufgeführt und Afghanistan genannt. China wurde aufgrund der weltpolitischen und ökonomischen Lage eine wachsende Bedeutung zugewiesen.

Eine interessante Diskrepanz zeigt sich auch zwischen den Ergebnissen der Publikumsbefragung und den Einschätzungen der Journalisten bezüglich ihrer Zuschauer: Die Journalisten unterschätzten den Wunsch des Publikums nach Auslandsnachrichten deutlich. Neben der eigentlichen Diskrepanz ist vor allem das Erklärungsmuster für die Abweichung interessant: Die Journalisten äußerten hier methodische Vorbehalte gegenüber der Befragung, und das Ergebnis wurde auf soziale erwünschte Antworten der Zuschauer zurückgeführt. Sprich: Es gab hier erhebliche Zweifel der Journalisten, dass der Zuschauer ‚wirklich' so viel Auslandsnachrichten im Programm sehen will.

Dies ist auch insofern aufschlussreich, als dass schon der tatsächliche Anteil gemäß Inhaltsanalyse von den Journalisten unterschätzt wurde (wie oben beschrieben) – trotzdem wird die eigene ‚professionelle' Wahrnehmung zunächst als die zuverlässigere Realitätskonstruktion eingeschätzt. Hier wird mehrerlei deutlich: Die Journalisten wünschen sich offenbar eine hohe Bedeutung der Auslandsnachrichten, da diese als besonders sinn- und wertvoll wahrgenommen werden. Diese eigentlich angemessene Bedeutung ist ihrer Meinung nach aber faktisch nicht erreichbar, weil diesem Wunsch z. B. Sendungskonventionen, die Situation im Sender oder auch Publikumsinteressen entgegen stehen. Diese ‚professionelle' Einschätzung ist so stark, dass empirische Ergebnisse eher hinterfragt werden als die eigenen Auffassungen (welche aber gleich mehrfach im Widerspruch zu den Resultaten zweier unterschiedlicher Methoden stehen). In den Interviews wird immer wieder deutlich, dass man Auslandsberichterstattung auch deswegen stärken möchte, weil man sie latent als bedroht ansieht.

Tatsächlich sind Auslandsnachrichten teuer, vor allem wenn auf eigene Korrespondenten bzw. eigenes Material zurückgegriffen wird. Für Senderverantwortliche mag es in schwierigen finanziellen Situationen daher nahe liegen, Einschnitte an dieser Stelle vorzunehmen. Auch könnte sich mancher in den Sendern fragen, ob in Zeiten von ‚frei verfügbaren' YouTube-Filmen (vgl. Burgess und Green 2009) oder sonstigem, von Nutzern hergestellten Content (vgl. Singer et al. 2011) die selbst produzierten Auslandsnachrichten nicht einen redaktionellen Luxus darstellen.

Dem lässt sich freilich nicht nur entgegen halten, dass dieses Material oftmals zweifelhaft und im Einzelfall gar nicht prüfbar ist.[1] Die Ergebnisse unserer Analysen haben auch gezeigt, dass ein Wunsch nach einordnender und vielfältiger Auslandsberichterstattung im Fernsehen besteht. Angesichts komplexer werdender internationaler Konstellationen in Zeiten tiefgreifender Globalisierungsprozesse wird diese einordnende Funktion eher an Bedeutung gewinnen als verlieren. Insofern scheinen Sender gut beraten zu sein, hier nicht im Sinne einer kurzfristigen ökonomischen Logik an den Auslandsnachrichten zu sparen sondern die in den Analysen zutage tretende Berichterstattungsvielfalt und -qualität zu sichern und zu stärken. Denn die Analysen haben gezeigt: Die deutsche Auslandsberichterstattung steht – auch im internationalen Vergleich – zwar recht gut da, doch ist die Situation mitnichten in jederlei Hinsicht ideal.

Das Fazit der hier vorgelegten Analysen der Auslandsnachrichten im Fernsehen fällt somit nicht eindeutig und frei von Widersprüchen aus. Offene Fragen bleiben: Werden sich Veränderungen der ökonomischen und politischen Veränderungen im Programm abzeichnen, oder sind einige der dargestellten Berichterstattungsmuster zeitstabil (und damit unabhängig von der jeweiligen Ereignislage zum Analyse-Zeitpunkt)? Ist das Interesse der Zuschauer an den Auslandsnachrichten mehr als ein Lippenbekenntnis – steht dahinter der echte Wunsch nach Orientierung in einer komplizierter werdenden, ‚globalisierten' Welt? Können die Journalisten ihre publizistischen Ideale in einem zunehmend von ökonomischen Imperativen geprägtem Umfeld aufrecht erhalten?

All diese Fragen verweisen darauf, dass der hier vorliegende Band und dessen Analysen nur eine Momentaufnahme von der Situation der Auslandsberichterstat-

---

[1] Für eine kritische Analyse von Vertrauen in Online-Kommunikation und Journalismus vgl. z. B. Jg. 27, Ausgabe 1 des European Journal of Communication, insbesondere u. a. Coleman (2012) und Quandt (2012).

tung im deutschen Fernsehen bietet. Dringend geboten erscheinen Folgestudien, die Vergleiche nicht nur mit anderen Nationen (vgl. Cohen 2013), sondern auch mit gegebenen historischen Situationen im Längsschnitt erlauben. Die wissenschaftliche Forschung könnte dann als Beobachter der Situation Erkenntnisse dazu liefern, ob die TV-Nachrichten auch weiterhin die hier festgestellte Qualität liefern, und ob die Auslandsberichterstattung im deutschen Fernsehen langfristig nicht nur aufrechterhalten, sondern gegebenenfalls in Hinblick auf ihre Vielfalt und ihren Umfang sogar gestärkt wird. Ob ökonomische ‚Notwendigkeiten' oder publizistische ‚Idealvorstellungen' die Entwicklung bestimmen – oder ob beides sogar entlang der Zuschauerwünsche in Einklang gebracht werden kann – bleibt somit eine weiterhin spannende und zentrale Frage.

Literatur

Almaney, A. (1970). International and foreign affairs on network television news. *Journal of Broadcasting & Electronic Media, 14*(4), 499–509.
Arbeitsgemeinschaft der Landesmedienanstalten. (2009). *ALM-Jahrbuch 2008. Landesmedienanstalten und privater Rundfunk in Deutschland*. Berlin: Vistas.
Baecker, D. (1998). Produktion von Nachrichtenfilmen. Eine Untersuchung der Fernsehnachrichtenagentur World Television News (WTN). In J. Wilke (Hrsg.), *Nachrichtenproduktion im Mediensystem* (S. 121–201). Köln u. a.: Böhlau
Bartels, R. (1997). *Fernsehnachrichten im Wettbewerb: Die Strategien der öffentlich-rechtlichen und privaten Anbieter*. Köln u. a.: Böhlau.
Beaudoin, C. E. (2004). The independent and interactive antecedents of international knowledge. *Gazette: The International Journal for Communication Studies, 66*(5), 459–473.
Bentele, G., Brosius, H.-B., & Jarren, O. (Hrsg.). (2006). *Lexikon Kommunikations- und Medienwissenschaft* (2. Aufl.). Wiesbaden: VS Verlag.
Berens, P. (1988). Der „Aufmacher". Zur Analyse von Nachrichtensendungen. In R. Breitling & W. Gellner (Hrsg.), *Machiavellismus, Parteien und Wahlen, Medien und Politik. Politische Studien zum 65. Geburtstag von Prof. Dr. Erwin Faul* (S. 58–69). Gerlingen: Maisch & Queck.
Bernhard, U., & Scharf, W. (2008). „Infotainment in der Presse. Eine Längsschnittanalyse 1980–2007 dreier regionaler Tageszeitungen. *Publizistik, 53*(2), 231–250.
Beuler, R., & Wilke, J. (1998). Produktion von Fernsehnachrichten. Eine Untersuchung der Bebilderung der heute-Nachrichtensendung des ZDF. In J. Wilke (Hrsg.), *Nachrichtenproduktion im Mediensystem. Von den Sport- und Bilderdiensten bis zum Internet* (S. 255–277). Köln u. a.: Böhlau.
Bewilogua, J., & Nieland, J.-U. (1996). Von der „Arriflex" zum „Fly-away". Zur Technikentwicklung bei der ARD/ARD-aktuell und beim ZDF/Redaktion Aktuelles. In P. Ludes (Hrsg.), *Informationskontexte für Massenmedien. Theorien und Trends* (S. 51–95). Opladen: Westdeutscher Verlag.
Boyd-Barrett, O., & Thussu, D. K. (1992). *Contra-flow in global news: International and regional news exchange mechanisms*. London: John Libbey.
British, B. C., Broadcasting, S. C., & Independent, T. C. (2002). *Briefing Update No 10. Depiction of Violence on Terrestrial Television*. London. Abgerufen von http://www.ofcom. org.uk/static/archive/itc/uploads/DEPICTION_OF_VIOLENCE_ON_TERRESTRIAL_TELEVISION.pdf

Brants, K., & Neijens, P. (1998). The infotainment of politics. *Political Communication, 15*(2), 149–164.
Brosius, H.-B. (2001). Stabilität und Wandel. Inhalte und Darstellungsformen von Fernsehnachrichten. In F. Marcinkowski (Hrsg.), *Die Politik der Massenmedien. Heribert Schatz zum 65. Geburtstag* (S. 115–141). Köln: Herbert von Halem.
Brosius, H.-B. (1998). Politikvermittlung durch Fernsehen. Inhalte und Rezeption von Fernsehnachrichten. In W. Klingler, G. Roters, & O. Zöllner (Hrsg.), *Fernsehforschung in Deutschland. Themen – Akteure – Methoden. Teilband 1* (S. 283–301). Baden-Baden: Nomos.
Bruck, P., & Stocker, G. (1996). *Die ganz normale Vielfältigkeit des Lesens. Zur Rezeption von Boulevardzeitungen.* Salzburg: Lit-Verlag.
Bruns, T. (1998). *Veränderungen der Gewaltberichterstattung im politischen Informationsprogramm des öffentlich-rechtlichen und privaten Fernsehens von 1986–1994. Eine Längsschnittanalyse.* Köln: Herbert von Halem.
Bruns, T., & Marcinkowski, F. (1997). *Politische Information im Fernsehen. Eine Längsschnittstudie.* Opladen: Leske + Budrich.
Bucher, H.-J. (2010). Multimodalität – eine Universalie des Medienwandels: Problemstellungen und Theorien der Multimodalitätsforschung. In H.-J. Bucher, T. Gloning, & K. Lehnen (Hrsg.), *Neue Medien – neue Formate. Ausdifferenzierung und Konvergenz in der Medienkommunikation* (S. 41–79). Frankfurt u. a.: Campus.
Bundesministerium für Familie, Senioren, Frauen und Jugend (BMFSFJ). (2011). *„Frauen in Führungspositionen": Status quo und Zielsetzungen der DAX-30-Unternehmen.* Abgerufen von http://www.bmfsfj.de/Redaktion BMFSFJ/Abteilung2/Pdf-Anlagen/frauen-in-fuehrungspositionen-status-quo-und-zielsetzungen.pdf
Burgess, J., & Green, J. (2009). *YouTube. Online Video and Participatory Culture.* Cambridge: Polity Press.
Chalaby, J. K. (2005). Towards an understanding of media transnationalism. In J. K. Chalaby (Hrsg.), *Transnational television worldwide: Towards a new media order* (S. 1–13). London: Tauris.
Chan, J. M., & Lee, F. L. F. (2013). Does foreign news on public and commercial stations television differ? In A. Cohen (Hrsg.), *Foreign News on Television: Where is the World in the Global Village? A Multinational Perspective* (S. 129–152). New York: Peter Lang.
Chang, T. K., & Lee, J. W. (1992). Factors affecting gatekeepers' selection of foreign news: A national survey of newspaper editors. *Journalism Quarterly, 69*(3), 554–561.
Chang, T. K., Berg, P., Ying-Him Fung, A., Kedl, K. D., Luther, C. A., & Szuba, J. (2001). Comparing nations in mass communication research, 1970–97. A critical assessment of how we know what we know. *Gazette: The International Journal for Communication Studies, 63*(5), 415–434.
Cippitelli, C., & Schwanebeck, A. (Hrsg.). (2003). *Nur Krisen, Kriege, Katastrophen? Auslandsberichterstattung im deutschen Fernsehen.* München: Fischer.
Cohen, A. A. (1998). Between content and cognition: On the impossibility of television news. *Communications: European Journal of Communication Research, 23*(4), 425–439.
Cohen, A. A. (2002). Globalization Ltd.: Domestication on the boundaries of television news. In J. M. Chan & B. T. McIntyre (Hrsg.), *In search of boundaries: Communication, nation-states and cultural identities* (S. 167–180). Westport: Ablex.
Cohen, A. A. (Hrsg.). (2013). *Foreign news on television: Where in the world is the global village?* New York: Peter Lang.

Cohen, A. A., Adoni, H., Bantz, C. R., Robinson, D. C., Blumler, J. G., Gurevitch, M., & Bock, G. (1990). *Social conflict and television news*. London: Sage.
Cohen, A. A., Levy, M. R., Roeh, I., & Gurevitch, M. (1996). *Global newsrooms, local audiences. A study of the European news exchange*. London: Libbey.
Cohen, J. (1988). *Statistical power analysis for the behavioral sciences*. Hillsdale: Erlbaum.
Coleman, S. (2012). Believing the news: From sinking trust to atrophied efficacy. *European Journal of Communication, 27*(1), 35–45.
Dehm, U., & Klingler, W. (1985). Die neue Konkurrenz: Überregionale Hauptnachrichtensendungen des Fernsehens im Vergleich. Entwicklung und Erprobung eines Erhebungsinstrumentes. *Rundfunk und Fernsehen, 33*(2), 245–255.
Direktorenkonferenz der Landesmedienanstalten der L.(DLM). (2010). *Nachrichtensendungen im privaten Rundfunk*. Abgerufen von http://www.alm.de/fileadmin/Download/ Papier_Nachrichtensendungen-01-03-10.pdf
Donsbach, W., & Büttner, K. (2005). Boulevardisierungstrend in deutschen Fernsehnachrichten. Darstellungsmerkmale der Politikberichterstattung vor den Bundestagswahlen 1983, 1990 und 1998. *Publizistik, 50*(1), 21–37.
Dulinski, U. (2003). *Sensationsjournalismus in Deutschland*. Konstanz: UVK.
Eilders, C. (1997). *Nachrichtenfaktoren und Rezeption. Eine empirische Analyse zur Auswahl und Verarbeitung politischer Information*. Opladen: Westdeutscher Verlag.
Elliott, P., & Golding, P. (1974). Mass communication and social change: The imagery of development and the development of imagery. In E. de Kadt & G. Williams (Hrsg.), *Sociology and development* (S. 228–255). London: Travistock.
Elliott, W. R., & Slater, D. (1980). Exposure, experience, and perceived TV reality for adolescents. *Journalism Quarterly, 57*(3), 409–414, 431.
Elvestead, E. (2009). Introverted locals or world citizens? A quantitative study of interest in local and foreign news in traditional media and on the internet. *Nordicom Review, 30*(2), 105–123.
Ericson, R., Baranek, P., & Chan, J. (1989). *Negotiating control: A study of news sources*. Milton Keynes: Open University Press.
Esser, F., & Pfetsch, B. (Hrsg.). (2004). *Comparing political communication: Theories, cases, and challenges*. New York: Cambridge University Press.
Fretwurst, B. (2008). *Nachrichten im Interesse der Zuschauer: Eine konzeptionelle und empirische Neubestimmung der Nachrichtenwerttheorie*. Konstanz: UVK.
Früh, W. (2001). *Gewaltpotentiale des Fernsehangebots. Programmangebot und zielgruppenspezifische Interpretation*. Wiesbaden: Westdeutscher Verlag.
Früh, W. (2007). *Inhaltsanalyse*. Konstanz: UVK.
The structure of foreign news: The presentation of the Congo, Cuba and Cyprusess crises in four Norwegian newspapers. *Journal of Peace Research, 2*(1), 64–91.
Geen, R. G. (1994). Television and aggression: Recent developments in research and theory. In D. Zillmann, J. Bryant, & A. C. Huston (Hrsg.), *Media, children, and the family* (S. 151–162). Hillsdale: Lawrence Erlbaum.
Gerbner, G., & Marvanyi, G. (1977). The many worlds of the world' s press. *Journal of Communication, 27*(1), 52–66.
Gerbner, G., Gross, L., Morgan, M., & Signorielli, N. (1980). The „Mainstreaming" of America: Violence Profile No. 11. *Journal of Communication, 30*(3), 10–29.
Gleich, U. (2004). Medien und Gewalt. In R. Mangold, P. Vorderer. & G. Bente (Hrsg.), *Lehrbuch der Medienpsychologie* (S. 587–618). Göttingen: Hogrefe.

Goertz, L. (1996). Zwischen Nachrichtenverkündung und Infotainment. Die Gestaltung von Hauptnachrichtensendungen im privaten und öffentlich-rechtlichen Fernsehen. In W. Hömberg & H. Pürer (Hrsg.), *Medien-Transformation. Zehn Jahre dualer Rundfunk in Deutschland* (S. 200-209). Konstanz: UVK.

Golan, G. J. (2010). Determinants of International News Coverage. In G. J. Golan, T. J. Johnson, & W. Wanta (Hrsg.), *International Media Communication in a Global Age* (S. 125-144). New York: Routledge.

Grabe, M. E., Zhou, S., & Barnett, B. (2001). Explicating sensationalism in television news: Content and the bells and whistles of form. *Journal of Broadcasting & Electronic Media, 45*(4), 635-655.

Groebel, J., & Gleich, U. (1993). *Gewaltprofil des deutschen Fernsehprogramms. Eine Analyse des Angebots privater und öffentlich-rechtlicher Sender.* Opladen: Leske + Budrich.

Grüninger, H., Quandt, T., & Wimmer, J. (2007). Generation 35+. Eine explorative Interviewstudie zu den Spezifika älterer Computerspieler. In T. Quandt, J. Wimmer, & J. Wolling (Hrsg.), *Die Computerspieler. Studien zur Nutzung von Computergames* (S. 113-134). Wiesbaden: VS Verlag.

Gunter, B., Harrison, J., & Wykes, M. (2003). *Violence on Television: Distribution, form, context and themes.* Mahwah: Taylor & Francis.

Hagen, L. M., Berens, H., Zeh, R., & Leidner, D. (1998). Ländermerkmale als Nachrichtenfaktoren: Der Nachrichtenwert von Ländern und seine Determinanten in den Auslandsnachrichten von Zeitungen und Fernsehen aus 28 Ländern. In C. Holtz-Bacha, H. Scherer, & N. Waldmann (Hrsg.), *Wie die Medien die Welt erschaffen und wie die Menschen darin leben* (S. 59-82). Opladen: Westdeutscher Verlag.

Hallin, D. C., & Mancini, P. (2004). *Comparing Media Systems: Three Models of Media and Politics.* Cambridge: Cambridge University Press.

Hanitzsch, T. (2007). Deconstructing journalism culture: Towards a universal theory. *Communication Theory, 17*(4), 367-385.

Hanitzsch, T., Quandt, T., Löffelholz, M., & Altmeppen, K.-D. (2004). Online-Journalismus in Deutschland und den USA. *epd medien, 39*, 3-24.

Hans Bredow-Institut. (Hrsg.). (2006). *Medien von A-Z.* Wiesbaden: VS Verlag.

Harcup, T., & O'Neill, D. (2001). What is news? Galtung and Ruge revisited. *Journalism Studies, 2*(2), 261-280.

Hargrave, A. M. (Hrsg.). (1993). *Violence in factual television.* London: Libbey.

Hargrove, T., & Stempel, G. H. (2002). Exploring reader interest in international news. *Newspaper Research Journal, 23*(4), 46-51.

Haynes, R. D. Jr. (1984). Test of Galtung's Theory of Structural Imperialism. In R. L. Stevenson & D. L. Shaw (Hrsg.), *Foreign News and the New World Information Order* (S. 200-216). Ames: The Iowa State University Press.

Heath, L. (1984). Impact of newspaper crime reports on fear of crime: Multimethodological investigation. *Journal of Personality and Social Psychology, 47*(2), 263-276.

Heinderyckx, F. (1993). Television News Programmes in Western Europe: A Comparative Study. *European Journal of Communication, 8*(4), 425-450.

Hester, A. (1978). Five years of foreign news on U.S. television evening newscasts. *Gazette: The International Journal for Communication Studies, 24*(1), 86-95.

Heyn, J. (1985). Fernsehnachrichten im internationalen Vergleich. Auf bestem Wege zur Entpolitisierung? *Media Perspektiven, 12*, 879-884.

International Press Institute. (1953). *The flow of news.* Zürich: IPI.

Johnson, R. N. (1996). Bad news revisited: The portrayal of violence, conflict, and suffering on television news. *Peace and Conflict: Journal of Peace Psychology, 2*(3), 201-216.
Kalisch, O., & Wilke, J. (1993). Nachrichtenfilmagenturen: Reuters Television und Worldwide Television News Corporation. In J. Wilke (Hrsg.), *Agenturen im Nachrichtenmarkt: Reuters, AFP, VWD/dpa, dpa-fwt, KNA, epd, Reuters Television, World Wide Television News, Dritte Welt-Agenturen* (S. 243-281). Köln u. a.: Böhlau.
Kamps, K. (1998). Nachrichtengeographie. Themen, Strukturen, Darstellung: ein Vergleich. In K. Kamps & M. Meckel (Hrsg.), *Fernsehnachrichten. Prozesse, Strukturen, Funktionen* (S. 275-294). Wiesbaden: VS-Verlag.
Kamps, K. (1999). *Politik in Fernsehnachrichten: Struktur und Präsentation internationaler Ereignisse. Ein Vergleich*. Baden-Baden: Nomos.
Kayser, J. (1953). *One week's news: Comparative study of 17 major dailies for a seven-day period*. Paris: Unesco.
Kepplinger, H. M., & Dahlem, S. (1990). Medieninhalte und Gewaltanwendung. In H. D. Schwind & J. Baumann (Hrsg.), *Ursachen, Prävention und Kontrolle von Gewalt. Analysen und Vorschläge der Unabhängigen Regierungskommission zur Verhinderung und Bekämpfung von Gewalt (Gewaltkommission) (Bd. 3, S. 381-396)*. Berlin: Duncker und Humboldt.
Kim, J., Wyatt, R. O., & Katz, E. (1999). News, talk opinion, participation: The part played by conversation in deliberative democracy. *Political Communication, 16*(4), 361-385.
Kluge, S. (2000). Empirically grounded construction of types and typologies in qualitative social research. *Forum: Qualitative Social Research, 1*(1). Abgerufen von http://nbn-resolving.de/urn:nbn:de:0114-fqs0001145
Korzenny, F., del Toro, W., & Gaudino, J. (1987). International News media exposure, knowledge, and attitudes. *Journal of Broadcasting & Electronic Media, 31*(1), 73-87.
Krüger, U.-M. (1985a). Aspekte der Nachrichtenpräsentation in SAT.1, ARD und ZDF. *Media Perspektiven, 3*, 232-239.
Krüger, U.-M. (1985b). „Soft news" – kommerzielle Alternative zum Nachrichtenangebot öffentlich-rechtlicher Rundfunkanstalten. SAT.1, RTL plus, ARD und ZDF im Vergleich. *Media Perspektiven, 6*, 479-490.
Krüger, U. M. (1996). Gewalt in von Kindern genutzten Fernsehsendungen. *Media Perspektiven, 3*, 114-133.
Krüger, U.-M. (1997). Politikberichterstattung in den Fernsehnachrichten. *Media Perspektiven, 5*, 256-268.
Krüger, U.-M. (2006). Fernsehnachrichten bei ARD, ZDF, RTL und Sat.1: Strukturen, Themen, Akteure. *Media Perspektiven, 2*, 50-74.
Krüger, U.-M. (2007). InfoMonitor 2006: Fernsehnachrichten bei ARD, ZDF, RTL und SAT.1. *Media Perspektiven, 2*, 58-82.
Krüger, U.-M. (2008). InfoMonitor 2007: Fernsehnachrichten bei ARD, ZDF, RTL und SAT.1. *Media Perspektiven, 2*, 58-83.
Krüger, U.-M. (2009). InfoMonitor 2008: Fernsehnachrichten bei ARD, ZDF, RTL und SAT.1. *Media Perspektiven, 2*, 73-94.
Krüger, U.-M. (2010). InfoMonitor 2009: Fernsehnachrichten bei ARD, ZDF, RTL und SAT.1. *Media Perspektiven, 2*, 50-72.
Krüger, U.-M. (2011). InfoMonitor 2010: Fernsehnachrichten bei ARD, ZDF, RTL und SAT.1. *Media Perspektiven, 2*, 91-114.
Krüger, U.-M. (2012). InfoMonitor 2011: Fernsehnachrichten bei ARD, ZDF, RTL und SAT.1. *Media Perspektiven, 2*, 78-106.

Kuckartz, U. (2010). *Einführung in die computergestützte Analyse qualitativer Daten*. Wiesbaden: VS Verlag.

Kunczik, M. (1998). *Gewalt und Medien*. Köln u. a.: Böhlau.

Kunczik, M., & Zipfel, A. (2006). *Gewalt und Medien. Ein Studienhandbuch*. Köln u. a.: Böhlau.

Lichter, R. S., & Amundson, D. (1992). *A day of television violence*. Washington, DC: Center for Media and Public Affairs.

Livingstone, S. (1997). *Clarifying the CNN Effect: An examination of media effects according to military intervention*. Harvard: The Joan Shorenstein Center for Press.

Ludes, P. (1992). Von der gemeinwohlorientierten Dienstleistung zum Geschäft mit Show-Einlagen. In I. Schneider (Hrsg.), *Amerikanische Einstellung. Deutsches Fernsehen und US-amerikanische Produktionen* (S. 61–102). Heidelberg: Carl Winter Universitätsverlag.

Ludes, P. (1993). *Von der Nachricht zur News Show*. München: Fischer.

Ludes, P. (1994). Vom neuen Stichwortgeber zum überforderten Welterklärer und Synchron-Regisseur. Nachrichtensendungen. In P. Ludes, H. Schumacher, & P. Zimmermann (Hrsg.), *Informations- und Dokumentarsendungen: Bd. 3. Geschichte des Fernsehens in der Bundesrepublik Deutschland* (S. 17–90). München: Fink.

Ludes, P. (2001). *Multimedia und Multi-Moderne: Schlüsselbilder. Fernsehnachrichten und World Wide Web – Medienzivilisierung in der Europäischen Währungsunion*. Wiesbaden: Westdeutscher Verlag.

Liu, U. C., & Gunarantne, S. A. (1972). Foreign news in two Asian dailies. *Gazette, 18*(1), 37–41.

Maier, M. (2003). Analysen deutscher Fernsehnachrichten 1992–2001. In G. Ruhrmann, J. Woelke, M. Maier, & N. Diehlmann (Hrsg.), *Der Wert von Nachrichten im deutschen Fernsehen. Ein Modell zur Validierung von Nachrichtenfaktoren* (S. 61–98). Opladen: Leske + Budrich.

Maier, M., Klietsch, K., & Ruhrmann, G. (2006). *Der Wert von Nachrichten im deutschen Fernsehen: Ergebnisse einer Inhaltsanalyse 1992–2004*. Düsseldorf: Landesanstalt für Medien Nordrhein-Westfalen.

Matzen, N., & Radler, C. (2009). *Die Tagesschau. Zur Geschichte einer Nachrichtensendung*. Konstanz: UVK.

Maurer, T. (2005). *Fernsehnachrichten und Nachrichtenqualität. Eine Längsschnittstudie zur Nachrichtenentwicklung in Deutschland*. München: Reinhard Fischer.

Mayring, P. (2000). Qualitative content analysis. *Forum: Qualitative Social Research, 1*(2). http://nbn- resolving.de/urn:nbn:de:0114-fqs0002204

Meckel, M. (1996). Informationsleistungen nationaler und internationaler Nachrichtensendungen: Anspruch und Wirklichkeit. In P. Ludes (Hrsg.), *Informationskontexte für Massenmedien. Theorien und Trends* (S. 187–211). Opladen: Westdeutscher Verlag.

Merten, Klaus. (1999). *Gewalt durch Gewalt im Fernsehen?* Opladen u. a.: Westdeutscher Verlag.

Mikos, L. (2001). Ästhetik der Gewaltdarstellung in Film und Fernsehen. Genrespezifik und Faszination für den Zuschauer. *tv diskurs, 16*, 16–21.

Morrison, D. E. (1999). *Defining violence: The search of understanding*. Luton: University of Luton Press.

Muckenhaupt, M. (2000). *Fernsehnachrichten gestern und heute*. Tübingen: Gunter Narr Verlag.

Mujica, C., & Hanitzsch, T. (2013). Gatekeepers on decision making in foreign news. In Cohen, A. (Hrsg.), *Foreign news on television: Where in the world is the global village?* (S. 209–224) New York: Peter Lang.
Müller, S. (2012). *Objektivität in österreichischen Qualitätszeitungen: Eine empirische Untersuchung der Fußballberichterstattung im Standard und den Salzburger Nachrichten.* München: Grin Verlag.
Paterson, C. (2011). *The international television news agencies. The world from London.* New York: Peter Lang.
Patton, M.-Q. (2002). *Qualitative research and evaluation methods.* Thousand Oaks u. a.: Sage.
Perry, D. K. (1990). News reading, knowledge about, and attitudes toward foreign countries. *Journalism Quarterly, 67*(2), 353–358.
PEW Research Center for the People and the Press. (2002). *Biennial media consumption survey final topline.* Abgerufen von http://www.people-press.org/files/legacy-questionnaires/156.pdf.
Pfetsch, B. (1996). Konvergente Fernsehformate in der Politikberichterstattung? Eine vergleichende Analyse öffentlich-rechtlicher und privater Programme 1985/86 und 1993. *Rundfunk und Fernsehen, 44*(4), 479–498.
Philo, G. (2004). The mass production of ignorance: News content and audience. In C. Paterson & A. Sreberny (Hrsg.), *International news in the twenty-first century* (S. 199–224). Eastleigh: Libbey.
Potter, W. J. (1999). *On media violence.* Thousand Oaks: Sage.
Potter, W. J., Vaughan, M. W., Warren, R., Howley, K., Land, A., & Hagemeyer, J. C. (1995). How real is the portrayal of aggression in television entertainment programming? *Journal of Broadcasting & Electronic Media, 39*(4), 496–516.
Przeworski, A., & Teune, H. (1970). *The logic of comparative inquiry.* Malabar: Krieger.
Püschel, U. (1992). Von der Pyramide zum Cluster. Textsorten und Textsortenmischung in Fernsehnachrichten. In W. B. E. Hess-Lüttich (Hrsg.), *Medienkultur – Kulturkonflikt. Massenmedien in der interkulturellen und internationalen Kommunikation* (S. 233–258). Opladen: Westdeutscher Verlag.
Quandt, T. (1997). *Musikvideos im Alltag Jugendlicher.* Wiesbaden: DUV.
Quandt, T. (2005). *Journalisten im Netz. Eine Untersuchung journalistischen Handelns in Online-Redaktionen.* Wiesbaden: VS Verlag.
Quandt, T. (2012). What's left of trust in a network society? An evolutionary model and critical discussion of trust and social communication. *European Journal of Communication, 27*(1), 7–21.
Quandt, T., Altmeppen, K.-D., Hanitzsch, T., Löffelholz, M., & Weaver, D. (2006). American and German online journalists at the beginning of the 21st century. *Journalism Studies, 7*(2), 171–186.
Quandt, T., & Wimmer, J. (2007). Online-Spieler in Deutschland 2007: Befunde einer repräsentativen Befragungsstudie. In T. Quandt, J. Wimmer, & J. Wolling (Hrsg.), *Die Computerspieler. Studien zur Nutzung von Computergames* (S. 169–192). Wiesbaden: VS Verlag.
Reinemann, C., & Fawzi, N. (2010). The shrinking news agenda: How market forces have shaped 24-hour television news channels in Germany. In S. Cushion & J. Lewis (Hrsg.), *The rise of 24-hour news television* (S. 299–318). New York: Peter Lang.
Ridder, C.-M., & Engel, B. (2010). Massenkommunikation 2010: Mediennutzung im Intermediavergleich. Ergebnisse der 10. Welle der ARD/ZDF-Langzeitstudie zur Mediennutzung und -bewertung. *Media Perspektiven, 11,* 523–536.

Riffe, D., Aust, C., & Lacy, S. (1993). The effectiveness of random, consecutive day and constructed week sampling in newspaper content analysis. *Journalism Quarterly,* 70(1), 133-139.

Röhl, H. (1992). *Die Macht der Nachricht. Hinter den Kulissen der Tagesschau.* Berlin u. a.: Ullstein.

Ropers, N. (2002). *Friedensentwicklung, Krisenprävention und Konfliktbearbeitung.* Eschborn: Universum Verlagsanstalt.

Ruhrmann, G., Woelke, J., Maier, M., & Diehlmann, N. (2003). *Der Wert von Nachrichten im deutschen Fernsehen. Ein Modell zur Validierung von Nachrichtenfaktoren.* Opladen: Leske + Budrich.

Sande, Ø (1971). The perception of foreign news. *Journal of Peace Research,* 8(3-4), 221-237.

Schatz, H., Adamczewski, K., Lange, K., & Nüssen, F. (1981). *Fernsehen und Demokratie. Eine Inhaltsanalyse der Fernsehnachrichtensendungen von ARD und ZDF im Frühjahr 1977.* Opladen: Westdeutscher Verlag.

Schenk, B. (1987). Die Struktur des internationalen Nachrichtenflusses: Analyse der empirischen Studien. *Rundfunk und Fernsehen,* 35(1), 36-54.

Schmidt, D., & Wilke, J. (1998). Die Darstellung des Auslands in den deutschen Medien: Ergebnisse einer Inhaltsanalyse 1995. In S. Quandt & W. Gast (Hrsg.), *Deutschland im Dialog der Kulturen. Medien – Images – Verständigung* (S. 167-181). Konstanz: UVK.

Scholl, A., & Weischenberg, S. (1998). *Journalismus in der Gesellschaft. Theorie, Methodologie und Empirie.* Wiesbaden: Westdeutscher Verlag.

Schulz, W. (1976). *Die Konstruktion von Realität in den Nachrichtenmedien. Analyse der aktuellen Berichterstattung.* Freiburg u. a. : Alber Verlag.

Schulz, W. (1983). Nachrichtengeographie. Untersuchungen über die Struktur der internationalen Berichterstattung. In M. Rühl & H. W. Stuiber (Hrsg.), *Kommunikationspolitik in Forschung und Anwendung. Festschrift für Franz Ronneberger* (S. 281-291). Düsseldorf: Droste.

Schütte, G. (1993). Aktualisierung und Visualisierung aus der Perspektive der Journalisten. In P. Ludes (Hrsg.), *Von der Nachricht zur News Show. Fernsehnachrichten aus der Sicht der Macher* (S. 119-145). München: Fink.

Semetko, H. A., Brzinski, J. B., Weaver, D., & Willnat, L. (1992). TV news and U.S. public opinion about foreign countries: The impact of exposure and attention. *International Journal of Public Opinion Research,* 4(1), 18-36.

Shoemaker, P. J., & Cohen, A. A. (2006). *News around the world: Content, practitioners and the public.* New York: Routledge.

Singer, J., Hermida, A., Domingo, D., Heinonen, A., Paulussen, S., Quandt, T., Reich, Z., & Vujnovic, M. (2011). *Participatory journalism: Guarding open gates at online newspapers.* Malden u. a.: Wiley-Blackwell.

Slattery, K., Doremus, M., & Marcus, L. (2001). Shifts in public affairs reporting on the network evening news: A move toward the sensational. *Journal of Broadcasting & Electronic Media,* 45(2), 290-302.

Sparkes, V. M., & Winter, J. P. (1980). *Reader interest in foreign news* (Nr. 28). ANPA News Research Report.

Sreberny-Mohammadi, A. (1984). The "world of the news" study. *Journal of Communication,* 34(1), 120-143.

Sreberny-Mohammadi, A., Nordenstreng, K., & Stevenson, R. L. (1984). The world of the news study. *Journal of Communication,* 34(1), 134-138.

Sreberny-Mohammadi, A., Nordenstreng, K., Stevenson, R. L., & Ugboajah, F. (1985). *Foreign news in the media: International reporting in 29 countries*. Paris: UNESCO.
Staab, J. (1990). The role of news factors in news selection: A theoretical reconsideration. *European Journal of Communication, 5*(4), 423-443.
Staab, J. F., Schütte, G., & Ludes, P. (1998). Die Darstellung des Auslands im Spannungsfeld zwischen journalistischer Autonomie und staatlicher Anleitung, Schlüsselbilder in Tagesschau und Aktuelle Kamera von 1960 bis 1990. In S. Quandt & W. Gast (Hrsg.), *Deutschland im Dialog der Kulturen: Medien, Images, Verständigung* (S. 53-62). Konstanz: UVK.
Stevenson, R. L., & Shaw, D. L. (Hrsg.). (1984). *Foreign news and the new world information order*. Ames: Iowa State Univ. Press.
Stirnberg, U. (1998). Globale Giganten. Die Rolle der Agenturen am Beispiel von Reuters TV und APTV. In K. Kamps & M. Meckel (Hrsg.), *Fernsehnachrichten. Prozesse, Strukturen, Funktionen* (S. 147-166). Opladen: Westdeutscher Verlag.
Straßner, E. (1982). *Fernsehnachrichten. Eine Produktions-, Produkt- und Rezeptionsanalyse*. Tübingen: Niemeyer.
Tai, Z., & Chang, T.-K. (2002). The global news and the pictures in their heads. A comparative analysis of audience interest, editor percpetions and newspaper coverage. *Gazette: The International Journal for Communication Studies, 64*(3), 251-265.
Teune, H. (1990). Comparing countries: Lessons learned. In E. Øyen (Hrsg.), *Comparative methodology: Theory and practice in international social research* (S. 36-62). London: Sage.
Tichenor, P. J., Donohue, G. A., & Olien, C. N. (1970). Mass media flow and differential growth in knowledge. *Public Opinion Quarterly, 34*(2), 159-170.
Theunert, H., & Schorb, B. (1995). *„Mordsbilder" - Kinder und Fernsehinformation*. Berlin: Vistas.
v. Pape, T., & Quandt, T. (2010). Wen erreicht der Wahlkampf 2.0? Eine Repräsentativstudie zum Informationsverhalten im Bundestagswahlkampf 2009. *Media Perspektiven, 9*, 390-398.
v. Pape, T., Quandt, T., Scharkow, M., & Vogelgesang, J. (2012). Nachrichtengeographie des Zuschauerinteresses. In H. Wessler & S. Averbeck-Lietz (Hrsg.), *Grenzüberschreitende Medienkommunikation. Medien & Kommunikationswissenschaft (Sonderband 2)* (S. 159-182). Baden-Baden: Nomos.
Wanta, W., & Hu, Y. H. (1993). The agenda-setting effects of international news coverage: An examination of differing news frames. *International Journal of Public Opinion Research, 5*(3), 250-264.
Wanta, W., Golan, G., & Lee, C. (2004). Agenda setting and international news: Media influence on public perception of foreign nations. *Journalism & Mass Communication Quarterly, 81*(2), 364-377.
Weaver, D., Zhu, J.-H., & Willnat, L. (1992). The bridging function of interpersonal communication in agenda setting. *Journalism Quarterly, 69*(4), 856-867.
Weaver, David H. (Hrsg.). (1998). *The global journalist: News people around the world*. Cresskill: Hampton Press.
Weber, M. (1976). *Wirtschaft und Gesellschaft*. Tübingen: Mohr Siebeck.
Weber, P. (2008). Nachrichtengeographie: Beschreibungsmodell und Erklärungsansatz auf dem Prüfstand. Untersuchung am Beispiel der Osteuropaberichterstattung deutscher Tageszeitungen. *Medien & Kommunikationswissenschaft, 56*(3-4), 392-413.
Weiß, H.-J., & Trebbe, J. (1994). *Öffentliche Streitfragen in privaten Fernsehprogrammen. Zur Informationsleistung von RTL, SAT1 und PRO7*. Opladen: Leske + Budrich.

Westerstahl, J., & Johansson, F. (1994). Foreign news: News values and ideologies. *European Journal of Communication, 9*(1), 71–89.
Whitney, C., Wartella, E., LaSorsa, D., Danielson, W., Olivarez A., Lopez, R., & Klijn, M. (1997). Television violence in "reality" programming: The University of Texas at Austin Study (S. 269–359). In National Television Violence Study (Hrsg.), *The National Television Violence Study (Volume 1)*. Newbury Park: Sage.
Wilke, J. (1984). *Nachrichtenauswahl und Medienrealität in vier Jahrhunderten. Eine Modellstudie zur Verbindung von historischer und empirischer Publizistikwissenschaft*. Berlin u. a.: de Gruyter.
Wilke, J. (1986). Auslandsberichterstattung und internationaler Nachrichtenfluß im Wandel. *Publizistik, 31*(1), 53–90.
Wilke, J. (1989). Imagebildung durch Massenmedien. In Bundeszentrale für politische Bildung (Hrsg.), *Völker und Nationen im Spiegel der Medien* (S. 11–21). Bonn: Bundeszentrale für politische Bildung.
Wilke, J. (Hrsg.) (1993). *Agenturen im Nachrichtenmarkt*. Köln u. a.: Böhlau.
Wilke, J. (Hrsg.). (1998). *Nachrichtenproduktion im Mediensystem. Von den Sport- und Bilderdiensten bis zum Internet*. Köln u. a.: Böhlau
Wilke, J., & Beuler, R. (1998). Produktion von Fernsehnachrichten. Eine Untersuchung der „Bebilderung" der „heute"-Nachrichtensendung des ZDF. In J. Wilke (Hrsg.), *Nachrichtenproduktion im Mediensystem. Von den Sport- und Bilderdiensten bis zum Internet* (S. 255–291). Köln u. a.: Böhlau.
Wilke, J. (Hrsg.). (2000). *Von der Agentur zur Redaktion. Wie Nachrichten gemacht, bewertet und verwendet werden*. Köln u. a.: Böhlau.
Wilke, J. (2007). Das Nachrichtenangebot der Nachrichtenagenturen im Vergleich. *Publizistik, 52*(3), 329–354.
Wilke, J. (2008a). Nachrichtenagenturen als Bildanbieter. In E. Grittmann, I. Neverla & I. Amann (Hrsg.), *Global, lokal, digital – Fotojournalismus heute* (S. 62–90). Köln: Herbert von Halem.
Wilke, J. (2008b). Nachrichtenberichterstattung im internationalen Vergleich. In G. Melischek, J. Seethaler, & J. Wilke (Hrsg.), *Medien und Kommunikationsforschung im Vergleich. Grundlagen, Gegenstandsbereiche, Verfahrensweisen* (S. 237–252). Wiesbaden: VS-Verlag.
Wilke, J. (2009). *Massenmedien in Geschichte und Gegenwart. Gesammelte Studien*. Bremen: edition lumière.
Wilke, J., & Heimprecht, C. (2012a). Vergleichen in der Forschungspraxis. Ein Erfahrungsbericht. In B. Stark, M. Magin, O. Jandura & M. Maurer (Hrsg.), *Methodische Herausforderungen komparativer Forschungsansätze* (S. 76–94). Köln: Herbert von Halem.
Wilke, J., & Heimprecht, C. (2012b). Formal features and sources in foreign news. In A. A. Cohen (Hrsg.), *Foreign news on television: Where is the world in the global village? A Multinational Perspective (S.107–128)*. New York: Peter Lang.
Wilke, J., Heimprecht, C., & Cohen, A. A. (2012). The geography of foreign news on television: A comparative study of 17 countries. *Gazette, 74*(4), 301–322.
Wilke, J., & Schmidt, D. (1997). Das Nachrichtenangebot der Agenturen im inhaltlichen Vergleich. In J. Wilke (Hrsg.), *Nachrichtenagenturen im Wettbewerb. Ursachen – Faktoren – Perspektiven* (S. 67–104). Konstanz: UVK.
Wilson, B. J., Kunkel, D., Linz, D., Donnerstein, E., Smith, S., Blumenthal, E., & Gray, T. (1997). Television violence and its context. In Mediascope (Hrsg.), *National television violence study, Volume 1* (S. 5–266). Newbury Park: Sage.

Williams, T. M., Zabrac, M. L., & Joy, L. A. (1982). The portrayal of aggression on North American television. *Journal of Applied Social Psychology, 12*(5), 360–380.

Winterhoff-Spurk, P., Unz, D. C., & Schwab, F. (2005). Häufiger, schneller, variabler. Ergebnisse einer Längsschnittuntersuchung über Gewalt in TV-Nachrichten. *Publizistik, 50*(2), 225–237.

Wirth, W., & Kolb. S. (2004). Designs and methods of comparative political communication research. In F. Esser & B. Pfetsch (Hrsg.), *Comparing political communication: Theories, cases and challenges* (S. 87–111). New York: Cambridge University Press.

Wix, V. (1996). *Abgrenzung oder Angleichung von TV-Präsentationsformen? Haupt-Nachrichtensendungen von ARD, ZDF, RTL und SAT.1*. Bochum: Universitätsverlag Dr. N. Brockmeyer.

Wolf, B. (2008). Geschlechterdarstellung in den Nachrichten: Monitoring, Quoten und Befunde. In J. Dorer, B. Geiger & R. Köpl (Hrsg.), *Medien-Politik-Geschlecht: Feministische Befunde zur politischen Kommunikationsforschung* (S. 66–78). Wiesbaden: VS Verlag.

Wolling, J. (2002). Methodenkombination und Datenverknüpfung in der empirischen Medien- und Kommunikationsforschung. In M. Karmasin & M. Höhn (Hrsg.), *Die Zukunft der empirischen Sozialforschung* (S. 161–169). Graz: Nausner & Nausner.

Woodward, J. L. (1930). *Foreign news in American Morning Newspapers*. New York: Columbia University Presse.

Wu, H. D. (2000). Systematic determinants of international news coverage: A comparison of 38 Countries. *Journal of Communication, 50*(2), 110–130.

Wu, H. D. (2004). The world's windows to the world: An overview of 44 nations' international news coverage. In C. Paterson & A. Sreberny (Hrsg.), *International news in the twenty-first century* (S. 95–108). Eastleigh: Luton University Press.

Zhu, J., Weaver, D., Lo, V., Chen, C., & Wu, W. (1997). Individual, organizational, and societal influences on media role perceptions: A comparative study of journalists in China, Taiwan, and the Unites States. *Journalism & Mass Communication Quarterly, 74*(1), 84–96.

Zubayr, C., & Fahr, A. (2000). Die Tagesschau: Fels in der dualen Brandung? Ein Vergleich von Inhalten und Präsentationsformen 1975 und 1999. In J. Wilke (Hrsg.), *Massenmedien und Zeitgeschichte* (S. 638–647). München: UVK.

The manufacturer's authorised representative in the EU is Springer Nature Customer Service Centre GmbH, Europaplatz 3, 69115 Heidelberg, Germany. If you have any concerns regarding our products, please contact ProductSafety@springernature.com

Printed and bound by CPI Group (UK) Ltd, Croydon, CR0 4YY
25/03/2026
02078189-0011